21世纪知识产权规划教材

总主审：王利明

总主编：齐爱民

21世纪知识产权规划教材编委会

主　任：

谢尚果　李昌华

副主任：

齐爱民　黄玉烨　董炳和　王太平

成员（以姓氏笔画为序）：

刁胜先　王太平　韦　铁　邓宏光　李昌华

刘斌斌　齐爱民　严永和　苏　平　李　仪

杨　巧　苟正金　陈宗波　罗　澍　周伟萌

赵文经　黄玉烨　董炳和　曾德国　谢尚果

21世纪知识产权规划教材

知识产权法总论

Overview of Intellectual Property Law

齐爱民　著

北京大学出版社
PEKING UNIVERSITY PRESS

图书在版编目(CIP)数据

知识产权法总论/齐爱民著. —北京:北京大学出版社,2014.4
(21世纪知识产权规划教材)
ISBN 978 - 7 - 301 - 23816 - 5

Ⅰ. ①知⋯　Ⅱ. ①齐⋯　Ⅲ. ①知识产权 - 高等学校 - 教材　Ⅳ. ①D913

中国版本图书馆 CIP 数据核字(2014)第 018885 号

书　　　名:知识产权法总论
著作责任者:齐爱民　著
责 任 编 辑:郭栋磊
标 准 书 号:ISBN 978 - 7 - 301 - 23816 - 5/D · 3524
出 版 发 行:北京大学出版社
地　　　址:北京市海淀区成府路205号　100871
网　　　址:http://www.pup.cn
新 浪 微 博:@北京大学出版社　@北大出版社法律图书
电 子 邮 箱:编辑部 law@pup.cn　总编室 zpup@pup.cn
电　　　话:邮购部 62752015　发行部 62750672　编辑部 62752027
　　　　　　出版部 62754962
印　刷　者:北京虎彩文化传播有限公司
经　销　者:新华书店
　　　　　　730 毫米 ×980 毫米　16 开本　16.25 印张　309 千字
　　　　　　2014 年 4 月第 1 版　2024 年 1 月第 7 次印刷
定　　　价:36.00 元

"21 世纪知识产权规划教材"总序

一、知识产权专业在我国的开设与发展

　　中国历史上近代意义的法学教育和法学专业滥觞于 19 世纪末的晚清时代。1895 年成立的天津中西学堂(即天津大学前身)首次开设法科并招收学生,由此肇开了法学作为一个专业进入中国教育体系的先河。进入新中国之后,20 世纪 80 年代以前,在我国高等教育中法学院系的专业设置单一,一般只设以"法学"命名的一个本科专业。改革开放以后,根据国家经济建设和法制建设的需要,高等法律院系逐渐增设了国际法学、经济法学、国际经济法学、刑事司法学等专业。在我国,知识产权专业从其诞生开始就与法学专业密不可分,知识产权专业最初是作为法学专业的第二学位专业开设的。1987 年 9 月,中国人民大学首开先河创办第二学位"知识产权法专业",从获得理工农医专业学士学位者中招生,攻读知识产权法专业第二学士学位。尽管中国人民大学开设的第二学位专业不叫知识产权专业,而是称其为"知识产权法专业",但大家都认为这是我国知识产权专业的源头。其后,北京大学、华中科技大学、华东理工大学等高校也相继招收知识产权法第二学士学位学生。1992 年,上海大学率先开始知识产权本科教育,在法学本科专业和管理学本科专业中设立知识产权方向(本科)进行招生。1998 年,教育部出台改革方案,按照"宽口径、厚基础、高素质、重应用"的专业建设精神,决定将法学一级学科由"法学""国际法学""经济法学"等专业合并为一个"法学"专业。自 1999 年起只按一个法学专业招收本科学生(可在高年级设置若干专业方向)。教育部的"统一"分散的法学专业的举措,往往被理解为不主张法学专业"分解",这种僵化理解把刚刚起步的知识产权专业抹杀在摇篮之中,知识产权从一个专业退变为法学专业的一门核心课程,即"知识产权法"。

　　随着信息技术的发展,人类快步迈入知识经济时代,知识作为创造财富的手段,在社会进步和文化繁荣中发挥了空前重要的决定性作用,知识产权在国民经济中的地位也显得格外重要,有发达国家已经将知识财产纳入到国民生产总值的统计数据之中。然而,中国知识产权人才奇缺,尤其是加入 WTO 之后,我国知识产权专业人才极度匮乏的问题更加凸显。为适应知识经济时代对知识产权人才需求的新形势,2004 年,教育部与国家知识产权局联合发布了《关于进一步加强高等学校知识产权工作的若干意见》,要求高校"从战略高度认识和开展知识产权工作","加强知识产权人才的培养"。是年,华东政法大学知识产权学院

开始招收知识产权专业本科生,这是教育部批准的全国第一家知识产权本科专业。随后,国内很多高等院校相继新增知识产权本科专业,绝大部分学校(如华东政法大学、西南政法大学、重庆理工大学等)对该专业毕业生授予法学学士学位,有的学校在理工科专业(如广西大学的物理学专业)设置知识产权管理专业方向,颁发理学学士学位。为满足经济社会发展的迫切需求,知识产权本科专业在 2012 年被正式作为法学类的本科专业列入《全国普通高等学校本科专业目录》,该目录放弃使用"知识产权法专业"而使专业名称得到了统一,更为重要的是结束了知识产权本科专业游离在专业招生目录外的尴尬境地。

二、知识产权本科专业的主要培养目标与课程体系

自教育部批准法学学科第二个专业——知识产权本科专业开设以来,一直面临着众多的疑虑和担心,最突出的问题就是认为知识产权专业在实质上还是法学专业,充其量是"知识产权法"专业。这种疑虑和停滞不前僵化误解最终将被知识产权事业日益发展起来的实务所,知识产权本科专业从法学专业中剥离必将得到更好的发展和完善。本科专业之所以成为专业,其根本的是在于形成自身特有的培养目标和课程体系。知识产权本科专业在人才培养目标方面,培育具有扎实的知识产权基础理论和系统的知识产权专业知识,有较高的知识产权素养和知识产权专业技能,具备知识产权实践能力和创新能力,能适应经济建设和社会发展需要的厚基础、宽口径、多学科知识融合交叉的复合型高素质人才。在课程体系方面,主要有法学类课程,如法理学、宪法、行政法与行政诉讼法、民法等;知识产权基础课程,如企业知识产权管理、知识产权评估、科技史、著作权法、专利法、商标法、电子商务法等;还有知识产权实践类课程,如专利代理实务、商标代理实务和著作权代理实务、知识产权会谈、专利文献检索、知识产权审判等,再辅之以有特色的理工科课程(选修为主),课程体系可谓庞大而体统。由于知识产权是一门综合性学科专业,应用性和实践性极强,本专业特别注重知识传授中实践能力的塑造和培养,整个课程设置使学生接受创新思维和权利思维以及知识产权管理、保护等实务操作的基本训练,对知识产权创造、管理、运用与保护等方面的知识以及现代科学技术发展对知识产权的挑战有全面的了解和掌握,并能熟练运用。

三、知识产权本科专业与"21 世纪知识产权规划教材"

教材建设是知识产权本科专业建设的基础,而教材建设的根基在于知识产权研究。严格意义上的知识产权研究在国外始于 19 世纪,以比利时著名法学家皮卡第提出知识产权与物权的区别为知识产权法诞生的标志。我国开始知识产权研究肇端于清末,由于当时社会动荡,一些卓越的研究虽然影响了立法,但囿于清王朝的寿终正寝而未能真正贡献社会。新中国成立后,随着知识产权研究新纪元的到来,知识产权研究开创了一个全新的局面:第一,知识产权研究机构和学术团体的建立。知识产权研究机构和学术团体的建立,为知识产权研究奠定了物质和人才基础。从政府机构设立的知识产权研究所(如广西知识产权局设立广西知识产权发展研究中心)到高等院校组建的知识产权学院、知识产权中心(所)、(研究院),再到社会团体成立的知识产权研究会、学会、协会,知识产权研究蔚然成风,队伍日益扩大,蓬勃发展。第二,研究视野的拓展。随着改革开放的不断深入,知识产权研究领域的对外学术交流日趋活跃。特别从入世开始,与国外高等院校、非政府组织、知识产权研究机构、大型企业的合作与交流日渐增多,举办的国际研讨会、高峰论坛频繁而卓有成效,研究舞台更加宽广,研究视阈更加开阔,知识产权研究紧随时代和国际发展的前沿。第三,研究成果大量涌现。从基础研究到应用对策研究,从知识产权制度的传统理论问题到网络环境中凸现的新的知识产权课题,从知识财产研究上升到信息财产的研究,从各类学术刊物上发表的知识产权文章到出版社公开出版的知识产权的教材、专著和译著等成果汗牛充栋,充分彰显了知识产权研究发展的良好态势,和知识产权学者对时代的回应。

　　开设知识产权本科专业对于法学学科的完善和发展具有重要的意义。首先,通过知识产权本科专业的开设,结束了法学单一专业的面貌,丰富了法学学科的内涵。其次,知识产权本科专业的开设,满足了培养现代化高层次知识产权专门人才的需求,拓宽了法学专业就业选择面。再次,知识产权专业的开设,增进了与相关学学科间的交叉与融合,开辟了我国高层次人才培养的新空间。一句话,知识产权专业是法学学科创新发展的动力之翼,是我国教育体系下本科专业一个崭新而伟大的力量。我们正是以上述理论认识为指引来编纂"21 世纪知识产权规划教材",以实现建立和完善知识产权本科教材体系的崇高目标。广西科技厅和广西知识产权局为了推进知识产权人才培养和培训,在广西民族大学设立了广西知识产权培训基地,通过实际的工作推进高校知识产权人才培养和对社会各界知识产权从业人员的培训工作,"21 世纪知识产权规划教材"得到了广西知识产权局和广西知识产权培训(广西民族大学)基地的大力支持。"21世纪知识产权规划教材"重视实践和能力的培养,密切联系国家统一司法考试和专利代理人考试,注重培养学生的应试能力、实践能力和解决问题的综合能力。

　　该丛书主要包含了下述著作:

　　1.《知识产权法总论》。该书以知识产权法总则为研究对象,研究的是知识产权法的一般规则,是关于知识财产、知识产权和知识产权法的一般原理。首先,该书针对国内外立法和理论研究发展趋势,对大陆法系知识产权法的一般规则进行了开创性的研究,确定了知识产权法总则所必备的一系列基础概念,如完全知识产权、知识产权实施权、知识产权担保权、知识产权变动模式和知识产权请求权,并对上述概念和制度作出了明晰的学科界定,为知识产权法总则的形成奠定了概念基础。其次,该书构建了完整知识产权法总则理论体系。再次,该书构建的知识产权法一般规则操作性强,充分体现了理论对实践的高度指导价值。最后,该书对我国知识产权法研究的方法论进行了创新,选择了和民法(尤其是物权法)相一致的研究方法,为厘清知识产权法基本理论提供了科学的认识工具,该书也是运用这个科学方法论获得的一个结果。同时,该书关注知识产权法的司法实践,对于重大疑难问题进行了判例研究,尤其是针对国家统一司法考试和专利代理人考试进行了思维拓展训练,这将有助于实现理论和实践的结合。

2.《著作权法》。该书以著作权为研究对象,研究因著作权的产生、控制、利用和支配而产生的社会关系的法律规范。该书既着眼于著作权法的基本内容,又着眼于著作权与知识产权的关系,吸收了国内外著作权法教学与研究的最新成果,论述了著作权的法律理论及其实务。书中内容涉及《著作权法》的基本理论、基本原则和基本制度,同时对一些理论争议提出了自己独到的见解,阐释了本学科的重点、难点和疑点。

3.《专利法》。该书结合我国实施专利制度近30年来的实践经验,以我国最新修订的《专利法》及相关司法解释、专利审查指南和有关国际条约等为主线,系统讲解了专利申请、专利审批、专利权撤销和无效宣告、专利实施许可、专利权保护的全过程;密切关注国内外专利法教学与研究的前沿动态,概述国际专利制度的基本内容,详述我国《专利法》的基本理论、基本制度,分析和评价了在科学技术快速发展背景下专利法出现的新问题,以期使本专业学生对专利的基本理论和程序、以及发展沿革和机遇挑战有全面的掌握和了解。

4.《商标法》。该书以历史分析、比较分析的方法对《商标法》的基本概念、基本理论、基本制度和基本原则作了系统而缜密的阐述,结合当前社会经济生活中发生的热点、难点案例及全国司法考试命题对商标注册的申请、审查、核准、续展、变更、转让、转移、确权、管理、驰名商标的保护和注册商标保护等一系列问题进行深入浅出地剖析,以期加深本专业学生对商标法律条文及实务操作的理解和应用。

5.《商业秘密保护法》。该书立足于知识产权理论,同时注重培养本科生与研究生处理与商业秘密相关案例的实践能力,廓清了商业秘密的定义、要件、属性与类型,介绍了我国与商业秘密保护有关的法律规范,梳理了不同法律规范之间的关系,结合实例介绍了商业秘密纠纷处理的实务性技巧;进而以商业秘密权保护为中心线索,比较并借鉴了美国、欧洲与世贸组织关于商业秘密保护的立法经验。全书现行规范讲解与立法趋势展望结合,法条解析与案例剖析交融。该书有利于为本专业学生日后参加司法考试与从事知识产权法务工作提供指引。

6.《非物质文化遗产保护法》。该书以比较分析法、田野调查法、个案分析等方法来研究我国非物质文化遗产的法律保护问题,从法律上对非物质文化遗产进行界定,厘清与民间文艺、传统知识、民间文化遗产、民俗等概念的区别与联系,反思国内外关于非物质文化遗产的保护现状及实践,明确非物质文化遗产保护的理念、宗旨,探讨构建我国非物质文化遗产保护模式及知识产权合作框架下的利益分享机制。

7.《知识产权竞争法》。该书综合运用比较分析、实证分析、逻辑分析、经济学、社会学分析等方法来研究知识产权竞争法的问题,介绍了知识产权竞争法的产生、发展、地位和作用,竞争法的执法机构、执法程序等问题;理论联系实际,立足于国内立法、司法和执法现状,生动地运用案例教学方式全面阐述了知识产权竞争法的一般原理、基本原则、具体制度和法律责任。

8.《知识产权纠纷解决机制》。该书通过历史分析、比较分析、博弈分析和实证研究的方法,从实体与程序相结合的视角对知识产权纠纷解决机制进行深入研究,全面考察了国内外知识产权纠纷解决机制的现状及 ADR、仲裁、调解等非诉讼纠纷解决方式,充分考量知识产权与知识产权纠纷的特殊性,探讨构建具有中国特色的切实可行的知识产权纠纷解决机制。

9.《网络知识产权保护法》。该书立足于网络时代知识产权保护的新问题,紧密结合网络知识产权在理论、立法与司法等实践中具体而又急迫的现实要求,介绍了国内外关于网络知识产权保护法律的基础理论、立法规定和司法适用,阐述了必须面对、解决和掌握的相关知识,内容涉及信息网络传播权、网络数据库、网络链接与搜索引擎、网络服务提供者的法律责任、网络环境下域名与商标权的法律保护、电子商务商业模式与计算机程序的专利保护、网络中商业秘密侵权与知识产权竞争、网络知识产权犯罪与计算机取证等法律问题。

10.《知识产权国际保护》。该书既从宏观角度介绍了知识产权国际保护的产生、发展和框架,以及知识产权国际保护的基础理论和制度规范,又从微观角度对著作权及其邻接权、专利权、商标权和商业秘密等其他知识产权的国际保护进行了较为系统的阐述。密切联系实际,结合典型判例,分析当今知识产权国际保护面临的发展与挑战,提出全球化条件下知识产权国际保护法律的适用原则。

11.《企业知识产权管理》。该书站在国家知识产权战略的高度,从实践操作角度出发,系统介绍我国企业知识产权战略定位、战略步骤、实施路径与策略,细致阐释企业知识产权的创造、管理、运用和保护,辅之以经典案例,详尽剖析我国企业知识产权管理的经验、方法以及运作策略,既具有理论厚度和广度,又具有实用方法论的指导。

12.《知识产权评估》。该书理论联系实际,结合实务中大量知识产权评估的经典案例和做法,系统完整地对知识产权评估所需要的专业知识进行了阐述,介绍了知识产权评估现状、评估原则、价值基础等基本原理和基本方法,详述了专利权评估、商标权评估、著作权评估、商业秘密价值评估等,对提高知识产权专业学生的整体素质,推进本专业学生能力创新及实务操作有着积极的影响和意义。

13.《电子商务法》。该书的研究方法和立场是从法律视野看电子商务,而不是从电子商务反观法律,厘清了基础理论,构筑了从传统法到电子商务法的桥梁。该书不仅关注国际研究的趋势和潮流,而且立足于我国立法实践,切实反映了中国电子商务法的最新发展。该书注重对电子商务法基本原理、具体制度的分析,根据具体情况,阐明了原则和制度的适用问题,内容涵盖《电子签名法》、电子商务主体、个人信息保护法、电子支付法、电子商务消费者权益保护法、电子税收法和电子商务纠纷解决法等。

14.《信息法》。该书立足于国内外典型信息法理论和实践,从大陆法系传统出发,构建了体系完整、内容科学真实、有逻辑自治性的科学信息法体系和核心制度。该书首次科学地界定法律意义上的信息概念,系统阐述了信息法的地位、渊源、宗旨、原则与体系,深入探讨了个人信息保护法、政府信息公开法、信息财产法、信息安全法等内容。

15.《专利代理实务》。该书既立足于基本知识,又着眼于专利代理人的基本能力要求,介绍了我国专利代理制度的基础理论和具体规定、做法,阐述了专利代理人必须掌握的基本专利知识,如主要专利程序,专利事务处理中的文件、期限与费用,专利申请文件及其撰写要求,授予专利权的实质条件,专利诉讼等,详述了专利代理中的主要业务,如专利申请文件的撰写,发明专利申请实质审查程序中的专利代理,专利授权、专利复审、专利无效宣告等程序中的代理、专利诉讼的代理等。全书贯穿典型案例分析和实务操作模拟题,不仅有助于本专业学生深入学习、研究专利法律问题及专利代理实务,为参加全国专利代理人资格考试提供切实参考,也为专利代理工作提供了实践的指导。

16.《专利文献检索》。该书注重理论与实践的结合,不仅介绍了专利文献的类型、用途和利用等基本知识,阐述了中国专利检索的工具和方法,世界专利分类体系、国际专利分类法以及美国、欧洲、日本等国专利文献检索等,还结合实例介绍专利文献具体查阅方法,并附上最新的专利文献检索常用资料。该书有益于知识产权专业学生系统深入地了解专利文献基本知识,熟悉基本操作,为日后专利实务工作奠定基础。

上述列举并没有穷尽丛书的内容,随着大家认识的加深和我国知识产权专业学生培养方式的变化,也可能有一些必要的课程教材加入,比如品牌管理学和发明学等。任何国家建设一个专业和在专业范畴内进行学生培养,都必须根植于本国的民族土壤,这样才能形成自己的特色,才能枝繁叶茂、桃李天下。知识产权专业建设如朝阳冉冉升起,愿有志于此项研究的学者们和以此为业的年轻学子们,把握时代脉搏,脚踏实地地去回应时代的呼唤。"21 世纪知识产权规划教材"的诞生,标志知识产权人才培养和教育正走向新的发展阶段,它是知识产权专业建设的里程碑。"21 世纪知识产权规划教材"的诞生是各种积极因素凝聚的结果和全国研究力量的一个集中展示。"21 世纪知识产权规划教材"的编者及众多的知识产权学界同仁,应立足于知识产权本科专业建设,顺应时代的呼唤,肩负起历史使命,锲而不舍、孜孜不倦地追求培养中国知识产权专业人才,实施国家知识产权战略这一崇高而远大目标的实现。

齐爱民

2014 年 1 月 9 日

前　　言

　　知识产权法总论是各类知识产权法应共同遵守和适用的一般规则,而《知识产权法总论》是关于知识财产、知识产权和知识产权法的一般原理。这本教材是对知识产权法总论的提炼和凝聚,适合初学者和本科生阅读使用。首先,本书针对国内外立法和理论研究发展趋势,对大陆法系知识产权法的一般规则进行了开创性的研究,确定了知识产权法总则所必备的一系列基础概念,如完全知识产权、知识产权实施权、知识产权担保权、知识产权变动模式和知识产权请求权,并对上述概念和制度作出了明晰的学科界定,为知识产权法总则的形成奠定了概念基础。其次,本书构建了完整科学的知识产权法总则理论体系。再次,本书构建的知识产权法一般规则操作性强,充分体现了理论对实践的高度指导价值。最后,本书对我国知识产权法研究的方法论进行了创新,选择了和民法(尤其是物权法)相一致的研究方法,为厘清知识产权法基本理论提供了科学的认识工具,本教材也是运用这个科学方法论获得的一个成果。同时,本书关注知识产权法的司法实践,对于重大疑难问题进行了判例研究,有助于实现理论和实践的结合。可以说,本书秉承大陆法系的私法传统,以私法的基本理念和研究方法为指导;同时关注知识产权法的特殊性,重点研究各类知识产权法共同具备的一般性问题,如知识财产、知识产权体系及其行使等,是对知识产权法自身特色理论的发现和阐释。

　　《知识产权法总论》体系完整科学,既涵盖了知识产权法一般规则的全部基础问题,又不是对问题的简单罗列和堆砌,而是深入到其内核抽丝剥茧地发现规律的本原。本教材对知识产权法的性质、地位、体系和效力作了详实地阐释,从而引出知识产权基本法。本教材从民法原则的一般性出发构建了知识产权法的原则体系,从而现实地消除了人们长期以来对知识产权法是否有基本原则的怀疑。本教材以知识产权客体的财产属性为出发点,科学定位知识财产的法律性质,并始终做到了与物权和信息财产权的相互区分,正是这种区分和定位,才能找到知识产权的客体,才能使知识产权法在理论上成为真正的科学。站在民事权利的角度,尤其是财产权的角度来认真对待知识产权,就会发现将知识产权划分为完全知识产权、知识产权实施权和知识产权担保权,并不是什么创造,更不是刻意去模仿,而是还原事物一个本来面貌。本教材将知识产权的行使分为实施、转让、许可、出资、融资五种基本方式,并以民事权利的行使为理论基础进行了制度的全面展开。这一点是其他作者的同类著作所不具有的。在知识产权变动理论方面,本教材提出了知识产权变动模式理论,对知识产权行为和行使知识产权有关的债权行为进行了明确的划分,并提出只有知识产权行为才能导致知识产权的发生、消灭和变更。这是在知识产权法领域,第一次继承和发扬了物权行为理论而获得的一个科学结论。同时,本书在理论层面对知识产权滥用给予了高度关注,构建了禁止知识产权滥用的制度规则。本教材的最后对知识产权侵权行为和归责原则进行了梳理和重构。

迄今为止,知识产权法学尚未发展成熟,最大的缺憾是统帅各类知识产权法的总则尚未成形,各类特别知识产权法各行其是,知识产权法体系内秩序缺乏。目前,关于知识产权法总论的研究越来越受到重视,研究成果日渐增多。《知识产权法总则》是以"客体—权利—行使—保护"为框架,以私法的基本概念为基石构建起来的。因此该书的撰写遵循了研究私法,尤其是和知识产权法渊源深远的物权法相一致的逻辑和方法。在方法论上,本书继承了私法尤其是物权法的基本研究方法,既看到了知识产权法和物权法的一致性,更清醒地意识到二者的巨大差异。

本书是作者在北京大学出版社 2010 年出版并针对知识产权法学博士研究生的教学书《知识产权法总论》和在武汉大学出版社 2011 年出版的针对知识产权法学硕士研究生的教材《知识产权法总则》的基础上,结合长期从事知识产权法教学的实践和知识产权专业,以及因应法学专业本科学生思维特点和需求而撰写完成的。其间又补充了大量的国家统一司法考试真题和专利代理人真题,以期实现理论和考试以及能力培养的更好融合,更好为学生吸收。愿同学们在快乐的学习生活中既领悟了知识,又提升了能力。

齐爱民

2014 年 1 月 15 日

目　　录

第一章　知识产权法概述

◉)) **要点提示**

　　重点概念:(1) 知识产权法;(2) 知识产权法的调整对象;(3) 知识产权法的地位和性质;(4) 知识产权法的体系和效力;(5) 知识产权基本法。

◉)) **本章知识结构图**

知识产权法概述
- 知识产权法的概念和特征 { 概念 / 特征
- 知识产权法的起源与发展 { 起源 / 发展
- 知识产权法的地位和性质 { 地位 / 性质
- 知识产权法的体系和效力 { 体系 / 效力
- 知识产权基本法

知识产权法的特征
- 调整平等主体之间的社会关系
- 调整的主要是财产关系(也调整部分人身关系)
- 调整的是因知识财产而产生的社会关系
- 调整的社会关系与行政权力联系密切

知识产权法的社会作用
- 鼓励智力创造活动、保护智力创造成果
- 促进本国知识经济的发展
- 保障本国政治和经济利益的实现

知识产权法体系
- 知识产权法总则:知识产权基本法
  - 一般规定
  - 完全知识产权
  - 知识产权实施权
  - 知识产权担保权
  - 知识产权行使
  - 法律责任
- 知识产权法分则:
  - 专利法
  - 著作权法
  - 商标法
  - 商业秘密保护法
  - 非物质文化遗产保护法
  - 植物新品种保护法
  - 其他知识产权法

知识产权法的效力
- 域内效力 { 对人效力 / 时间效力 / 空间效力
- 域外效力:冲突法规则

第一节　知识产权法的概念和特征

一、知识产权法的概念和调整对象

（一）知识产权法的概念

知识产权法是调整民事主体对知识财产的支配关系的法律规范的总和。知识产权法的概念有广义、中义和狭义之分。广义上的知识产权法，也称保护知识产权的法律，它不仅包括私法中的与知识产权有关的法律规范，而且还包括公法中的保护知识产权的规范，如宪法、刑法、行政法等。中义上的知识产权法，又称实质意义上的知识产权法，是指私法规范中保护知识产权的法律规范的总和。实质意义上的知识产权法包括《民法通则》中的关于知识产权的规定，以及以各项"具体知识产权"命名的立法，如《著作权法》《专利法》《商标法》和《反不正当竞争法》中的保护商业秘密的规定等。而狭义上的知识产权法，又称形式意义上的知识产权法，是指按照一定体例编纂的并以知识产权法命名的普通法。知识产权普通法是针对一般的人或事而制定的知识产权法律规范（如知识产权基本法），而知识产权特别法是指针对特定知识产权事项或领域而制定的知识产权法律，如《著作权法》《专利法》《商标法》等。现阶段，各国知识产权立法一般都表现为针对不同的知识产权类型制定特别法。

（二）知识产权法的调整对象

知识产权法调整的是知识财产关系。知识产权法和其他法律部门一样，以一定的社会关系为调整对象。知识产权法调整的社会关系，是行政机关和民事主体因知识产权的确认与行使而发生的社会关系，简称为知识财产关系。知识财产关系较为复杂：从性质上说，既包括横向的社会关系，又包括纵向的社会关系；从范围上看，既包括平等主体之间的社会关系，又包括管理关系；从内容上看，既包括财产关系又包括少部分人身关系。所以从这个角度看，知识产权法为领域法。

（1）横向社会关系与纵向社会关系。知识产权法调整的社会关系既包括纵向的社会关系，也包括横向的社会关系。横向社会关系是指平等主体关于知识财产的产生和利用而发生的社会关系。纵向社会关系是指行政机关在对知识财产进行确认等行政管理活动中形成的社会关系，这种社会关系是行政机关所为的和相对人之间发生的知识产权确权和管理关系。同传统部门法调整的社会关系相比，知识产权法调整的知识财产关系有着特殊的复杂性。行政机关对知识产权的确权和管理关系，使得知识产权法带有一定的行政性质色彩。传统部门法调整的社会关系或者为横向社会关系或者为纵向的社会关系，而知识产权法既调整国家机关围绕知识产权展开的管理关系,也调整平等主体之间的因知识产权而发生的财产关系和人身关系。

（2）财产关系与人身关系。就横向社会关系而言,又可以根据知识财产关系的内容分为财产关系和人身关系。尽管知识产权法既调整平等主体之间的财产关系,也调整平等主体之间围绕知识财产而发生的少量人身关系,但是对财产关系的调整占据主导地位。知识产权法的调整方法主要是平衡平等主体之间的利益,并且重在保护私人的利益,即使在保护公共利益的情形下,虽然国家强制力常常介入知识财产关系,但都是以尊重私权为前提的。知识产权法是财产法的重要组成部分,它是调整人对于知识财产的支配关系的法律规范的总和。知识产权法调整的社会关系主要是人对知识财产的支配关系。这种支配关系,是在社会生产、交换、分配、消费的过程中所发生,表现在法律领域就是人对于知识财产的占有、使用、收益和处分的关系。综上,知识产权法的主要调整对象是平等主体间的知识财产关系。

国家统一司法考试真题

某县的甲公司未经漫画家乙许可,将其创作的一幅漫画作品作为新产品的商标使用,并于 2003 年 3 月 3 日被核准注册。乙认为其著作权受到侵害,与甲发生纠纷。乙应当采取下列哪种方式保护自己的合法权益?（2008 卷三单选 22 题)

A. 向甲公司所在地基层法院提起侵犯著作权之诉

B. 向有管辖权的法院提起撤销甲公司的注册商标之诉

C. 请求商标评审委员会裁定撤销甲公司的注册商标

D. 请求商标局裁定撤销甲公司的注册商标

【答案】　C

【考点】　行政裁决在商标确权方面的作用以及商标权的撤销程序

【解析】　《商标法》第 41 条第 2 款规定,已经注册的商标,违反本法第 13 条、15 条、16 条、31 条规定的,自商标注册之日起 5 年内,商标所有人或者利害关系人可以请求商标评审委员会裁定撤销该注册商标。《商标法》第 31 条规定,申请商标注册不得损害他人现有的在先权利,也不得以不正当手段抢先注册他人已经使用并有一定影响的商标。所以本题正确答案是 C。

专利代理人考试真题

我国专利法及其实施细则所称管理专利工作的部门可以是由以下哪些级别的人民政府设立的?（2004 年卷一第 50 题)

A. 省　　　　B. 自治区　　　　C. 直辖市　　　　D. 县级市

【答案】　ABC

【考点】 地方管理专利工作的部门

【解析】 《专利法实施细则》第 79 条规定:"专利法和本细则所称管理专利工作的部门,是指由省、自治区、直辖市人民政府以及专利管理工作量大又有实际处理能力的设区的市人民政府设立的管理专利工作的部门。"

专利代理人考试真题

依据专利法,地方管理专利工作的部门具有下列哪些职能?(2002 年卷一第 52 题)

A. 认定侵权行为

B. 做出侵权赔偿裁决

C. 处理专利申请权和专利权归属纠纷

D. 调解职务发明的发明人、设计人的奖酬纠纷

【答案】 A、D

【考点】 知识产权管理机构及其主要职能

【详解】 A 项正确,B 项错误。《专利法》第 60 条规定:"未经专利权人许可,实施其专利,即侵犯其专利权,引起纠纷的,由当事人协商解决;不愿协商或者协商不成的,专利权人或者利害关系人可以向人民法院起诉,也可以请求管理专利工作的部门处理。管理专利工作的部门处理时,认定侵权行为成立的,可以责令侵权人立即停止侵权行为,当事人不服的,可以自收到处理通知之日起 15 日内依照《中华人民共和国行政诉讼法》向人民法院起诉;侵权人期满不起诉又不停止侵权行为的,管理专利工作的部门可以申请人民法院强制执行。进行处理的管理专利工作的部门应当事人的请求,可以就侵犯专利权的赔偿数额进行调解;调解不成的,当事人可以依照《中华人民共和国民事诉讼法》向人民法院起诉。"

C 项错误,D 项正确。《专利法实施细则》第 85 条规定:"除专利法第 60 条规定的外,管理专利工作的部门应当事人请求,可以对下列专利纠纷进行调解:(1) 专利申请权和专利权归属纠纷;(2) 发明人、设计人资格纠纷;(3) 职务发明创造的发明人、设计人的奖励和报酬纠纷;(4) 在发明专利申请公布后专利权授予前使用发明而未支付适当费用的纠纷;(5) 其他专利纠纷。"地方管理专利工作的部门只有行政调解的权力,没有处理的权力。

专利代理人考试真题

就专利侵权纠纷,以下哪些人可以单独请求管理专利工作的部门处理?(2004 年卷一第 80 题)

A. 专利权人

B. 专利权人的合法继承人

C. 专利独占实施许可合同的被许可人

D. 在合同有约定的情况下,专利普通实施许可合同的被许可人

【答案】 ABCD

【考点】 专利侵权纠纷的处理

【解析】 《专利行政执法办法》第 5 条规定:"请求管理专利工作的部门处理专利侵权纠纷的,应当符合下列条件:(1) 请求人是专利权人或者利害关系人……第一项所称利害关系人包括专利实施许可合同的被许可人、专利权的合法继承人。专利实施许可合同的被许可人中,独占实施许可合同的被许可人可以单独提出请求;排他实施许可合同的被许可人在专利权人不请求的情况下,可以单独提出请求;除合同另有约定外,普通实施许可合同的被许可人不能单独提出请求。"

专利代理人考试真题

王某侵犯刘某的专利权,刘某于 2005 年 3 月 14 日请求管理专利工作的部门进行处理。2005 年 5 月 16 日管理专利工作的部门做出责令王某立即停止侵权行为的决定,王某于 2005 年 5 月 23 日收到该处理通知。如果王某对该处理决定不服,他最迟可以在哪日向人民法院起诉?(2006 年卷一第 6 题)

A. 2005 年 5 月 31 日　　　B. 2005 年 6 月 7 日

C. 2005 年 8 月 23 日　　　D. 2007 年 3 月 14 日

【答案】 B

【考点】 对行政机关处理不服的法律救济途径

【解析】 《专利法》第 60 条规定:"未经专利权人许可,实施其专利,即侵犯其专利权,引起纠纷的,由当事人协商解决;不愿协商或者协商不成的,专利权人或者利害关系人可以向人民法院起诉,也可以请求管理专利工作的部门处理。管理专利工作的部门处理时,认定侵权行为成立的,可以责令侵权人立即停止侵权行为,当事人不服的,可以自收到处理通知之日起 15 日内依照《中华人民共和国行政诉讼法》向人民法院起诉;侵权人期满不起诉又不停止侵权行为的,管理专利工作的部门可以申请人民法院强制执行。进行处理的管理专利工作的部门应当事人的请求,可以就侵犯专利权的赔偿数额进行调解;调解不成的,当事人可以依照《中华人民共和国民事诉讼法》向人民法院起诉。"

专利代理人考试真题

管理专利工作的部门在处理专利纠纷的过程中,可以采取以下哪些方式调查取证?(2006 年卷一第 86 题)

A　扣押涉嫌产品　　　　　　B．查阅有关账册

C．抽样取证　　　　　　　　D．登记保存

【答案】　BCD

【考点】　行政机关的调查取证权限

【解析】　《专利行政执法办法》第 28 条第 1 款规定："管理专利工作的部门调查收集证据可以查阅、复制与案件有关的合同、账册等有关文件；询问当事人和证人；采用测量、拍照、摄像等方式进行现场勘验。涉嫌侵犯制造方法专利权的，管理专利工作的部门可以要求被调查人进行现场演示。"《专利行政执法办法》第 29 条第 1 款规定："管理专利工作的部门调查收集证据可以采取抽样取证的方式。"管理专利工作的部门没有查封涉嫌产品调查取证的权限。

案例分析

【案情】　甲公司指派员工唐某从事新型灯具的研制开发,唐某于 1999 年 3 月完成了一种新型灯具的开发。甲公司对该灯具的技术采取了保密措施,并于 2000 年 5 月 19 日申请发明专利。2001 年 12 月 1 日,国家专利局公布该发明专利申请,并于 2002 年 8 月 9 日授予甲公司专利权。甲公司拒绝对唐某进行任何回报,并且拒绝了唐某要求署名的权利。此后,甲公司欲将专利转让给乙公司,而唐某提出自己出同等价格受让,遭到甲公司拒绝,唐某诉诸人民法院。(2005 国家统一司法考卷四,略有改动)

【问题】　分析该案涉及的法律关系,并说明哪些属于财产关系,哪些属于人身关系。

【答案】　署名的社会关系、获得奖励的社会关系、获得合理报酬的社会关系以及优先受让的社会关系。其中,署名的社会关系为人身关系,获得奖励的社会关系、获得合理报酬的社会关系和优先受让的社会关系属于财产关系。

【考点】　知识产权调整的社会关系和职务发明人的权利

【解析】　本题中,唐某是职务发明创造的发明人,发明人和专利权人形成了多种社会关系。根据《专利法》第 6 条规定："职务发明创造申请专利的权利属于该单位；申请被批准后,该单位为专利权人。"《专利法》第 16 条规定："被授予专利权的单位应当对职务发明创造的发明人或者设计人给予奖励；发明创造专利实施后,根据其推广应用的范围和取得的经济效益,对发明人或者设计人给予合理的报酬。"第 17 条规定："发明人或者设计人有权在专利文件中写明自己是发明人或者设计人。专利权人有权在其专利产品或者该产品的包装上标明专利标识。"由此唐某作为发明人,享有署名的权利、获得奖励的权利、获得合理报酬的权利。《合同法》第 326 条第 1 款规定："职务技术成果的使用权、转让权属于法人或者其他组织的,法人或者其他组织可以就该项职务技术成果订立技术

合同。法人或者其他组织应当从使用和转让该项职务技术成果所取得的收益中提取一定比例,对完成该项职务技术成果的个人给予奖励或者报酬。法人或者其他组织订立技术合同转让职务技术成果时,职务技术成果的完成人享有以同等条件优先受让的权利。职务技术成果是执行法人或者其他组织的工作任务,或者主要是利用法人或者其他组织的物质技术条件所完成的技术成果。"

二、知识产权法的特征

知识产权法具有以下主要特征:

第一,知识产权法主要调整平等主体之间的社会关系。这是知识产权法调整的社会关系的主体特征。知识产权法的调整主体主要是平等主体。但这并不排除知识产权法同时调整一定的行政主体与民事主体之间的关系,知识产权的行政管理部门也受到知识产权法的调整。知识产权法调整的主体是民事主体这一特征,是从知识产权法的宗旨以及主要功能出发而得出的结论。这个特征使得知识产权法和行政法区分开来。

第二,知识产权法调整的社会关系主要是平等主体之间的财产关系。尽管知识产权法也调整相关行政管理机关与相对人的行政管理关系,以及平等主体之间的人身关系,但是平等主体之间的财产关系是其调整的占主导地位的社会关系。这个特征使得知识产权法和经济法区分开来。

第三,知识产权法调整的是平等主体因知识财产而产生的社会关系。知识产权法不是调整民事主体之间的一切社会关系,而是仅仅调整因知识财产而产生的财产和人身社会关系。这个特征说明了知识产权法具备区别于民法,尤其是物权法的特殊性。

第四,知识产权法所调整的社会关系与行政权力联系密切。知识产权法所调整的社会关系与行政权力的联系主要表现在如下两个方面:(1)许多知识产权的得失变更需经过行政审批程序,由此也使得相应的知识产权法包含了大量行政程序性条款;(2)各种知识产权的保护均在很大程度上依赖于行政权力的介入而不仅仅依赖民事司法救济。行政权力这种公权力在"权利的变动"与"权利的保护"这两个主要方面,对知识产权领域的介入均比对传统民事权利领域的介入要深入得多也广泛得多。①

三、知识产权法的社会作用

在当代,知识产权具有特别重要的地位,知识产权法发挥着不可替代的社会

---

① 齐爱民、朱谢群:《知识产权法新论》,北京大学出版社 2008 年版,第 8—11 页。

作用。日本 2002 年出台的《知识产权战略大纲》和《知识产权基本法》,把知识产权立国的理念传遍全球。具体而言,知识产权法的社会作用如下:

第一,鼓励智力创造活动和保护智力创造成果。知识产权法通过确认和保护知识产权而调动人们从事创作和技术研究的积极性。知识产权法通过确认权利人对知识财产享有知识产权,而赋予权利人享有知识财产的各项权利。权利人对权利的行使,可以获得期待中的利益回报。这种源自经济利益的激励机制,起着鼓舞和保护智力创造活动的作用。

第二,促进本国知识经济的发展。知识产权制度是促进人类经济发展、社会进步、科技创新、文化繁荣的基本法律制度。人类社会发展已经到了知识经济阶段,知识经济的根本是知识产权。从国际视野看,一国政府对发展本国知识经济的态度,其实就是其谋求全球一体化背景下本国国际地位的一个重大举措。

拓展贴士

经济合作与发展组织(简称"OECD")1996 年《以知识为基础的经济》的专题报告对知识经济给予了界定,认为知识经济是指一种建立在知识的生产、分配和使用之上的经济。简单说,知识经济就是以知识为基础资源的经济形式。

知识产权法是推动知识经济发展的基本法。知识产权不仅是保护权利人财产的手段,而且它本身已经成为当今国际贸易的核心内容。从这个角度看,知识产权法是知识经济的源头,而知识经济的发展也对知识产权制度的构建起着决定性作用。但是,知识产权法并不是机械被动地受知识经济的影响,而是表现出上层建筑对经济基础的极大促进作用。可以说,知识产权法律制度是知识经济的法律保障系统。

第三,保障本国政治和经济利益的实现。知识产权法是融入世界贸易一体化的重要手段。由于知识产权已经发展成为国际贸易的主要形式,因此知识产权法的作用往往会超过一国国内法的作用,而和国际贸易息息相关。从另一个角度看,各国的政治经济竞争本质上说就是知识产权竞争。

拓展贴士

由于美国在国际贸易中以知识产权的保护的综合评估作为进行贸易和实行

贸易制裁的标准,因此,一国的知识产权立法往往受到国际社会尤其是美国的强烈影响和干预,也使得知识产权法的国际属性明显加强,发挥了更大的促进国际贸易发展的客观作用。说到底,美国不惜违背国际法准则,干涉其他国家内国立法,就是要在全球提高知识产权保护门槛而借以实现"美国利益"。

第二节　知识产权法的起源与发展

一、知识产权法的起源

(一) 知识产权法的产生

在知识产权法产生之前,"知识"不是财产,而是被作为"公共资源"来对待的。知识产权法发展成为一个独立的法律部门,是在 19 世纪 50 年代以后。在那个时期,现代意义上的知识产权法已经作为一个独特的法律部门出现了,并充斥着自己的逻辑和语法。① 而在此之前,虽有著作权法、专利法或者商标法的法律,但它们被认为是互不相关的法律,并不被认为构成知识产权法。具体来说,并不是先有了一个名为知识产权法的法律,而是先有了著作权法、专利法和商标法等,然后,人们把"该法律范畴统一在一个共同的创造性概念之下"②,这便是知识产权法。

(二) 知识产权法学的形成

几乎与知识产权法产生同步,知识产权法学产生了。知识产权这一概念称谓来源于 18 世纪的德国。③ 关于知识产权的一般原理,由比利时法学家皮卡弟提出。皮卡弟认为,一切来自知识活动领域的权利为"知识产权"。从性质上看,知识产权是一种特殊的权利范畴,与所有权不同。所有权原则上是永恒的,随着物的产生与毁灭而产生和终止;但是知识产权有时间限制。一定对象的产权在某一瞬息时间内只能属于一个(或一定范围的人——共有财产),使用知识产品的权利则不限人数,因为它可以无限地再生。④ 以法学家皮卡弟系统提出知识产权的一般理论为标志,知识产权法学由此诞生。

---

① 〔澳〕布拉德·谢尔曼、〔英〕莱昂内尔·本特利:《现代知识产权法的演进》,金海军译,北京大学出版社 2006 年版,第 3 页。

② 同上书,第 114 页。

③ 参见郑成思:《知识产权法》,法律出版社 2002 年版,第 3 页。

④ 〔俄〕E. A. 鲍加特赫等:《资本主义国家和发展中国家的专利法》,载《国外专利法介绍》,知识出版社 1980 年版,第 2 页。转引自吴汉东:《知识产权法》,中国政法大学出版社 2004 年版,第 1 页。

二、当代知识产权法的特点和发展趋势

知识产权法作为调节市场经济的主要法律之一,在当代国内经济贸易和国际经济贸易中都有着十分重要的地位和作用。随着全球经济一体化进程的加深以及信息技术的应用,知识产权法呈现出新的特点和发展趋势。

第一,知识产权法在企业发展方面发挥着基础作用。在全球五百强企业中,90%以上的财产为知识财产。随着社会信息化转型的深入,高新技术产业对经济发展将起着更为重要的作用。信息技术、生物技术和新材料技术飞速发展,是当今世界技术竞争的焦点。知识产权法为高新技术的产业化提供了法律支撑和保障。高新技术产业的发展,需要知识产权法予以必要的调整和关注。没有知识产权法的确认,新技术成果的财产权得不到法律的保护,更谈不上实施问题。知识产权法是高新技术发展的强大动力机制。知识产权法律通过对技术成果的确认,并授予财产权,调整投资者、开发者和制造商之间的权利义务关系,赋予知识产权人一定期限的市场垄断权,确保企业获得有限的垄断市场和商机。

第二,知识产权法与国际贸易关系更加密切。从知识产权的占有情况看,当代国际社会上90%的知识产权被发达国家所掌握,造成了发达国家和发展中国家的严重不平衡。而知识产权已经发展为可以进行交易的一种资源,掌握了知识产权,就掌握了主要的社会基础资源。并且,知识产权贸易已经成为当代国际社会的主要贸易方式,因此,掌握了制定知识产权规则的权利,就掌控了国际市场。国际贸易的摩擦以及不同国家、地区间的利益竞争,影响着各国和地区的知识产权立法。

拓 展 贴 士

美国等发达国家为了自身的利益极力主张把贸易与知识产权保护挂钩,致使一个国家或地区的知识产权保护水平和立法状况,往往与这个国家或地区的贸易伙伴的利益相关。发达国家,尤其是美国为了其自身的利益,极力推进适合于他们的知识产权法价值观和具体的规则设计,并在不能顺利实现目的的情况下施以经济报复和制裁的"武力威胁"。

第三,知识产权法与国际政治关系更加密切。当代,由于知识产权规则的重要性,使得知识产权法不仅仅是一个贸易问题,而且在一定程度上表现为政治问

题。一些发达国家,尤其是美国,把知识产权保护水平作为使用外交政策的一种手段,积极向全球推销他们的知识产权价值观,并作为一种国际力量干预到目标国家的知识产权立法进程之中。知识产权法的制定和规则的选择,最终演变为一个和国家关系密切相关的政治问题。

第四,统一的国际知识产权法规则的形成。国际社会一直为制订统一适用各国和地区的知识产权法而努力,世界贸易组织(简称 WTO)最终完成了这一工作。

拓展贴士

世界贸易组织的前身是 1947 年成立的关贸总协定(简称 GATT),目前,WTO 已经发展成为世界上各国进入国际经济体系的桥梁,加入 WTO 成为进入国际经济体系的必由之路。2001 年 12 月 11 日,我国正式加入 WTO。WTO 原本的主要工作目标是关税问题。但是始于 1986 年并于 1993 年结束的乌拉圭回合知识产权谈判及其所达成的《与贸易有关的知识产权(包括假冒商品贸易)协议》(简称 TRIPS 协议),将知识产权保护问题引入国际贸易机制。1995 年 1月 1 日,WTO 正式设立知识产权理事会,专职管辖国际贸易中的知识产权问题,并在事实上取代了世界知识产权组织(简称 WIPO)的地位和作用。TRIPS 协议是在美国私人大企业(如辉瑞公司)等主导下形成的,为美国、欧盟和日本等知识产权出口国控制全球经济的目的而勾画的知识产权蓝图。

"在上个世纪 80 年代,华盛顿的说客们和美国的大公司为国际知识财产制度与国际贸易制度之间打造了一种联系,从而产生了《与贸易有关的知识财产协议(TRIPS)》。"①在把知识产权纳入关贸总协定的过程中,美国的企业家们可谓不遗余力。

拓展贴士

1986 年,美国成立了知识产权委员会,该委员会由美国最为著名的 13 家企业组成,它们是:百石美、杜邦、美国食品机械化学公司、通用电气、通用汽车、惠普、国际通用机械、强生、默克、孟山都、辉瑞、洛克菲勒国际以及华纳传媒,该委

---

① 〔澳〕彼得·德霍斯:《知识财产法哲学》,周林译,商务印书馆 2008 年版,第 2 页。

员会的使命就是"在当今关贸总协定多边贸易谈判回合中,致力于知识产权协议的全面谈判"①。而"从知识产权委员会的观点看,将贸易和知识产权联系起来,并不是为了法律种类的多样化,或将其国民的收益最大化,这不过是在做生意"②。"在此期间,越来清楚的是这个由美国主导的知识财产权的全球化进程对发展中国家产生了难以获得知识财产的问题"③。美国联合欧洲以及日本推行他们满意的知识产权保护标准的做法招致了发展中国家的反对,尤其是巴西和印度。"他们宣布知识产权的最低保护标准应该是主权国家的内部事务,主权国家有权根据自己的发展的不同需要,做出是否制订相关法律的规定"④。但是就谈判而言,发展中国国家还远远没有准备好,因此结果就可想而知了。

客观上说,该协议作为世贸组织的组成部分,对《巴黎公约》《伯尔尼公约》《罗马公约》以及《关于集成电路知识产权公约》等公约的内容进行了协调,在全球范围内统一了知识产权保护的基本水平和规则。为了进入国际经济体系,必须加入 WTO;要加入 WTO,就必须接受 TRIPS 协议。事实上,加入 WTO,面对诸多知识产权挑战,我国国内企业一度表现得战战兢兢。这固然一方面是由于我国企业知识产权资源匮乏、知识产权保护水平和意识不高造成的,但在某种程度上,也是由于贯彻的知识产权出口国的意图等 TRIPS 协议自身因素造成的。当时的中国只是徒然看到原来国际社会把知识产权看得如此之重这种现象,并没有时间和能力去思考这种现象的正当性与合理性问题,也缺乏相应实力予以反击。

拓 展 贴 士

TRIPS 协议是 WTO 中最为复杂的协议,有以下几个特点:第一,内容涉及面广。TRIPS 协议几乎涵盖了知识产权的各个领域,包括版权与有关权利(如邻接权)、商业标记权、专利、商业秘密等七个大的方面,涉及现代工农生产、交换、服务、乃至文化和艺术等各个领域。遗憾的是,有利于发展中国家的非物质文化遗

---

① 〔澳〕彼得·达沃豪斯、约翰·布雷斯维特:《信息封建主义》,刘雪涛译,知识产权出版社 2005 年版,第 135 页。
② 同上书,第 143 页。
③ 〔澳〕彼得·德霍斯:《知识财产法哲学》,周林译,商务印书馆 2008 年版,第 2 页。
④ 〔澳〕彼得·达沃豪斯、约翰·布雷斯维特:《信息封建主义》,刘雪涛译,知识产权出版社 2005 年版,第 158 页。

产和遗传资源不在保护之列。第二,TRIPS 协议确立了高水平的知识产权保护标准。与现有的保护知识产权的国际公约相比,TRIPS 协议在多方面超过了它们确立的保护水平。第三,建立了协议的执行机制。TRIPS 协议对于执行态度强硬,把知识产权保护与贸易制裁结合。TRIPS 协议设置了"知识产权理事会"监督各成员的执行。

第五,知识产权法国际化趋势进一步增强,知识霸权形成。随着国际经济一体化进程的加深,近年来国际知识产权法已经呈现出国际化趋势,即在知识产权法的基本规则方面,出现各国趋同的现象。知识产权法的国际化趋势还表现在知识产权保护的"国民待遇原则"的普及上。TRIPS 协议的产生,使各国和地区的知识产权法的体系和内容更加趋同。然而,TRIPS 协议毕竟是在发达国家的主导下,由大公司一手缔造,更多地代表着发达国家和大公司的利益。加上,由于发达国家,尤其是美国长时期推行"胡萝卜加大棒"政策,把代表着发达国家意志的知识产权法理念和规则推向全球,实行法律殖民主义。通过这个过程,为发达国家攫取利益的知识霸权终于披着合法的外衣得以确立。这在一定程度上挤压了公众自由使用科学技术的空间,打破了知识财产权人、知识财产利用者和大众之间的利益平衡。我国知识产权立法应坚持国家利益原则,反对知识霸权。

第三节 知识产权法的地位和性质

知识产权法的地位是知识产权法学的基本理论问题。对这一问题的正确回答,是科学构建知识产权法体系,指导知识产权立法与司法的前提。知识产权法的地位,是指知识产权法在我国的法律体系中处于什么样的位置,即知识产权法是从属于法律体系中的某一个法律部门,还是作为一个独立的法律部门。

一、知识产权法的地位

知识产权法是一个独立的法律部门。随着时代的发展和进步,知识产权由一个不起眼的关于技术成果的法律已经演变为调整国内和国际贸易的主导性法律。因此,知识产权法也随之获得了更大的独立性,成为一个独立的法律部门。当社会上客观出现了某种新的社会活动领域或具有新内容的社会活动类型,而国家按照一定的宗旨对该活动进行统一立法调整,就形成新的"法律部门"①。知识产权法就是这样一个已经产生的实实在在的法律部门。知识产权法调整的

---

① 参见史际春:《经济法的地位问题与传统法律部门划分理论批判》,载《经济法研究》(第 1 卷),北京大学出版社 2000 年版,第 156 页。

客体范围广泛,涉及许多领域,并形成了自己的特有原则,作为一个整体概念,知识产权法已为世界各国接受。在国家法律体系中,知识产权法作为一个独立的法律部门存在。

二、知识产权法的性质

(一) 知识产权法是私法

知识产权法是私法。从公法和私法划分的角度看,知识产权法为私法。知识产权法与国际私法、国际经济法、商法、民法等具有相同的法律性质,属于私法。知识产权法是调整因知识财产而发生的社会关系,这种社会关系本质上是一种平等关系。虽然知识产权法包含了一些必要的公法规范,渗入了一些公力干预的因子,但这些公法规范都是以保护知识产权法主体的个体利益为出发点的,因此公法规范的渗入并不能改变知识产权法的本质属性,所以它仍属于私法的范畴。

拓展贴士

TRIPS 协议开宗明义地宣称:"承认知识产权为私权"。

作为保护知识财产的基本法律,知识产权法是以保护私权和私人利益为目的的,因此在属性上应为私法。知识产权法的调整对象主要是平等主体因确认或实施知识财产而产生的社会关系,其调整对象和适用原则主要是私法的手段和原则。这说明知识产权法是私法的一部分。在民法典中规定的私法的主体、客体、法律行为、时效、期间、期日等制度皆适用于知识产权法,私法的基本原则也是知识产权法的最高原则。

(二) 知识产权法是财产法

私法是调整平等主体之间的财产关系和人身关系的法律规范的总和,知识产权法是主要以财产关系为调整对象的。有学者主张,知识产权是财产权和人身权的统一。就著作权而言,我国台湾地区"著作权法"就分为著作财产权和著作人身权。这种观点严格来讲并不错,著作权的确含有人身权内容,而专利权也存在发明人身份问题,商标权也存在设计人的身份问题。但是,从当今社会对待知识产权的基本态度,以及知识产权的基本作用而言,知识产权的主体还是财产权。从这个意义上说,知识产权法为财产法。

(三) 知识产权法为绝对权法

知识产权法与物权法一样,属于绝对权法。这个特征使得知识产权法和债法相区分。依据权利人可以对抗的义务人的范围,民事权利可以分为绝对权和相对权。绝对权是指义务人不确定、权利人无须通过义务人实施一定行为即可实现的权利。[①] "举凡人格权、身份权、物权、准物权及无体财产权皆属之。有此权利者,得请求一般人不得侵害其权利,而其特色,则在义务人之不一定,与权利本质在于不行为。"[②]相对权是指义务人为特定人,权利人必须通过义务人实施一定行为才能实现的权利。[③] 据此,调整绝对权关系的法律规范为绝对权法,而调整相对权关系的法律规范为相对权法。

(四) 制定法与强行法

知识产权法是制定法。大陆法系以制定法为主,英美国家以判例法为主。然而在知识产权法的立法方面,两大法系均采制定法形式。大陆法系的代表法国、德国如此,英美法系的代表英国和美国也如此。这不但反映出两大法系在相互取长补短中逐渐融合,而且也反映了各国对知识产权保护的重视。

知识产权法具有大量的强行法规范。知识产权法的强行法性质表现如下:(1) 在效力上,知识产权法的大多数规范在适用中具有绝对性,不允许当事人进行变更。(2) 在内容上,知识产权法的大多数规范具有内容上的单一性,即单一的肯定或单一的否定。与此相反,任意性规范在内容的确定性上通常提供两个或者两个以上的可供选择的内容。(3) 在利益体现上,知识产权法不仅调整知识产权当事人之间的利益,而且体现着国家利益和公共利益。知识产权法中难免有许多保护国家利益和公共利益的强制性规范出现。知识产权法的强行法特性有利于强化对知识财产的保护。

另外,知识产权法是实体法、国内法。

第四节　知识产权法的体系和效力

一、知识产权法的体系

知识产权法的体系是指由构成知识产权法的概念、规则和原则以及它们相互之间的关系组成的一个法律整体。"知识产权法总会有若干程序法、公法的规定,但依然是以实体法为基础的私权制度。诸如权利取得程序、权利变动程序、权利管理程序、权利救济程序等,概以创造者权利为中心,从而形成私权领域

---

① 佟柔:《中国民法》,法律出版社 1990 年版,第 39 页。
② 胡长清:《中国民法总论》,中国政法大学出版社 1997 年版,第 41 页。
③ 王利明:《民法》,中国人民大学出版社 2000 年版,第 46 页。

中的独特的法律规范体系"。① 我国知识产权法的体系结构应该以知识财产为主线,遵循知识产权权利形态的逻辑展开,并采取"总则 + 分则"的结构模式。知识产权法的总则应包括宗旨、原则、权利类型、权利行使等基本内容。目前,我们面对的问题是总则缺失,并且是在全球范围内缺失。知识产权法分则的主要部分包括:(1) 著作权法;(2) 专利法;(3) 商业标记法;(4) 商业秘密保护法;(5) 非物质文化遗产保护法。

二、知识产权法的域内效力

按照效力发生的区域为标准,知识产权法的效力可以分为域内效力和域外效力。知识产权法的效力也称知识产权法的适用范围,是国家主权在知识产权法上的体现。知识产权法的域内效力亦称属地效力,是指一国知识产权立法对本国境内的所有人、事和行为都有效。从知识产权法作用的对象角度,可以把知识产权法的域内效力分为对人的效力、空间效力和时间效力三个方面。对人的效力,是指知识产权法适用于哪些人。根据国家主权原则,我国知识产权法对中国公民和中国组织均发生效力,而无论中国公民身处国内还是国外(当然应遵守冲突法的规定以及国际协定)。除此之外,对于在中国境内的外国人,适用中国的知识产权法。知识产权法的空间效力,是指知识产权法在哪些地域、空间范围内发生效力。中国知识产权法在全国范围内有效(港澳台例外)。知识产权法的时间效力,是指知识产权法何时生效、何时终止生效及法律对其颁布实施前的事件和行为是否具有溯及力的问题。知识产权法在其生效到废止这段期间有效,一般情况下,无溯及力。

三、知识产权法的域外效力

知识产权法的域外效力亦称属人效力,是指一国的知识产权法对本国的一切人,不论该人是在境内还是在境外都有效。根据国家主权原则,一个国家的立法可以规定知识产权法具有域外效力。我国《著作权法》第 2 条规定:"中国公民、法人或者其他组织的作品,不论是否发表,依照本法享有著作权。"该规定并没有限制为中国境内的中国公民,即无论是否在中国境内,我国《著作权法》均适用。这对于中国公民居住的外国而言,即是中国法的域外效力。2010 年我国颁布了《中华人民共和国涉外民事关系法律适用法》,该法第七章专章规定了"知识产权",其中第 49 条规定:"当事人可以协议选择知识产权转让和许可使用适用的法律。当事人没有选择的,适用本法对合同的有关规定。"第 50 条规定:"知识产权的侵权责任,适用被请求保护地法律,当事人也可以在侵权行为

---

① 吴汉东:《关于知识产权私权属性的再认识——兼评"知识产权公权化"理论》,载《社会科学》2005 年第 10 期。

发生后协议选择适用法院地法律。"上述两条关于"当事人可以选择适用法律"的规定,实质上是对国外知识产权法域外效力的承认。

第五节　知识产权基本法

一、知识产权基本法概述

（一）知识产权基本法的概念

知识产权法体系化的最终结果是制定知识产权基本法。所谓知识产权基本法,是指统一调整民事主体对知识财产支配关系的法律规范。这个概念有以下几个特征:第一,知识产权基本法是私法,其目的是调整和规范民事主体对知识财产的支配关系,而不是国家促进知识财产的创造、保护和应用关系(后者属于行政法范畴);第二,知识产权基本法是知识产权法中的普通法,其在效力范围上具有普遍性,即针对一般的人或事,在较长时期内,在整个法域范围内普遍有效的知识产权法律;第三,知识产权基本法和知识产权单行法不同,其是对知识财产支配关系进行统一调整和规范的法律,而不以各项具体知识财产为基础形成的支配关系为调整对象;第四,知识财产基本法是一项形式意义上的法律,而非法律规范的综合,其具体表现形式是制定知识产权基本法,或民法典制定知识产权编,或者知识产权法典。完善的知识产权的立法体系应当是由知识产权基本法和知识产权特别法(如著作权法、专利法和商标法等)共同组成。

（二）知识产权基本法的性质

知识产权基本法是根据宪法的原则,对知识产权基本法律问题进行统一规范的知识产权普通法,是知识产权特别法的母法,如著作权法、专利法和商标法等。我国 2008 年颁布的《国家知识产权战略纲要》不是立法文件,它是一个由中国政府制定的政策,其目标旨在提升我国知识产权创造、运用、保护和管理能力。知识产权基本法是一个法律规范,应由全国人大制定,并在全国生效。我国制定知识产权基本法的立法任务十分紧迫。

（三）知识产权基本法的体系

知识产权基本法主要由五部分构成:

第一章,总则。主要规定知识产权基本法的立法依据、立法目的、宗旨和基本原则,以及知识财产和知识产权的定义和知识产权请求权等。

第二章,完全知识产权。主要规定完全知识产权的取得、权能、共有和权利行使的限制与滥用等。

第三章,知识产权实施权。主要规定许可人通过许可获得的知识产权实施权的权利属性和权利内容。

第四章,知识财产担保权。主要规定知识财产质押权、知识财产抵押权、知识财产留置权的设定和权能。

第五章,知识产权行使。主要规定知识产权合同、知识产权行为以及知识产权行使的具体制度等。

第六章,法律责任。主要规定侵害知识产权的法律责任,如归责原则和责任承担形式等。

二、知识产权基本法与相关法律的关系

(一)知识产权基本法与《民法通则》

目前,各国对待知识产权法的一些共同性问题,如知识产权法指导思想、适用范围和基本宗旨和原则,知识财产以及知识产权的基本规范、知识产权体系以及知识产权的行使和救济等,一般缺乏明确规定,而是在司法中参照适用《民法》的规定。我国《民法通则》在第五章第三节对知识产权作出了一般性的规定。但是《民法通则》中的规定过于简单,并不能起到知识产权基本法的作用。从这个角度看,知识产权基本法的制订是对《民法通则》第五章第三节对知识产权作出的一般规定的完善。

(二)知识产权基本法与知识产权编

在民法典中规定知识产权编始自 1942 年的《意大利民法典》。该法典“智力作品权和工业发明权”一章中规定了著作权、专利权以及实用新型和外观设计专利权三节。《越南民法典》和《荷兰民法典》紧随其后,均将知识产权纳入其中。在民法典中设置知识产权编模式的最大优势在于彰显了知识产权法的私法性质,并可以适用民法总则和财产法总则的法律规范。但是,此种模式的弊端也较为明显:限于篇幅,内容欠缺完备性。并且,工业产权都是靠行政授予才获得的民事权利,这是它特殊的地方,如果把知识产权放进民法典,就要有一大批行政程序条款进入民法典里,和民法典的属性不符。

拓展贴士

我国著名的知识产权法学家郑成思先生也不赞成将知识产权法纳入民法典,“因为世界上除了意大利不成功的经验之外,现有的稍有影响的民法典,均没有把知识产权纳入。”①

---

① 郑成思:《民法草案与知识产权篇的专家建议稿》,载《政法论坛》2003 年第 1 期。

更为突出的问题是,从全球范围看,任何一个将知识产权编纳入民法典的立法例,在实质上仍选择了针对各项具体知识财产进行分别保护的分散模式,如《意大利民法典》的"劳动编"主要规定的是著作权、专利权、商标权、商号权等具体知识产权,而非针对知识财产和知识产权进行规定。因此,制定知识产权基本法和将知识产权编纳入民法典并不矛盾,并且还有利于形成针对知识产权的知识产权编,而并不是分别针对著作权、专利权和商标权的知识产权编。

（三）知识产权基本法与知识产权法典

知识产权基本法与知识产权法典可以很好地融合在一起。

拓 展 贴 士

1992 年《法国知识产权法典》颁行,开创了知识产权法典化的先河。但鉴于法国《知识产权法典》其实只是一部法律汇编,因此并不被认为是一种成功,也没有更多的国家仿效。①

肇始于 19 世纪的法典编纂的一个目的就是要统一"政令","法典"就是政令统一后的产物。从知识产权立法开始到现在,在漫长的二三百年的时间里,知识产权并未真正走上法典化道路。而在知识产权被放在国家战略高度的今天,知识产权立法采取何种模式,是否走法典化道路,如何走法典化道路都是一个国家必须认真面对和解决的问题。所谓知识产权法典,是指利用法典编纂技术,在知识产权法的基本理念和原则指导之下,将规范因知识财产而发生的社会相关的法律规范体系化,而形成的具有确定性、系统性及内在逻辑性的法律规范和谐统一体。知识产权法典化侧重的是一个过程,是指知识产权立法由单行法走向知识产权法典的历史进程。知识产权法典的设计,依赖于知识产权法的体系化。要实现知识产权法的体系化,首先要实现知识产权的体系化。

拓 展 贴 士

我国未来知识产权法典应该采取"总则 + 分则"体系。知识产权法典第一篇应为"总则",即知识产权基本法的内容。第二编为"著作权编",该编保护的客体包括文学艺术、科学作品、计算机软件等作品在内的一切以作品形式存在的

---

① 刘春田、金海军:《2003 年知识产权法学学术研究回顾》,载《法学家》2004 年第 1 期。

知识财产,以及邻接权的内容。第三编为"专利权编",该编保护的客体包括发明专利、实用新型专利和外观设计专利在内的以及一切以专利形式存在的知识财产。第四编为"商业标记法编",该编保护的客体包括商标、企业名称、地理标志、域名等一切商业标记形式存在的知识财产。第五编为"商业秘密保护编",该编保护的客体包括一切以商业秘密形式存在的知识财产,如 know-how 等内容。第六编为"非物质文化遗产保护编",该编保护的客体包括以口头传承和表现形式(包括作为非物质文化遗产媒介的语言)的表演艺术,社会实践、仪式、节庆活动,有关自然界和宇宙的知识和实践,以及传统手工艺等一切以非物质文化遗产形式存在的知识财产。

第二章　知识产权法的宗旨和原则

```
((•)) 要点提示
```

重点概念:(1) 知识产权法的立法目的;(2) 知识产权法的宗旨;(3) 知识产权法的基本原则体系;(4) 知识产权法定原则;(5) 一知识一权利原则;(6) 公示公信原则;(7) 同等保护原则;(8) 思想与表达相区分原则;(9) 合理使用原则;(10) 权利穷竭原则。

```
((•)) 本章知识结构图
```

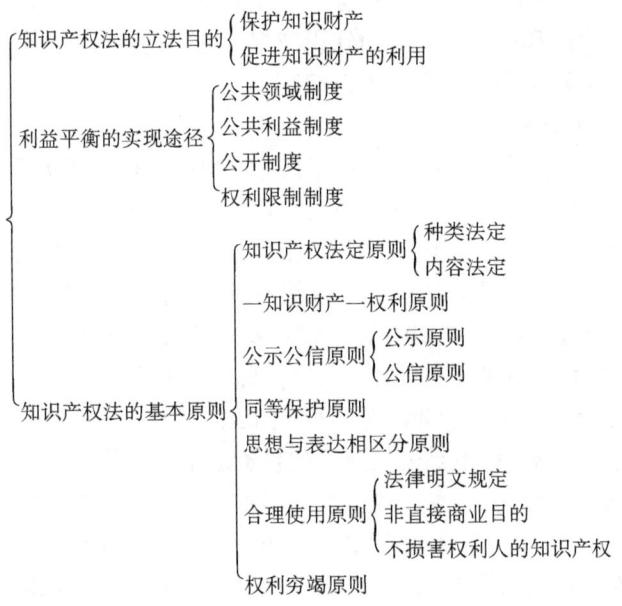

第一节　知识产权法的立法目的与宗旨

一、知识产权法的立法目的

知识产权法的目的是指知识产权立法的直接目标。知识产权法通过在社会上发挥特定的功能和作用,保护知识财产以及促进知识财产的利用是知识产权法的两个根本目的。

拓展贴士

1787 年美国宪法的制定者以根本法的形式规定了著名的知识产权保护的"三P"原则,其实质为知识产权保护的立法目的:(1)"促进知识"(the Promotion of Learning),即知识产权法的立法目的在于促进知识传播;(2)"公共领域保留"(the Preservation of the Public Domain),即知识产权被限制在一定时间和范围之内;(3)"保护创作者"(the Protection of the Author),即宪法赋予创造者对其智力成果以专有权。

知识产权法的目的有两个:保护知识财产以及促进知识财产的应用。知识产权法的保护目的除了保护知识财产之外,还在于促进知识财产的利用。这是因为知识和物、信息不同,知识对社会的作用是巨大的,并且较为容易被垄断,因此促进知识的生产和应用也应成为知识产权法的目的。保护财产与促进知识应用两个目的对于知识产权法而言不可偏废。

(一) 保护知识财产

知识产权法以保护知识财产为直接目标。知识产权法律关系的客体为知识财产,而不是知识。有人认为知识产权法的目的在于保护知识产权,也有人认为知识产权法的目的在于保护知识,这两种主张都不准确。在私权神圣观念的影响下,人们往往认为无论以何种高度保护私权都不过分。保护知识这种提法也有异曲同工之妙,尊重知识是人类文明的基本要求,这往往被主张知识霸权的人利用。知识产权法的直接目标就是保护财产。无论从哪个角度看,知识产权法都不是保护知识产权的专门法,而是保护知识财产的专门法。"TRIPS 协议是在世界范围内承认将知识视为私有财产而不是公共财产的投资道德说的第一阶段"。① 在这一点上,知识产权法和物权法基本一致。作为财产法,物权法是把"物"作为财产给予保护的法律,而知识产权法是把"知识"作为财产给予保护的法律。知识产权法的目的是确认知识的财产地位,并利用知识产权来保护知识财产。知识产权作为一项权利制度,是为实现法律保护知识财产的目的而进行的路径选择,而保护知识产权,则是整个法律部门的任务,如实体法中的宪法、刑法、行政法,以及三大诉讼法。可以说,保护知识产权这种权利是一个国家整个法律制度的任务,

① 〔澳〕彼得·达沃豪斯、约翰·布雷斯维特:《信息封建主义》,刘雪涛译,知识产权出版社 2005 年版,第 10 页。

而并不限于知识产权法。从逻辑上看,保护财产和保护权利也是不同的概念。首先,财产和财产权是不同的法学范畴,财产是法律关系的客体的一种;财产权是权利的一种。就知识财产和知识产权而言,二者也存在着联系,为了保护知识财产,法律创制了知识产权。因此,知识产权法的目的是保护知识财产,为知识产权划定范围。其次,保护权利的提法过于笼统,并不是一个严格的私法概念。保护权利是权利人的政治诉求,需要依靠国家机器得以保障。从宪法角度看,保护权利是宪法的规定,比如保护公民基本权利;从私法的角度看,保护权利意味着权利受到侵害之后的一系列救济机制,如知识产权请求权等;而从诉讼法角度看,保护权利意味着权利受到侵害之后的一系列救济机制,如请求司法裁决等。从这个意义上说,物权法和知识产权法以及信息财产法是保护财产的,而不是保护权利的。区分保护财产与保护权利,有利于我们更理智地看待知识产权保护水平问题。

知识产权法的目的在于保护私有财产,说明知识产权法选择的是保护财产的理念和模式,而不是保护知识的理念和模式。这个区分十分必要。学者 G. P. 纳布罕(G. P. Nabham)认为知识产权法很重要的目的在于将知识转换为适于市场的商品,而不是在于按照最适合知识本身的方式来保护。[①] 确认知识为财产、并为保护这种财产而构建知识产权,以及建立侵害知识产权的救济机制是保护知识财产的三部曲。将知识赋予财产的法律地位是知识产权法的前提,是知识产权法大厦的根基,在所有的制度中,都不能脱离开这一基础,更不能为了某种需要(如高额利益)而游走于“知识”和“财产”之间进行取舍和选择。这不仅是知识产权法律关系客体制度所决定的,也是法律概念必须固定内涵这一法学的基本要求所决定的。

(二) 促进知识财产利用

促进知识应用、保护公共利益是知识产权法的另外一个目标。知识产权法主要是通过促进知识的传播和应用,实现促进公共利益增长的目的。知识产权来自于公共知识,任何知识财产都包含了一定的公共领域的知识。因此,对知识财产的保护就与对“物”的保护不同,除了保护私有财产之外,知识产权法还有一个目的就是促进知识应用,保护公共利益。

(1) 促进知识财产的生产。促进知识财产的生产是知识产权法的目的之一。在整个人类文明史中,科技一直扮演着十分重要的角色,但是科技进入法律的视野却不过是近代以来的事情,不超过300年历史。当代,科技进步则主要是由知识产权制度来保障和促进的。在我国,尤其是科技是第一生产力的提出以

---

① 孙祥壮:《传统知识的世界保护及对我国的启示》,载《知识产权文丛》(第9卷),中国方正出版社2003年版,第193页。

及知识经济的到来,使经济发展主要建立在科技进步的基础之上。知识产权法对科技的促进,是通过赋予知识(科学和技术成果)以财产权的方式来实现的,主要是通过确认财产权和对财产权提供保护两方面的机制。知识产权人可以通过权利的正当行使而获得社会收益和经济收益。这对于鼓励科学技术进步,调动人们开展科学技术研究和自主创新研究的积极性,促进新知识财产的生产有着重要的激励作用。近代以来,科技进步与经济发展之间的联系越来越密切,其桥梁就是法律对知识财产的确认和保护。从法律的角度看,与其说科技是第一生产力,不如说知识财产是第一生产力。知识产权法是把"知识"(科技成果)作为资源来对待的,并用法律的语言把"资源"翻译为"财产",通过确认财产的归属,即确认财产权来实现对科技进步的激励和调节作用。

但知识产权法并不是保护所有知识,而是仅仅保护符合特定构成要件的知识,即知识财产。知识经济中的所谓"知识"的范围比知识产权法上的"知识财产"要广泛得多,法律仅仅保护符合一定的构成要件的"知识财产",并非保护一切"知识"。这些被法律筛选后的"知识"是智力创造成果的核心部分,是发展知识经济的主导资源,具有法律保护的价值。而不符合法律要件的知识,一般不给予法律保护。

拓展贴士

正如美国专利与商标局副局长卡森斯基所言:"知识产权是经济发展的动力。"归根结底,知识产权法采用的是"财产利益驱动"的方式来实现促进科技进步、刺激经济增长的目的。

(2)促进知识财产的利用,促进公共利益的增长。知识产权人可以自己实施知识产权获得经济利益,也可以通过知识产权许可或者转让,由他人实施从而实现知识财产的经济价值。在知识财产的传播和应用中,科技成果转化至关重要。所谓科技成果转化是指为提高生产力水平而对科学研究与技术开发所产生的具有实用价值的科技成果所进行的后续试验、开发、应用、推广直至形成新产品、新工艺、新材料,发展新产业等活动。我国《促进科技成果转化法》第4条规定:"国务院科学技术行政部门、计划部门、经济综合管理部门和其他有关行政部门依照国务院规定的职责范围,管理、指导和协调科技成果转化工作。地方各级人民政府负责管理、指导和协调本行政区域内的科技成果转化工作。"

拓 展 贴 士

　　促进知识财产的利用的目的在于促进公共利益的增长。尽管 TRIPS 协议是建立在发达国家知识产权保护需要的基础之上的,虽然它不可避免地被打上了美国等发达国家意志的烙印,但 TRIPS 仍然在原则中规定了成员可以采取必要措施保护公众健康。"成员可在其国内法律及条例的制订或修改中,采取必要措施以保护知识产权的健康发展,以增加对其社会经济与技术发展至关紧要之领域中的公益,只要该措施与本协议的规定一致。"①可见,促进知识财产的应用,从而刺激经济健康发展和促进公共利益的实现是知识产权法的又一立法目的。

二、知识产权法的宗旨

(一) 知识产权法宗旨的概念

　　知识产权法的宗旨是指维持知识产权法不同立法目的之间平衡的基本准则。知识产权法的目的具有二元价值性,即保护知识财产和促进知识财产的利用。这两种立法目的之间存在表面上的矛盾。知识产权法就是以解决知识产权法的目的之间的矛盾为着眼点,即解决保护私人财产和促进知识财产利用之间的矛盾。保护财产体现的是私益,而促进知识财产利用则体现的是公益。知识产权法,注重的是维持私益和公益之间的平衡。一句话,知识产权法的宗旨就是维持保护知识财产和促进知识财产应用之间的平衡。

　　知识产权法的宗旨所涵盖的思想有两层含义:第一,从平衡的范围来看,知识产权法宗旨平衡的是知识产权法的两个立法目标之间的冲突,鲜明地体现了知识产权法的价值取向;第二,从内容上看,知识产权法的宗旨不是对某一种目的的宣扬和促进,而是在两种目的之间寻求平衡,做到各种目的兼顾,这就保持了知识产权法同经济和社会的良好互动关系和全面发展。有学者认为:"立法的难点就在于在占有规则和传播规则之间找到一种平衡。"②知识产权法的宗旨既体现了知识产权法对经济基础的影响力,又表明了这种影响是主动施加积极影响。

---

　　① 曹建明、贺小勇:《世界贸易组织》,法律出版社 1999 年版,第 301 页。
　　② 〔澳〕彼得·达沃豪斯、约翰·布雷斯维特:《信息封建主义》,刘雪涛译,知识产权出版社 2005 年版,第 13 页。

拓展贴士

2005 年,我国国务院新闻办公室发表的《中国知识产权保护的新进展》白皮书确认了我国知识产权法的宗旨为:"平衡知识产权创造者、应用者与社会公众之间的利益关系,使知识产权的创造与应用形成良性循环"。

(二) 知识产权法的宗旨是维持利益平衡

(1) 知识产权法上的利益冲突。知识产权法的宗旨就是实现或者说维持知识产权的利益平衡。知识产权是一种财产权,具有排除权利人之外的任何人实施的法律效力。在知识产权法中,知识产权人享有的财产权与知识财产作用于社会后获得的社会利益之间构成矛盾。就知识产权法而言,利益平衡是指知识产权人之间、权利人与义务主体之间、权利人与社会之间的利益应当符合公平正义的价值理念。知识产权一旦形成便同社会利益之间形成一种既相互依存,又相互对立的关系。知识产权法既要保障权利人的知识产权的有效实现,又要防止权利人滥用知识产权危害相对人和社会。知识产权人的权利与社会利益应处于平衡状态。若知识产权人为了自己获得最大收益而滥用知识产权危及社会利益,则应对其进行必要的制约和控制,通过一系列的制度措施,恢复它和社会利益的平衡。从这个角度看,利益平衡是知识产权与社会利益之间的"方向盘",只有在平衡的状态下,知识产权法才能平稳驶向前方。

(2) 利益平衡在知识产权法上的重要地位。利益平衡是维护社会稳定的根本,是和谐社会的基本要求。从法律的宏观层面来讲,利益平衡是法律的基本思维方式,是一个国家法律体系所追求的目标。[1] 有学者认为利益平衡理论是知识产权法的理论基础,是建立知识产权法理论大厦的支点。[2]

拓展贴士

《日本知识产权战略大纲》指出:"知识产权法是一项对信息的独占性利用予以认可的制度,但过于保护有可能会与学术自由、表达自由等现代社会所存在

---

[1]　罗豪才等:《现代行政法的理论基础——论行政机关与相对一方的权利与义务的平衡》,载《中国法学》1993 年第 1 期。

[2]　冯晓青:《利益平衡论:知识产权法的理论基础》,载《知识产权》2003 年第 6 期。

的基本价值观相抵触。在加强知识产权制度的时候,必须对这些基本价值予以注意,同时建立起一种均衡制度。"①

（3）利益平衡不等于限制权利人的权利。平衡不等于对知识产权的限制,知识产权法的真正目的不在于权利限制,而是权利保护。但对知识产权的绝对保护或者过度保护,则会影响社会利益的实现,从而违背人类社会的发展方向。公共利益体现了人们对社会共同福利的追求,社会成员的个人在追求自己的个人利益时应当受到公共利益的限制。因此,一方面,在与社会利益相冲突的情况下,对知识产权的限制是十分必要的。另一方面,必须反对以社会利益为借口对知识产权施加的不正当限制和影响。

（4）利益最大化是利益平衡的标准。在利益平衡的标准选择上,一个重要原则是追求知识产权和社会利益的双向最大化。利益衡量方法是源自经济学的一个方法,它要求在立法、执法、守法过程中权衡各方的利益,实现各方利益的最大化。无论对知识产权法的宗旨选择何种标准,最具有正当性和实用性的则是追求知识产权和公共利益的双向最大化,唯有如此,才符合知识产权法的基本精神。因此,可以说知识产权法的宗旨是追求知识产权和公共利益最大化的平衡。知识产权法应充分、有效地确认并保护知识产权,从而发挥其对创新和经济发展的促进作用,同时通过对知识产权的必要限制,达到制衡的目的,避免社会利益受到不当损害。

拓 展 贴 士

利益最大化的平衡是衡量知识产权立法先进与否的标志。知识产权法上的利益平衡是动态的平衡。随着知识产权的确认和保护以及必要的限制之间的制衡机制的建立,知识产权带来的个人利益和公共利益都会越来越大。知识产权法上的利益平衡,是利益最大化的平衡。在特定的历史阶段,知识产权法必须利用此阶段的一切因素来追求此阶段知识产权和公共利益之间的最大化平衡;随着社会发展到另一个阶段,前一阶段的平衡将被打破,知识产权法又在该阶段的基础上,追求新的最大化平衡。因此,知识产权法上的利益平衡是最大化平衡,是动态的平衡。

---

① 《日本知识产权战略大纲》,孟姗娜译、廖文彬校,载《网络法律评论》第4卷,北京大学出版社2004年版,第291页。

三、知识产权利益平衡的具体实现途径

知识产权保护问题的核心在于解决公共利益与知识产权之间的冲突与维持二者的衡平。从宏观角度来看,知识产权法的全部规范包括知识产权法的基本原则都是实现知识产权法宗旨的途径。而从具体的制度层面去分析,公共领域制度、公共利益制度、公开制度和权利限制制度是实现知识产权利益平衡宗旨最典型的制度。

（一）公共领域制度

（1）公共领域的概念。公共领域是知识产权和公共利益相互平衡的结果。就知识产权法而言,19世纪末的《保护文学艺术作品伯尔尼公约》从法语中借用的这一术语,由此公共领域迅速超越著作权领域而被广泛实施于整个知识产权法这个整体之中。就知识产权法而言,公共领域（public domain）是指不受知识产权法保护的知识所处的领域。任何处于公共领域的知识都是任何人可以自由获取和无偿实施的。而私人领域则是指受到知识产权法保护的知识财产所处的领域。任何处于私人领域的知识财产都是必须通过许可或者法定程序才可以获得和实施的。公共领域的概念源自哲学和社会学,与私人领域相对而言。在哲学与社会学领域,公共领域是指介于国家和社会之间的一个公共空间,公民可以在这个空间中自由参与公共事务而不受干涉。

（2）公共领域制度的意义。知识产权法上的公共领域是判断哪些知识是可以自由传播和实施的,哪些知识是属于私人财产的一个基本标准。一般而言,知识产权法保护的知识财产处于私人领域,而不受知识产权保护的知识则处于公共领域。公共领域中的知识,通常涵盖没有纳入到知识产权法中的知识创造成果、保护期限已经届满的知识创造成果以及权利人放弃知识产权的成果。[①] 公共领域的重要作用在于界定哪些知识是财产,是受知识产权法保护的,哪些知识是不受保护的,是自由免费的。

拓 展 贴 士

公共领域是和知识相匹配的一个概念。有学者认为,在利益平衡的层面上,应该关注的是知识产权这一专有权本身中存在的公有领域。[②] 公共领域是相对于知识的一个概念,而和知识产权无关。当知识作为财产存在时,其上就会有一

---

① 冯晓青:《知识产权法的公共领域理论》,载《知识产权》2007年第3期。
② 同上。

个知识产权;当知识处于公共领域时,则意味着知识已经不再是财产,并不存在知识产权,或者说原先存在的知识产权业已消灭。换句话说,知识产权是不能处于公共领域的。从利益平衡的角度看,一项知识之上创造者的权利和公众的利益往往同时存在。这两种权利(利益)因对立而充满矛盾,公共领域的划分,则表明了哪些知识是"免费"的,哪些知识是"有主"的财产。一般而言,公共领域的界定,往往考虑保护期已届满的知识、知识产权被放弃的知识、不受保护的知识等因素。

(二) 公共利益制度

(1) 公共利益的概念。美国学者庞德将法律应保护的利益划分为个人利益、公共利益和社会利益。① 美国学者埃德加·博登海默认为,公共利益具有共同福利或公共福利的属性,不能被认为是个人欲望和要求的总和。同时,"也不能同意将共同福利视为是政府当局所作的政策决定"。② 就知识产权法而言,公共利益是指一个特定社会群体存在和发展所必需的、该社会群体中不确定的个人都可以享有的利益。我国许多具体的知识产权法都规定了公共利益制度。我国《著作权法》第 4 条规定:"著作权人行使著作权,不得违反宪法和法律,不得损害公共利益"。《专利法》第 5 条规定:"对违反法律、社会公德或者妨害公共利益的发明创造,不授予专利权。"

公共利益有以下特征:

第一,公共利益不是个人享有的利益,个人享有的利益再重大,也只能是个人利益;

第二,公共利益是不特定的人享有的利益,是一个群体之中任何不特定的个人都可以享受的利益;

第三,公共利益是一个具有正当性的概念,有时和人权相联系,是特定社会群体存在和发展所必需的利益。从这一点看,一个特定群体每个人都享有的利益,由于没有正当性也不属于公共利益,如盗版等。

(2) 公共利益制度的意义。公共利益制度的核心作用有两个方面,一是决定着知识是否为财产。根据我国《专利法》第 5 条的规定,即使某项发明具有新颖性、创造性和实用性,但如果妨害公共利益,则不会获得专利权。著作权和商标权等知识产权也是如此。商标法对有效竞争的促进,也被认为是促进了公共利益。

二是决定着知识产权是否被非自愿许可。根据我国《著作权法》第 4 条第 2

---

① 梁慧星:《市场经济与公序良俗原则》,载《民商法论丛》(第 1 卷),法律出版社 1994 年版。

② 〔美〕E.博登海默:《法理学——法哲学及其方法》,邓正来译,中国政法大学出版社 1999 年版,第 147 页。

款的规定,著作权人行使著作权,不得损害社会公共利益。我国《专利法》第六章专门规定了"专利实施的强制许可"。

从以上两个方面可以看出,公共利益制度体现了知识产权法对公共利益的维护,以及知识产权与公共利益之间的平衡。

（三）公开制度

知识产权制度建立的着眼点之一在于通过以财产权形式保护创造者获得的知识而促使知识的公开。如果没有知识产权法,人们取得了具有创造性的成果会"秘而不宣",其结果才是公共领域中的有用知识的减少。而由于知识产权法的存在,作品得以普遍发表,技术因获得专利权而普遍得到公开。就商业秘密而言,的确是不公开的制度,但是,权利人也因不公开承受着巨大的代价。

拓展贴士

任何人可以通过反向工程获得该商业秘密,并实施或者申请专利。商业秘密因被恶意公开而丧失秘密性,并最终导致商业秘密权的消灭。如果商业秘密权人不愿意承受,那么他可以选择保护技术的另一种知识产权法——专利法,选择专利法保护可以避免上述问题,但他必须以公开技术为代价。

知识财产的公开使得知识广泛传播,并且在可能的范围内得到最大的推广和应用,能很好地实现知识产权与社会公共利益的平衡。

（四）权利限制制度

知识产权权利限制是指为了实现知识产权的宗旨,法律对知识产权人享有的知识产权的权利内容以及权利行使进行的约束。权利限制是知识产权制度在利益平衡的宗旨指引下,对权利内容和权利行使的适当限制。权利内容的限制,又称狭义知识产权的权利限制,是指知识产权法对知识产权权利内容进行的限制。知识产权人对知识财产的控制与社会公众对知识传播和分享的需求构成一对矛盾。实现这一对矛盾之间的平衡,需要建立知识产权权利限制制度。知识产权行使的限制是指从知识产权法的宗旨出发,依照法律的规定,对权利人行使知识产权的行为进行的限制。权利的行使限制是权利限制的重要方面。

专利代理人考试真题

根据著作权法的规定,下列哪些侵权行为如果同时损害公共利益的,除应当承担民事责任外,还可以由著作权行政管理部门给予行政处罚?（2006 年卷二

第74题）

　　A. 未经著作权人许可,发表其作品的

　　B. 出版他人享有专有出版权的图书的

　　C. 制作、出售假冒他人署名的作品的

　　D. 剽窃他人作品的

【答案】　BC

【考点】　公共利益,著作权侵权责任

【解析】　A 项、D 项错误。因为 A 项、D 项只承担民事责任。

B、C 项正确。《著作权法》第 46 条规定:"第 47 条有下列侵权行为的,应当根据情况,承担停止侵害、消除影响、赔礼道歉、赔偿损失等民事责任:

　　(1) 未经著作权人许可,发表其作品的;

　　(2) 未经合作作者许可,将与他人合作创作的作品当作自己单独创作的作品发表的;

　　(3) 没有参加创作,为谋取个人名利,在他人作品上署名的;

　　(4) 歪曲、篡改他人作品的;

　　(5) 剽窃他人作品的;

　　(6) 未经著作权人许可,以展览、摄制电影和以类似摄制电影的方法使用作品,或者以改编、翻译、注释等方式使用作品的,本法另有规定的除外;

　　(7) 使用他人作品,应当支付报酬而未支付的;

　　(8) 未经电影作品和以类似摄制电影的方法创作的作品、计算机软件、录音录像制品的著作权人或者与著作权有关的权利人许可,出租其作品或者录音录像制品的,本法另有规定的除外;

　　(9) 未经出版者许可,使用其出版的图书、期刊的版式设计的;

　　(10) 未经表演者许可,从现场直播或者公开传送其现场表演,或者录制其表演的;

　　(11) 其他侵犯著作权以及与著作权有关的权益的行为。"

我国《著作权法》第 48 条规定:"有下列侵权行为的,应当根据情况,承担停止侵害、消除影响、赔礼道歉、赔偿损失等民事责任;同时损害公共利益的,可以由著作权行政管理部门责令停止侵权行为,没收违法所得,没收、销毁侵权复制品,并可处以罚款;情节严重的,著作权行政管理部门还可以没收主要用于制作侵权复制品的材料、工具、设备等;构成犯罪的,依法追究刑事责任:

　　(1) 未经著作权人许可,复制、发行、表演、放映、广播、汇编、通过信息网络向公众传播其作品的,本法另有规定的除外;

　　(2) 出版他人享有专有出版权的图书的;

　　(3) 未经表演者许可,复制、发行录有其表演的录音录像制品,或者通过信

息网络向公众传播其表演的,本法另有规定的除外;

(4)未经录音录像制作者许可,复制、发行、通过信息网络向公众传播其制作的录音录像制品的,本法另有规定的除外;

(5)未经许可,播放或者复制广播、电视的,本法另有规定的除外;

(6)未经著作权人或者与著作权有关的权利人许可,故意避开或者破坏权利人为其作品、录音录像制品等采取的保护著作权或者与著作权有关的权利的技术措施的,法律、行政法规另有规定的除外;

(7)未经著作权人或者与著作权有关的权利人许可,故意删除或者改变作品、录音录像制品等的权利管理电子信息的,法律、行政法规另有规定的除外;

(8)制作、出售假冒他人署名的作品的。”

专利代理人考试真题

下述哪些情况出现时,国家知识产权局可以给予实施专利的强制许可?(2002年卷一第41题)

A. 专利权人自获得专利权之日起满3年没有在中国实施其专利

B. 具备实施条件的单位以合理的条件请求专利权人许可但在合理长的时间内未能获得许可

C. 国家出现紧急状态或者非常情况

D. 取得专利权的发明创造具有显著经济意义或重大技术进步

【答案】 BC

【考点】 公共利益、强制许可

【解析】 A项错误。A项没有法律依据。

B项正确。《专利法》第48条规定:“有下列情形之一的,国务院专利行政部门根据具备实施条件的单位或者个人的申请,可以给予实施发明专利或者实用新型专利的强制许可:(1)专利权人自专利权被授予之日起满3年,且自提出专利申请之日起满4年,无正当理由未实施或者未充分实施其专利的;(2)专利权人行使专利权的行为被依法认定为垄断行为,为消除或者减少该行为对竞争产生的不利影响的。”

C项正确。《专利法》第49条规定:“在国家出现紧急状态或者非常情况时,或者为了公共利益的目的,国务院专利行政部门可以给予实施发明专利或者实用新型专利的强制许可。”

D项错误。《专利法》第51条第1款规定:“一项取得专利权的发明或者实用新型比前已经取得专利权的发明或者实用新型具有显著经济意义的重大技术进步,其实施又有赖于前一发明或者实用新型的实施的,国务院专利行政部门根据后一专利权人的申请,可以给予实施前一发明或者实用新型的强制许可。”

第二节　知识产权法基本原则概述

一、知识产权法基本原则的概念

知识产权法的基本原则是在知识产权立法、执法、司法和守法活动中都具有指导意义和必须遵守的基本准则。确立知识产权法的基本原则应立足于政策依据、宪法依据和民法依据。国家制定的各项知识产权政策,是知识产权法的重要渊源,是确立知识产权法基本原则的依据。宪法是国家的根本大法,在宪政国家任何法律都要和宪法规范保持一致。除此之外,知识产权法的基本原则的制定还要以民法为依据。民法是私法之首,民法的宗旨和原则应当为知识产权立法提供指导。

二、知识产权法基本原则的效力

知识产权法基本原则对于知识产权法规范起统率或指导作用,其效力主要体现在对知识产权法规范的解释、行为的合法性判断和作为处理民事纠纷的依据三个方面。

第一,知识产权法基本原则是解释知识产权法的依据和补充法律漏洞的基础。在社会生活中,人们往往对同一知识产权法规范的内容产生不同的理解,需要进行解释,指导人们理解和解释知识产权法律规范的内容的标准之一就是知识产权法基本原则。

第二,违反知识产权法基本原则的行为无效。知识产权法基本原则是判断有关知识产权的民事行为的效力的准绳,但凡违反基本原则的行为均无效。构成侵权的,承担侵权责任。

第三,知识产权法基本原则可以作为裁判的依据。知识产权法基本原则作为法定的原则,具有法律约束力,可以作为司法机构和仲裁机构裁判案件和处理纠纷的法律依据。并且任何案件的审理和知识产权纠纷的仲裁都不能违背知识产权法的基本原则。

第三节　知识产权法的基本原则体系

知识产权法的基本原则,是由一系列具体原则构成的一个原则体系,包括知识产权法定原则、一知识财产一权利原则、公示公信原则、同等保护原则、思想与表达相区分原则、合理使用原则、权利穷竭原则等七个基本原则。

一、知识产权法定原则

知识产权法定原则是指知识产权的种类和内容由法律规定,当事人不得自行创设和变更。知识产权法定包含两项内容:一项是知识产权种类法定;一项是知识产权内容法定。知识产权种类法定指知识产权的种类由法律直接规定,当事人不能随意创设。由于知识产权具有对世性,因此它的种类必须由法律事先确定,否则义务人会无所适从。人们在经济交往当中创设的债权,仅在当事人之间生效,不影响不特定的人,因此不必法定。知识产权可以分为完全知识产权、知识产权实施权和知识产权担保权;知识产权担保权可以分为知识财产抵押权、知识财产质押权和知识财产留置权。知识产权内容法定指每一类知识产权的内容由法律规定,当事人不得变更。内容法定是和类型法定密切相关的,也可以说是为了贯彻类型法定所必需的。如果知识产权的权利内容允许当事人自行变更,法定的权利类型则失去意义。知识产权内容法定要求人们在交易当中不得随意变更法律规定的知识产权类型的内容。确立知识产权法定原则,是维护交易秩序与保障交易安全的基本需要。

二、一知识财产一权利原则

知识产权法上的一知识一权利原则,又可以称为知识产权客体特定原则,是指知识产权的客体必须特定,并且在一个知识财产上不能同时并存两个以上不相容的知识产权。一客体一权利原则在知识产权法领域有着特殊的含义,如我国《商标法》实行一类一标原则,即一个商标注册申请,只能针对我国《类似商品和服务区分表》中确定的一个类别的商品或者服务提出。[①] 一个商标权也仅在所申请的商品或者服务类别上有效。换个角度看,一客体一权利原则在商标法领域的体现为:一个类别上的同一商标之上,只能有一个商标权。超出该类别,即便同一个标识也可以成立不同的商标权。一个知识财产上不能同时并存两个以上不相容的知识产权,如两个著作权、两个商标权、两个专利权等。但是对于性质相容的知识产权同时存在一个知识财产之上并不受该原则限制,如一副作品之上同时成立著作权和商标权;一个技术方案同时获得了实用新型专利权和商标权等。

专利代理人考试真题

同一申请人就同样的发明创造先后提出了一件实用新型和一件发明专利申请,并且两件申请均符合授予专利权的条件。以下哪些说法是错误的?(2002

---

① 参见《中华人民共和国商标法实施条例》第19条。

年卷一第 17 题)

A. 两件申请均应被授予专利权

B. 如实用新型专利申请已被授权,则发明专利申请应被驳回

C. 应授予发明专利申请专利权,驳回实用新型专利申请

D. 如实用新型专利申请已被授权,则发明专利申请被视为撤回

【答案】　ABCD

【考点】　先申请原则

【解析】　《专利审查指南(2010)》第二部分第三章 6.2.1.1 申请人相同:"在审查过程中,对于同一申请人同日(指申请日,有优先权的指优先权日)就同样的发明创造提出两件专利申请,并且这两件申请符合授予专利权的其他条件的,应当就这两件申请分别通知申请人进行选择或者修改。申请人期满不答复的,相应的申请被视为撤回。经申请人陈述意见或者进行修改后仍不符合专利法第 9 条第一款规定的,两件申请均予以驳回。"所以选项 ABCD 均错误,应该选择。

三、公示公信原则

知识产权法的公示公信原则是关乎知识产权变动的基本原则。公示公信原则包括公示原则和公信原则。公示是指权利人通过某种手段向特定或不特定人公开、显示其享有权利的事实。知识产权公示性是知识产权和债权的主要区别。所谓公示原则是指知识产权的产生、转让、变更和消灭,必须以一定的可以从外部查知的方式表现出来的原则。知识产权具有排他性,如果没有一定的可以从外部查知的方式将其变动表现出来,就会给第三人带来不测的损害,影响交易的安全。如不以一定的方式表现出特定技术的专利权的存在,那么不知该专利权存在而投入大量资产进行研发的人徒然蒙受损失。可以说,公示是知识产权产生对世性的基础。由于知识财产的本质为知识,因此不存在交付的问题,登记[1]成为知识产权变动的唯一公示方式。知识产权法的公信原则,是指赋予公示以一定范围的可信性效力的原则。知识产权的变动因公示而产生公信力,信赖这种公示而为一定行为的人,受法律保护。公信力是这样一种效力,即凡信赖该公示所为的法律行为即受到法律保护或产生法律上的效力,纵使这种公示与实质权利不相符合。[2]

---

[1] 为了行文方便,此处的登记包括了备案,参见本书第 16 章第 4 节。

[2] 高富平:《论物权法的基本原则》,http://www.chinacity.org.cn/csll/21324.html,2014 年 1 月 5 日访问。

拓 展 贴 士

根据公示原则,在知识产权法领域,凡是登记为权利人的,应该被推定为权利人。而不论登记的人是不是在事实上为权利人。如甲将乙(如甲乙系夫妻)登记为注册商标的权利人,则信赖此登记的人与乙所为的法律行为有效。

四、同等保护原则

同等保护原则是人人平等的平等原则在知识产权法领域的体现。知识产权法上的同等保护原则有两个方面的基本内容。第一,不同类型的财产同等保护。按照法治的基本精神和原则,对同样的人和同样的事物应该给予同样的对待,相反"因人处事"则是人治的特征。在保护不同类型的财产时,应该采取同等的注意义务和同等的保护原则,即将知识财产、物和信息财产三种类型的财产,给予法律上的同等的保护和对待。第二,同一类型的知识财产中,不同种类的财产同等保护。同一类型财产往往可以分为不同的种类,无论采取何种标准进行划分,对于每一类财产均应给予同等保护。如知识产权法中的专利、作品、商标、商业秘密和非物质文化遗产同等保护。

五、思想与表达相区分原则

思想与表达相区分原则是知识产权法的基本原则。该原则最初诞生于著作权法领域,并在该领域得到普遍的承认。然而,思想与表达相区分原则的适用并不限于该领域,而应贯穿于整个知识产权法。

(一) 思想与表达相区分原则的含义

所谓知识产权法上的思想与表达(idea/expression)相区分原则,是指知识产权法不保护思想,而仅就思想的表达给予保护的原则。按照这个原则,知识产权法保护的客体仅仅限定在表达方面,而不延及思想。

拓 展 贴 士

知识产权法上的"思想",一方面,仅限于已经明确表达出来的"知识"所隐含的思想,而不包括人们日常生活中所说的头脑中的"思想"。因为没有表达出来的思想,是不能进入知识产权法领域的,没有法律意义。另一方面,知识产权法上的思想是一个很宽泛的概念,既包括正确的思想,也包括错误的思想;既包括高级的思想,也包括低级的思想;既包括无独创性的思想,也包括有独创性的思想;既包括个体的思想,也包括民族的和全人类的思想。无论哪种思想,都是不受知识产权法保护的。

　　所谓思想的表达就是人们对思想的具体阐释,由概念、判断和推理组成。[1]无论语言、文字还是行为,都是表达思想的工具或者形式,而思想本身就存在于这些工具或者形式之中。知识产权法保护表达,但并不保护概念、判断和推理。就概念而言,其本身不受知识产权法保护,概念的内涵和外延的界定本身也不受知识产权法的保护,但独创的概念以及对概念界定的独特表达可受到知识产权法的保护。从这个意义上说,知识产权法保护的是具有与众不同的、前所未有的或者独创的"表达"。思想与表达相区分原则的确立基础是:同一种思想具有不同的表达方式。假设对某个概念内涵的表达(在逻辑学上被称为"定义")仅具有唯一性的情况下,这种表达就不受知识产权法保护。因为在这种情况下,表达和思想已经不可分。在现实生活中,这种情况往往存在于数学公理的表达上,而这是被排除知识产权法保护之外的。总的来看,思想与表达是形式与内容的关系,表达是思想的形式,思想是表达的内容。

　　(二) 思想与表达相区分原则的体现

　　思想与表达二分法最早由著作权法确立的一项基本原则,被认为是人类社会所追求的思想自由原则在知识产权法领域的体现,是建立在知识财产的本质之上的一项基本原则。这一原则为中外立法所遵从。我国台湾地区"著作权法"第10条之一规定:依本法取得之著作权,其保护仅及于该著作之表达,而不及于其所表达之思想、程序、制程、系统、操作方法、概念、原理、发现。美国1976年《著作权法》第102条也明确地规定了这一原则。

拓 展 贴 士

　　我国《计算机软件保护条例》第6条规定:"本条例对软件著作权的保护不延及开发软件所用的思想、处理过程、操作方法或者数学概念等。"一部"作品",分为"表达"和"思想"两个部分,换个角度看,作品是由表达和思想两个部分组成,是一个高度抽象的问题。

---

[1]　《普通逻辑》编写组:《普通逻辑》,上海人民出版社1986年版,第1—8页。

专利法同样不保护思想。从静态看,专利法所保护的是技术方案,是关于一种特定应用技术的表达;从动态看,它所保护的是对特定表达的思想的应用(application)。[①]"尽管发明人依赖于已有的思想,但在将这些抽象原理应用于某一有效的形式时,他就对这些思想给以一个独一无二的表达,而这是任何其他发明人,即使是寻求适用该相同思想的发明人所不可能重复的。"[②]就商标法而言,商标的设计思想和所表达的思想不受保护,是十分明确的。商标权对于商标的保护,是和它标示的商品紧密联系在一起的。商标权保护的主旨在于一种标记在商品和服务上实施不至于造成消费者的混淆。因此,针对体现设计思想的元素:图形或文字、色彩以及组合进行保护,而该标识所表达的思想不是保护的客体。

(三) 思想与表达相区分原则的意义

知识产权保护的目标是表达而非思想。在知识产权法上,思想永远处于公有领域,只有表达可以通过法律途径被确认为财产并受到保护。从实践方面看,思想与表达相区分原则的建立不但能满足思想不被任何人独占的基本要求,也能满足知识产权人的权利保护诉求。具体来说,思想与表达相区分原则的实践价值如下:(1) 确保思想处于公有领域,以保障思想自由在人类社会的全面实现。有学者提出,"通过把财产权限定在独一无二的表达上,法律就没有对公共知识的应用构成束缚或者施以限制。"[③](2) 确定侵权与否的财产界限,保护第三人的正当利益,如享受思想自由带来的财产利益,如对思想的"模仿"或者"仿制"不构成侵害知识产权,而对表达的"模仿"或者"仿制"可能侵犯知识产权。

六、合理使用原则

(一) 合理使用原则的概念和设立目的

合理使用原则是指无须征得知识产权人同意,又不必向其支付报酬而实施其知识财产的法律原则。在知识产权法律制度产生之前,知识是一种不受法律保护的社会资源,任何人得以自由实施,如我国四大发明在全球范围内的实施。到了近代,知识逐渐进入了法律的视野,受到法律的保护成为财产。随着人们的生产和生活对知识的依赖越来越大,开发新的知识成为解决社会问题的主要途径。而新的知识的开发成本越来越大,知识产权法的任务就由保护智力创作演

---

① See Arthur R. Miller & Michael H. Davis, *Intellectual Property*, West Publishing Co. 1983, pp. 18—19; W. R. Comish, *Intellectual Property: Patents, Coppyright, Trade Marks and Allied Right*, Sweet & Maxwell, 1996, pp. 176—185. 转引自王春燕:《作品中的表达与作品间的实质相似性》,载《中外法学》2000 年第 5 期。

② 〔澳〕布拉德·谢尔曼、〔英〕莱昂内尔·本特利:《现代知识产权法的演进》,金海军译,北京大学出版社 2006 年版,第 179 页。

③ 同上书,第 186 页。

变到保护和鼓励创新投资。以知识产权制度的形成为标志,知识不再是公有的社会资源,而成为私人的财产,被独占了。但这与人类社会作为一个整体对知识的渴求的根本宗旨相左,知识在本质上是不能也不应被绝对垄断的,正因如此,知识产权大多是有期限性的,在日本被称为有限的绝对权。除此之外,合理使用原则也是对这种知识的独占矫正。合理使用制度最早源于著作权法的规定。就著作权法而言,确认作品之上的财产权是直接目标,而促进作品的传播和国家文化发展是长远目标。合理使用主要起源于适度限制著作人之私权,以保障思想自由传播和公众言论发表的自由。

拓 展 贴 士

合理使用原则的设立,目的在于协调知识创造者和大众之间的利益冲突,促进知识的应用和科学文化的发展。值得注意的是,合理使用原则并不以促进经济发展为目标,相反出于促进经济发展的目标而实施他人知识财产不构成合理使用,而构成知识财产的实施,这恰恰是需要征得知识产权人同意并支付报酬的。

(二) 合理使用的构成要件
《伯尔尼公约》最早规定了合理使用制度。

拓 展 贴 士

1971 年的《伯尔尼公约》巴黎修正案第 9 条第(2)项规定了三步检验法(Three-step-test)来确定一个利用行为是否构成合理使用,即:(1) 仅限于相关的特定情形;(2) 未与著作的正常利用发生冲突;(3) 未不合理地损害著作人的法定利益。《伯尔尼公约》的合理使用制度影响巨大,TRIPS 协议几乎完全照搬了该规定。[①]

合理使用作为知识产权法的一项基本原则,其构成要件如下:
第一,法律明文规定。合理使用制度须以法律明文规定为必要。在法律无明文规定的情况下,利用人不能以合理使用对抗知识产权人。在知识产权司法

---

① 参见 TRIPS 协议第 13 条。

审判过程中,法官也不能超出法律之外对就是否构成合理使用做出解释。

第二,非直接商业目的。非直接商业目的要件为主观要件,即要求当事人实施他人知识财产非为直接的商业目的,即不得将他人的知识财产直接进行与该知识财产用途一致的商业性实施。从该要件看,构成合理使用与否,不在于是否对他人知识财产进行实施,而在于对他人知识财产是否进行商业性实施。根据我国《专利法》第 69 条的规定,专为科学研究和实验而实施有关专利的,不视为侵权。这是我国《专利法》规定的非商业目的实施,为确立合理使用原则的立法依据。非商业目的利用还包括以下情形:新闻报道中对知识财产的实施,为教学或科研①目的而对知识财产的实施。上述实施均为非商业目的的实施,均不构成对权利人知识产权的侵害。

第三,不得损害权利人的知识产权。合理使用不被认为是对知识产权的侵害。但合理使用有一个界限,在这个界限之内,无论实施人是否因此而获利,只要未影响知识财产的现在市场价值与潜在市场,均构成合理使用。

拓展贴士

以专利权为例,利用人通过学习公开的专利信息而提供技术咨询或者提供专利技术指导而获得经济利益的,仍构成合理使用,而专利权人必须容忍,不得以专利权为由进行对抗。郑成思先生曾言,"各国专利法一般规定,如果医生为临床治疗目的而临时制造和实施某些专利药品,不必取得许可和支付实施费。"②但实施人超出了合理和正当的界限,以不合理的方式和程度损害权利人的知识产权,势必给知识产权造成侵害,如将他人整篇论文引入自己的著作中,即便以脚注的形式加以说明,也并非合理使用,而构成侵权。

(三) 合理使用的法律后果

合理使用并不是利用人的"权利",自然也不发生将合理使用进行转让的问题。从行为人角度看,"合理使用"为阻却违法性的事由。违法阻却性事由是指排除符合构成要件的行为的违法性的事由。具体看,违法阻却性事由是从反面否认行为构成侵权或者犯罪。合理使用就是阻却行为人行为违法性的事由。例如未经许可而实施他人作品进行教学,客观上实施了他人的作品,但因该实施有

---

① 我们将"学术"改为科研,一来与我国《著作权法》用语保持一致,二来试图将纯学术的研究和企业的研发一并囊括。

② 郑成思:《知识产权法》(第 2 版),法律出版社 2003 年版,第 238 页。

益于社会,符合知识产权法的立法目的,故阻却了行为的违法性。从知识产权人的角度看,合理使用是对知识产权的限制。

拓展贴士

我国台湾地区"著作权法"第 65 条第 1 项规定:"著作之合理使用,不构成著作财产权之侵害。"

国家统一司法考试真题

下列哪一选项不属于侵犯专利权的行为?（2012 卷三单选第 18 题）

A. 甲公司与专利权人签订独占实施许可合同后,许可其子公司乙公司实施该专利技术

B. 获得强制许可实施权的甲公司许可他人实施该专利技术

C. 甲公司销售不知道是侵犯他人专利的产品并能证明该产品来源合法

D. 为提供行政审批所需要的信息,甲公司未经专利权人的同意而制造其专利药品

【答案】　D

【考点】　专利权的侵权构成、专利权的合理使用

【解析】　A 项错误。独占实施许可,是指让与人在约定许可实施专利的范围内,将该专利仅许可一个受让人实施,让与人和其他任何人都不得实施,本案甲公司无权再许可乙公司(独立法人,如果乙公司是甲公司的分公司,则不构成侵权)实施。因此,甲公司的行为构成侵权。

B 项错误。《专利权法》第 53 条规定,"取得实施强制许可的单位或者个人不享有独占的实施权,并且无权允许他人实施。"

C 项错误。《专利权法》第 70 条规定,"为生产经营目的使用、许诺销售或者销售不知道是未经专利权人许可而制造并售出的专利侵权产品,能证明该产品合法来源的,不承担赔偿责任。"在不知情的状态下销售或者使用了侵犯他人专利权的产品的行为,不构成承担赔偿责任的侵权行为,但是构成不需要承担侵权损害赔偿责任的侵权行为,应停止侵害。

D 项正确。根据《专利法》第 69 条第 5 项,为提供行政审批所需要的信息,制造、使用、进口专利药品或者专利医疗器械的,以及专门为其制造、进口专利药品或者专利医疗器械的,不视为侵权行为。

七、权利穷竭原则

（一）权利穷竭原则的概念

权利穷竭原则是指权利人的知识产权效力仅及于知识财产，其效力不能及于知识产品的基本原则。知识产权人依照自身享有的知识产权可以控制知识财产，但是不能控制知识产品；知识产权人或者获得授权的人依法运用知识财产制造的知识产品之上的权利为物权或者信息权，原则上知识产权人对其销售和实施无权进行控制。

（二）权利穷竭的界限

关于权利穷竭的界限有两种说法：一种观点认为知识产品第一次投入市场后，知识产权穷竭。郑成思先生采第一次投入市场说，认为凡是经权利人许可，而将有关商品投放市场后，有关商品无论涉及受保护的专利、商标还是版权，权利人无权对商品的"再销售"进行控制。[①] 我们进一步认为，知识产品制造完成之后，知识产权即穷竭。这两种观点的差异就在于在知识产品制造完成之后，还是在投入市场之后知识产权才穷竭。在知识产品制造完成之后，物权的客体——物已经产生，物权自然产生，这种情况属于所有权取得方式中的原始取得。物权人根据物权可以对该知识产品进行自由处分，而知识产权的客体为知识财产，知识产权的效力不能及于知识产品。因此我们主张制造完成后知识产权即穷竭，而无需投入市场。

拓 展 贴 士

未经权利人许可而制造的知识产品是否适用权利穷竭原则，一直是我国知识产权法学界的一个争论问题。第一种观点认为，权利穷竭原则并不以知识产权人是否同意和许可为前提，因此无论是否经过许可，知识产品一经制造完成，知识产权即穷竭；第二种观点认为，未经知识产权人的同意，知识产权人的知识产权不发生穷竭，知识产权人可以控制侵权产品。本教材赞同第一种观点，首先，从客体和权利的关系角度看，知识产权的客体为知识财产而不是知识产品；其次，从侵权行为的角度看，即便行为人的行为构成侵权，权利人也不能主张对侵权产品享有权利。因此，无论是否经过知识产权人的许可，知识产品一经制造完成，知识产权即穷竭。

[①]　郑成思：《〈合同法〉与知识产权法的相互作用》，载《法律适用》2000 年第 1 期。

（三）权利穷竭的可排除性

作为一项基本原则,权利穷竭原则是不可排除的。权利穷竭原则的适用不容许当事人,尤其是知识产权人一方加以限制和排除适用的。是否允许当事人通过约定来排除权利穷竭原则的适用,目前各国的立法实践并不一致。我国《专利法》第 69 条的规定:"专利产品或者依照专利方法直接获得的产品,由专利权人或者经其许可的单位、个人售出后,实施、许诺销售、销售、进口该产品的不视为侵权。"这是一个强制性规范,不容权利人保留,无论知识产权人是否做了保留,都导致专利权穷竭。

（四）权利穷竭原则与地域性

地域性是知识产权的基本特征之一。关于权利穷竭和地域性的关系有两种观点:一种观点认为,权利穷竭具有地域性,即商品之上的知识产权在一国穷竭并不导致其在其他国家穷竭;还有一种观点认为,权利穷竭不具有地域性,即商品之上的知识产权在一国穷竭导致其在各国法域内穷竭。我们赞同后者,因为权利穷竭的实质说明没有权利存在,并不是有权利而人为地取消此种权利。唯有如此,才能保证商品在国内的自由流通。除此之外,民法的基本原则是整个私法领域的最高准则,知识产权法性质为私法,从这个角度看,民法基本原则,如意思自治原则、诚实信用原则等均为知识产权法的基本原则。

第三章　知　识　财　产

要点提示

重点概念：(1) 知识财产；(2) 知识财产的本质和法律性质；(3) 知识财产的法律特征。

本章知识结构图

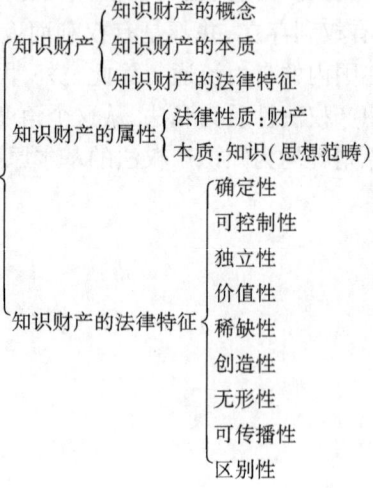

第一节　知识财产的概念与本质

一、知识财产的概念与法律性质

(一) 知识财产的概念与界定

"知识财产"和"知识产权"都是外来语，知识财产来自英文"Intellectual Property"，而"知识产权"来自英文"Intellectual Property Rights"。知识财产是指存在于人体之外、能够为人所支配、并能满足人类需要的知识。这个概念界定最显著的特征就是坚持了权利和权利客体相区分的原理。因此，知识财产仅指权利的客体，而不包含权利本身。知识财产和知识财产的载体也是相互区分的，一张纸质的画作,纸张为载体,而纸张上的美术表达才是作品,是知识财产。

从外延上看,知识财产包含了专利、作品、商标、商业秘密和一般知识财产等一切知识财产;世界知识产权组织的官方网页上对知识财产的界定已经摆脱了权利和权利客体相混淆的思维,指出知识财产是指包括发明、文学和艺术作品、和商业中实施的标志、名称、图像以及外观设计在内的一切创造性智力成果。①从内涵上看,知识财产是法律关系的客体,是财产的一种。

拓展贴士

美国法专门对"知识"给予了法律上的界定,《美国统一计算机信息交易法》第 102 条规定,"知识"是对事实的实质性理解。作为对事实的实质性理解的"知识",是头脑的产物,是思想。

(二) 知识财产的法律性质

知识财产的法律性质是财产,而且属于登记财产。根据《荷兰民法典》第 3 编财产法总则第 10 条的规定,"登记财产是指其移转或创设须在为此目的而设置的公共登记簿上进行登记的财产。"专利和商标是典型的登记财产,因为专利权和商标权的创设须登记,而著作权不以登记为标志可以自动产生,但是其移转应该进行登记,因此也属于登记财产,以此类推,非物质文化遗产也是如此,但商业秘密却是一个例外。

二、知识财产的本质

知识财产的本质是知识。"知识"是指经过人的大脑反映的对客观事物及其本质和规律的认识或者表象,是隐含于表达之内的观念。知识属于意识范畴,是与物质相对应的哲学范畴。日本知识产权法学界有人认为:"知识产权的客体在物理上是不存在的,仅仅是观念上的东西"。②《日本著作权法》第 2 条规定:"作品是指在著作权法里定义是思想通过充满感情的创作而得以表现,文艺、学术、美术、音乐就属于这个范围。"该条明确了作品的本质是知识的观念。在德国,学者们也认为知识财产的客体本质为知识。德国的 Marc L. Holtorf 先生

---

① 原文为:"Intellectual property refers to creations of the mind: inventions, literary and artistic works, and symbols, names, images, and designs used in commerce.", See http://www.wipo.int/about-ip/en/,2013 年 1 月 15 日访问。

② 〔日〕纹谷畅男:《知识产权法概论》,日本有菲阁 2006 年版,第 41 页。

把知识产权法概括为对于"思想"的保护体系,并说明保护思想的法律目的在于通过保护发明创造从而来促进研究和开发活动。① 在黑格尔看来,知识财产的本质是知识。"按照黑格尔的说法,精神产品分为以下主要类别:一是艺术作品,即把外界材料制成描绘思想的形式。二是著作品,就其成为外在物的形式而言,与技术装置的发明一样,属于一种机械方法(书写、印刷、装订等)。三是发明技术装置,即采取机械装置的方式来表达发明技术的知识。四是处于艺术作品或工匠产品这两极之间的各种不同阶段的精神产品,如工业品外观设计等"。② 有学者认为,"一项发明可以用文字描述,用图纸表达,也可以用模型表达"。③ 也间接地认可了"专利是表达"这一命题。在美国,知识财产的本质为知识也是为官方所认可的理论。有学者认为,"在美国国会一遍又一遍重复的简单信息,就是美国商业贸易主要是以思想和创造力为主,迫切需要保护以防盗窃"。④ 我国《专利法》第2条将专利权的客体发明、实用新型和外观设计界定为技术方案和设计方案,也充分说明了专利权的客体本质为一种知识。

专利代理人考试真题

著名画家何某将其创作的奔马图赠送给某美术馆。根据著作权及相关规定,下列说法哪些是正确的?(2011年卷二第36题)

A. 该美术馆获得该画作原件的所有权

B. 该美术馆获得该画作的著作权

C. 该美术馆获得该画作原件的展览权

D. 何某对该画作原件仍享有展览权

【答案】　AC

【考点】　知识财产与载体

【解析】　美术作品与美术作品的载体是两个不同类型的财产。在本题中,一个为知识财产(作品),一个为有体物(物权的客体)。我国《著作权法》第18条规定:美术等作品原件所有权的转移,不视为作品著作权的转移,但美术作品原件的展览权由原件所有人享有。因此,原件(有体物)所有人获得的是所有权和知识产权中的原件的展览权,著作权依然属于作者。

---

① 钟威:《"德国知识产权法与反不正当竞争法原则"研讨会在汉召开》,http://hbipo.gov.cn/szgz_city_show.asp? wzclass=96&id=3468&bigclass=&wztitle=,2009年2月6日访问。
② 吴汉东:《法哲学家对知识产权法的哲学解读》,载《法商研究》2003年第5期。
③ 张玉敏:《知识产权的概念和法律特征》,载《现代法学》2001年第5期。
④ 〔澳〕彼得·达沃豪斯、约翰·布雷斯维特:《信息封建主义》,刘雪涛译,知识产权出版社2005年版,第101页。

第二节　知识财产的法律特征

"知识"要成为"财产",必须满足一定的法律要件。知识成为财产的法律要件,被称为知识财产的法律特征,它是判断一项知识是否构成知识财产的标准。知识财产具有确定性、可控制性、独立性、价值性、稀缺性、创造性、无形性、可传播性、区别性等九大法律特征。

一、确定性特征

知识财产的"确定性"是指知识财产依附于一定的载体得以准确界定的特性。在哲学上,在头脑中的知识被称为主观知识,而通过载体表现出来的知识,被称为客观知识。[①] 知识是人脑的产物,不具有形体,须借助于载体将它固定下来,才能为人们所认识并满足确定性要求。没有任何载体的知识不能成为财产,不能进入法律领域。在法律上,知识财产的确定性的含义是:一项知识财产通过表达而得到确定。知识财产是被表达出来的思想,而不是头脑中的思想。这个理念在物权法上又称为"外在于人"的理念。也就是说,知识财产必须是外在于人的,必须借助表达而呈现于外部。确定性特征的法律意义在于不能确定的知识,无法反复实施,不能成为知识产权法意义上的财产。没有载体的"知识",如头脑中的"思想",是不能被他人感知的,也不可以作为一种客观的资源加以储存的。因而,不能进入知识产权法领域。

由于知识财产是无形的,它的确须借助人们的判断才能形成,如果判断失误,可能导致知识财产的边界过大,甚至将现有技术纳入其中的现象。我国《专利法》第 62 条规定:"在专利侵权纠纷中,被控侵权人有证据证明其实施的技术或者设计属于现有技术或者现有设计的,不构成侵犯专利权。"这就从侵权行为的认定角度,将"现有技术"从知识财产的过大范围中给剔除出去了。这说明知识财产的确定性比物更弱。

拓展贴士

一个画家创作了一幅十分满意的画,他会临摹这幅画出售,而保留原作。他的每一幅临摹画和原画相比势必都会有细微的差别,但是并不能因为这些差别

_____

① 〔英〕卡尔·波普尔:《客观知识——一个进化论的研究》,舒伟光译,上海译文出版社 2005 年版,第 83—85 页。

就认为每幅临摹画上都成立了新的著作权,而是无论临摹多少幅,著作权只有一个,即原画的著作权。就此看,著作权的客体作品是不稳定的,是有着些微变化的,但是这些变化并不影响作品的确定性,也并不影响著作权的存在。

二、可控制性特征

知识财产的可控制性是指知识财产可以通过意志加以控制的特性。在物权法上,对于物的可控制性有两种学说,一种认为可控制性是指通过肢体等强力加以控制,一种则是指通过意志加以控制。哲学家康德认为,"单纯是感官的占有,尚不足以称之为所有权意义上的'我的'。只有在不以肢体或个人力量来实现对物的占有,而是在观念上将某物视为'我的'情况下,并且在物与人的事实分离也亦不能改变人与物的关系的情况下,才能称为所有权。"①也就是说,康德赞成通过意志加以支配形成法律上的占有。对于无形的知识财产而言,只能通过意志加以控制,而不能通过强力加以占有。

三、独立性特征

所谓独立性特征是指知识财产必须是外在于人的并且能独立地满足人们生产、生活的需要。首先,知识财产必须是外在于人的,不能是在人的大脑之中的。只有外在于人的东西,才能成为财产。在黑格尔看来,可转让是财产的本质要素,财产之所以能满足这个要素,是因为财产是"非人的"和"外在的"。黑格尔认为,人可以通过将他们自己的某些部分在客观世界中外在化,而创造出可以成为财产的新的"财产"。例如,任何一本同样的书,都是作者观念的外化(打印在纸上),因此就成为可以出售和被他人实施的财产。② 知识是人的思想,属于意识范畴,知识财产是人对其自身及其外部世界的认识的表达,是外在于人的。在黑格尔看来,一个人可以通过书或者发明等形式,获得他人的外在化的思想。③民事主体受雇于企业,从事技术开发,是利用大脑中的"知识"提供的"劳务",不属于知识产权法的范畴,而属于劳动法的范畴。其次,客体的独立性是指满足人们生产和生活而言,在社会实践中,知识财产能否独立满足人们的需要,应根据社会实践的具体情形确定。独立性的法律意义在于,知识财产是外在于人的,并且可为财产权的客体,并且一个独立的知识财产之上,存在一个独立的知识财产权。

---

① 吴汉东:《法哲学家对知识产权法的哲学解读》,载《法商研究》2003 年第 5 期。
② 〔美〕P G. 斯蒂尔曼:《黑格尔在〈权利哲学〉中对财产权的分析》,黄金荣译,http://www.gongfa.com/caichanquanheigeer.htm,2009 年 2 月 6 日访问。
③ 〔澳〕彼得·德霍斯:《知识财产法哲学》,周林译,商务印书馆 2008 年版,第 93 页。

四、价值性特征

知识产权法上,知识财产的价值性是指能满足人的生产和生活需要的属性。知识财产能满足人的需要,也就是说知识财产必须对人有用,就是有价值。这种价值,既包含了经济利益,也包含了精神利益。知识财产是人类认识自身和外部世界的一种表达,只要它具有能满足人的需要的属性,就可以成为知识产权法上的财产。价值性的法律意义在于,它将法律上保护的知识与未进入法律范围的知识明确加以区分。

五、稀缺性特征

知识产权法上,知识财产的稀缺性是指相对于人类的需要而言,知识财产总是少于人们能免费或自由取用的数量的情形。并非一切能满足人的需要的知识都必然能成为知识产权法上的财产。一般性的知识,如公知技术就不能成为知识产权法上的财产(但可以进入民法成为咨询合同的内容),实质原因是它不具有稀缺性。关于知识财产是否具有稀缺性,存在争论。有学者认为:"关于诸如知识形式存在的抽象的一个重要事实是,它们是不能由于实施而被耗尽的。事实上,恰恰相反,知识通过实施而获得增长。"[1]因此,得出的结论是,"知识财产是一个潜在的危险的规范形式,因为它人为地制造知识稀缺现象,从而知识不断丰富这一规律。"[2]这是混淆了知识的不可消耗性和知识财产的稀缺性而得出的不当结论。知识是不可消耗的,是越用越丰富的,因而知识财产不会因实施而发生损耗或者灭失,具有可复制性。而知识财产的可复制性和知识财产的稀缺性并不矛盾。知识财产的可复制性是指知识财产一旦产生,其就不可被消耗。而稀缺性指的是知识财产是有限的,并不是取之不尽用之不竭的。因此,可以说,知识财产是一种具有可复制性的、不可被消耗的稀缺资源。稀缺性的法律意义在于,知识仅具有价值性仍不能成为财产,还必须满足稀缺性要件。正因为知识财产存在稀缺性这一特性,才需要研究如何最有效配置,才需要通过法律制度加以保障。

六、创造性特征

知识财产的创造性是知识得以成为财产的基础条件。知识财产的创造性特征是指知识财产是创造性智力成果,包含有人的创造性劳动的特征。知识财产为智力活动的产物,是人类智力劳动取得的成果。构成法律保护的知识财产,不

---

[1] 〔澳〕彼得·德霍斯:《知识财产法哲学》,周林译,商务印书馆 2008 年版,第 2 页。
[2] 同上书,第 3 页。

是原有或固有的,而是人类在认识和改造客观世界过程中获得的。人们通过创造性劳动所获得的认识世界和改造世界的新思想,通过一定的载体得以表达,就成为一种客观知识,该知识受到法律的保护变成为财产,被称为知识财产。知识财产与物和信息财产不同,它必须有所创新、有所突破。创造性是知识财产取得法律保护的条件,而物和信息财产恰恰是不需要创造性的,如两个同样的杯子和两份同样的杀毒软件产品都是物权或信息财产权的客体。创造性要件把知识财产与其他财产形式区分开来。民法保护的"物"和"信息财产"都不以创造性为要件。创造性是智力成果取得法律保护,并被授予财产地位的前提。就具体情形而言,法律对各种具体的智力成果的创造性要求是不同的。一般情况下,专利发明所要求具有的创新性最高。其技术与现有的技术相比较要有显著的进步和突破。作品的创造性比专利发明低,属于作者的创造性作品,只要非抄袭作品,无论内容或者表达的感情以及思想是否与他人的作品相同或类似,都可以独立的取得著作权。商标则要求必须具备显著性,明显区别与他人。这就要求商标图案的创作必须符合创造性特点。知识财产的创造性,是知识财产获得价值的基础。有学者认为,"一棵砍倒的树与以它为原料做成的精美家具相比,二者'有用性'上的差异不啻云泥之别;一百张白纸,当其上写有一部惊心动魄的故事后,其前后所产生的利益显然也不可同日而语;一堆金属和橡胶等原材料(有形物),固然因其自然属性而具备一定的'有用性',但比较有限,而当它们变成一辆汽车时,其间'有用性'的差距更是不言而喻。"①说的就是创造性对于知识财产的重要作用。

七、无形性特征

知识财产的无形性(intangible)是知识财产和物这两种财产权客体的根本区别所在。知识财产本质为思想,必然具备无形性特征。所谓知识财产的无形性,也称为非物质性,是指知识财产不具备形体,因此权利人不能通过物理占有而主张权利的特性。从哲学上看,知识财产是创造性智力劳动的产物,其本质为思想,属于意识的范畴。意识和物质是相对应的概念范畴,物质是有形的,而意识是无形的。知识财产是思想的表达,而思想表达并不因呈现外部性而改变哲学本质,即思想的表达的本质仍然是思想。因此,知识财产具有无形性。明确知识财产的无形性法律意义主要在于使他和物得以区分。

八、可传播性特征

知识财产的可传播性,是知识财产和信息财产的根本区别所在。所谓知识

---

① 齐爱民:《现代知识产权法学》,苏州大学出版社 2005 年版,第 8 页(此部分为朱谢群博士撰稿)。

财产的可传播性,是指知识财产因不具备形体而可以被不特定多数人同时获得和实施的特性。传播(communication)的词源是拉丁文为 commivni,是指思想和信息的交流。《大英百科全书》认为传播是指一个人与另一个人之间用视觉、符号、电话、电报、收音机、电视或其他工具为媒介,所从事之交换消息的方法。从法律的角度看,"传播"仅指思想的交流,而信息是不能传播的。

拓展贴士

人获得思想的方式有两种:一种是通过其他人的交流,另一种是通过对他人的知识财产的学习。从哲学上看,知识财产的本质为思想,思想是可以传播的。知识财产的可传播性是知识财产和信息财产的最大区别所在。从信息论上讲,信息具有三个基本属性,即信息对物质的依赖性、信息的传递性和信息的确定性。但是信息论上的"信息",并不是法律视野中的"信息"。法律视野中的信息财产,是指固定于一定的载体之上,能够满足人们生产和生活需要的信息。[1] 信息财产法上的信息,均指有载体的信息。而有载体的信息是不能传播的,只能传递:和载体一同传递。因此,知识财产具有可传播性,而信息财产不具备。明确知识财产的可传播性的法律意义在于,它是在法律上区分知识财产和信息财产的标准,如传播行为侵害的知识产权,而非信息财产权。

九、区别性特征

所谓的区别性特征,是指知识财产与载体相分离而独立成为权利客体的特性。知识财产是通过载体获得"确定性"的,但是知识财产和载体是相分离的。知识财产和载体相分离包含以下内容:第一,知识财产和载体在物理属性上虽为一体,但是在法律属性上却是相互独立的。知识财产的本质是思想,而载体是物质、电子或者行为;知识财产是知识产权的客体,载体是物权或者信息财产权或者债权的客体。第二,知识财产是知识产权的客体,而载体则为物权、信息财产权或者人身权的客体。当载体为物质实体和书面形式的情况下,载体为物权客体;而当载体为电子形式的情况下,其本质为信息,为信息财产权的客体;当载体为行为的情况下,载体为人身权的客体。第三,知识财产与载体是可分的。从实践上看,知识财产以载体为存在形式,是不可分的。但是

---

① 齐爱民:《论信息财产的概念和法律特征》,载《知识产权》2008 年第 2 期。

从知识产权法的角度看,二者必须是可分的,否则知识产权将不复存在了。第四,知识财产的价值独立于载体。从价值上看,知识财产的价值和载体的价值相互独立,互不依赖。知识产权客体的价值和载体无法相比,一个知识产权的客体,可以有多种载体。一般而言,知识财产的价值和载体无关,载体不能决定知识财产的价值。

拓展贴士

　　值得注意的是,知识财产并不具备可复制性。在我国知识产权法学界,通说认为知识财产具有可复制性或称为知识产权的可复制性。一般把知识财产的可复制性解释为知识财产具备被反复复制的特性。知识财产所赖以依附的有形载体(如纸张或者电子)可以被复制,但知识财产并不因此而变为多个,其上的知识产权也还是一个,因此,知识财产是不能被复制的。所谓的复制只是知识财产发挥社会作用的过程。有多少个被"复制"的有形载体,就有多少个物或者信息财产,就形成了多少个物权或信息财产权,而知识产权始终只有一个。从物理形态上看,知识财产不会因实施而发生损耗或者灭失,具有不可消耗性。物的实施是通过对自身的消耗而实现的,物消耗殆尽,物权消灭。《日本知识产权战略》指出,"信息"与"物质"不同,它具有易模仿的特性,并且利用之后并不会被消耗,因而很多人可以同时利用。① 这里的"信息"指的是知识产权的客体。因此,所谓的可复制性不是知识财产的法律特征。

　　附:知识财产、物以及信息财产之比较

分类	举例	本质	法律性质	客体	权利	法律特征
知识财产	作品、专利商标、商业秘密、非物质文化遗产	知识	财产	知识产权客体	知识产权	确定性 独立性 价值性 稀缺性 可控制性
物	动产、不动产	物质实在	财产	物权客体	物权	
信息财产	数字商品(如网上计算机软件产品)、虚拟财产等	信息	财产	信息财产权客体	信息财产权	

----

　　① 参见 2002 年 7 月 3 日《日本知识产权战略大纲》。此处的"信息"指的是知识财产。

第四章 知识产权概述

要点提示

重点概念: (1) 知识产权;(2) 知识产权的法律性质;(3) 知识产权的法律特征;(4) 知识产权的效力;(5) 原始取得;(6) 继受取得;(7) 知识产权共有;(8) 知识产权按份共有;(9) 知识产权共同共有;(10) 知识产权消灭。

本章知识结构图

第一节　知识产权的起源与概念

一、知识产权的起源

"知识产权"这一概念,是人们在发现著作权、商标权与专利权这三种权利有着某种共同属性后,抽象而成的一个法学概念。作为正式法律术语的实施,知识产权是从 1967 年 7 月 14 日在瑞典首都斯德哥尔摩签订的《成立世界知识产权组织公约》开始的。知识产权并非起源于任何一种民事权利,而是起源于封建社会的"特权"。这种特权,或由君主个人授予或由封建国家授予或由代表君主的地方官授予。知识财产在起源上的特点,不仅决定了知识产权的地域性特点,而且决定了君主把知识产权当做一种统治的工具,是"君主对思想进行控制"、"对经济利益进行控制"的工具。知识产权正是在这种看起来完全不符合"私权"原则的环境下产生,而逐渐演变为今天绝大多数国家普遍承认的一种私权,一种民事权利。① 从这一点上看,也可以发现,从起源上讲,知识产权就并非什么自然权利。有学者人为,传统的自然权利,如人身自由权,没有人认为其有终止期。但是,专利权从一开始就被看做是随时可以由现行法塑造、限制并最终取消的权利。②

我国立法上选择了知识产权这一称谓。1986 年我国《民法通则》颁布,正式实施"知识产权"这一概念,取代"智力成果权"。这不仅是立法称谓的选择,而且体现了立法价值的转变,表明中国政府已经把知识作为一项财产,而不仅仅是值得鼓励和奖励的智力成果了。

拓展贴士

知识产权在我国是一个外来语,为英文"Intellectual Property Rights"的对译,而这个英文在我国台湾地区被翻译为"智慧财产权"。从对译的严格程度来说,我国台湾地区的翻译更为可取,"Intellectual Property"对应"智慧财产",或者"知识财产",而"Rights"对应"权"。但知识产权这个概念已经为我国立法所用,并深入人心,因此不必更换。就英文词源来看,"知识产权"一词的对应英文是"Intellectual Property Rights"。根据权利与客体相区分的原理,"Intellectual Property"为知识财产,是知识产权的客体,"Intellectual Property Rights"才是知识产权。

---

① 郑成思:《知识产权论》,法律出版社 2003 年版,第 2 页。
② 〔澳〕彼得·德霍斯:《知识财产法哲学》,周林译,商务印书馆 2008 年版,第 11 页。

二、知识产权的概念

知识产权是指权利人依法控制特定知识财产并排除他人干涉的权利。知识产权的客体为"知识财产"，而权利属性为"控制并排除他人干涉"。这个概念具有高度的概括性和开放性，可以将各种知识财产囊括其中，并能够为未来出现的新型知识财产预留空间。从外延上看，知识产权概念含义很广，其客体可以包括一切人类智力创作的成果[①]，既包括原始取得的知识产权，也包括继受取得的知识产权；既包括一般知识产权，也包括具体知识产权；既包括完全知识产权，又包括限定知识产权。知识产权是权利集合，而非单项权利。所谓权利集合，是指人们为了一定的目的，冠以一个独立的名称的一类权利的联合。知识产权的定义具有以下特征：

（1）知识产权的主体为"知识产权人"。"知识产权人"泛指一切获得知识产权的人，包括自然人、法人和非法人组织等一切民事主体。自然人和法人是典型的民事主体。尽管我国《民法通则》没有赋予非法人组织以主体资格，但是《合同法》、《著作权法》以及《民事诉讼法》都确认了这些组织的主体资格。所以，知识产权概念中的"权利人"，即知识产权人应该包括非法人组织。应当指出的是，"知识产权人"这一概念，既包括完全知识产权人，又包括限定知识产权人，但是不包括普通许可中的被许可人。

（2）知识产权的客体为知识财产。物权的客体是有体物，知识产权的客体是知识财产。知识产权是一种民事权利，只能存在于特定的一项知识财产之上。比如，两个客体之上应有两项知识产权，而不能设定一项，因此汇编作品是被当作一个作品看待的。但这个要求也有所突破，浮动抵押就是设立在一个企业的知识财产的总和的基础之上的。一般而言，知识产权的客体包括作品（著作权）、专利（专利权）、商标（商标权）、商业秘密（商业秘密权）和非物质文化遗产（非物质文化遗产权利）等。知识财产必须是既有的、特定的、独立的，尚未实际产生的知识财产，不能成为知识产权的客体。英美法国家的知识财产可以分类繁多，但大陆法系国家却应该按照体系化的要求，建立知识产权财产体系。

拓 展 贴 士

有人认为知识财产属于"动产"，但这种认识至少是和现行法矛盾的。根据我国现行法的规定，物可以分为动产和不动产。根据我国《担保法》第 92 条的规定，不动产是指土地以及房屋、林木等地上定着物。而动产是指不动产以外的

---

① 参见郑成思：《知识产权法》（第 3 版），法律出版社 2003 年版，第 58—63 页。

物。很明显,不动产和动产是"物"的分类,而不是针对它的上位概念——财产进行的分类。知识财产是和"物"相区分的另外一种财产,因此,它既不属于动产,更不属于不动产。

（3）知识产权是一种支配权。对物可以"支配",对知识财产也可以"支配"。知识产权是对特定知识财产依法进行控制和支配的权利。具有法律意义的支配,并不来自于身体、四肢进行的物理支配,而是来自于支配意思[①]。通过意思的支配,得到法律的确认和保护,我们也称之为支配权,如物权和知识产权,以及信息财产权。知识产权作为一种具体的支配权,主要内容包括:权利人享有对知识财产进行商业性利用,还可以选择决定以何种方式进行商业性利用,并可以按照自己的意志依法进行处分的权利,并且还可以排除他人未经授权的实施以及非法干涉。

（4）知识产权是一种对世权。知识产权是一种对世权,一方面是指知识产权是一种能够对抗不特定第三人侵害的权利。排除他人干涉是所有权利都具备的一种效力,不仅绝对权,即便对是债权而言也是如此。另一方面,知识产权是一种对世权它还包括知识产权能够对第三人发生效力,从而具备优先于在后设定的知识产权的效力。

第二节　知识产权的法律性质

知识产权的法律性质,是作为一项民事权利的知识产权所固有的法律属性,是判定某项权利是否构成知识产权,以及它属于何种类型的知识产权的标准。知识产权具有物权的某些属性、特征,在很多方面与物权相仿,是一种类似于物权的权利。[②] 知识产权的法律性质,主要体现为以下四个方面:

一、知识产权是私权

知识产权是私权。私权是知识产权的首要法律性质。TRIPS 协议在其"序言"部分再次重申:"全体成员承认知识产权为私权。"其目的在于保障知识产权人的利益。知识产权和物权一样,都属于民事权利。由于知识产权只有短短的几百年历史,人们对它的认识还不彻底。加之典型的知识产权,如专利权和商标

---

① 康德和黑格尔认为,有法律意义的控制不是肢体的占有,而是意志占有。我国民法学界知名学者张俊浩先生认为占有是指通过意志占有,而不是肢体等强力占有。

② 陈华彬:《论物权的性质》,见 http://www. civillaw. com. cn/article/default. asp? id =23033,2013年8月24日访问。

权都是政府授予的,因此在法律性质方面,难免有公权和私权的争论。我国新中国成立以来有相当长的一段时间不承认知识产权是私权,批判"知识私有"观念,理由是技术发明创造成果或创作成果的获得离不开在全社会成员的知识宝库中吸收营养,因而这种智力创造成果是一种具有社会性质的产品,应由每一个社会成员共同享有、无偿实施。这是受当时纯粹的"公共产品"观念的影响造成的。① 尽管知识产权首先是作为封建社会的地方官吏、封建君主授予的一种特权而存在的,但是社会的发展早已赋予了它崭新的意义。"知识产权正是在这种看起来完全不合乎'私权'原则的环境下产生,而逐渐演变为今天绝大多数国家普遍承认的一种私权,一种民事权利。"② 人类社会发展进入资本主义后,"特权"被法律权利所取代,知识产权演变为依法产生的私权。我国在学理上和立法上都采纳了知识产权是私权这一基本定性的理论。

明确知识产权的私权属性有三方面的重要意义:第一,私权属性的认定是知识财产进入市场进行交易的前提。从法律上看,商品交换的唯一前提是任何人对自己产品的所有权和自由支配权。③ 只有确立知识产权的私权属性,即在性质上和物权同处于一个水平和状态,才能保障知识财产进入市场。从这个意义上讲,确认知识产权的私权属性就是为了使知识财产获得和"物"一样的进入市场的公平机会。第二,私权具有对抗公权力侵害的属性,因此私权属性的确立,对于保护权利人的知识财产避免因国家行政机关的不当介入和侵害具有重要意义。第三,知识产权的私权的确立,说明知识产权和物权在法律性质上是一样的。二者都是私权,并且都是财产权。因此,应该遵从同等保护原则,对物和知识财产提供同等保护,而不应该有特殊化,不要打着私权的名义搞特权,进行特殊保护。知识产权是私权,其保护的是私益,因此知识产权法的保护水平和方式就不应该偏离财产的保护原理,既不能把知识产权的保护无限拔高,推行"神圣化",也不应该把知识产权保护"妖魔化",认为知识产权是穷国的毒药。

二、知识产权是财产权

知识产权是知识产权人控制特定知识财产并享受财产利益的权利。诚然,这种权利不仅仅局限于财产权,例如著作权中的署名权即为人身权,但从权利的主体来看,知识产权主要是一种财产权(本教材也是围绕财产权进行的)。在我国民法学界,许多学者主张知识产权是物权,或者"准物权",也是因为看到了知

---

① 冯晓青、刘淑华:《试论知识产权的私权属性及其公权化趋向》,载《中国法学》2004年第1期。
② 郑成思:《知识产权论》,法律出版社1998年版,第4—5页。
③ 《马克思恩格斯选集》(第46卷上),人民出版社1979年版,第454页。

识产权的财产权特性。而今,知识产权作为一类独立的民事权利,已为我国学界和立法上的基本认识和主张。郑成思先生认为,财产权包括物权和知识产权,而不包括债权。他认为,即便德国法也未把物权和债权统一到财产权上。如果硬要把物权和债权统一到财产权的旗下,就只能抽干了物权和债权的全部不同(绝对权和相对权的不同,对世权和对人权的不同),归结为都属于经济利益的权利这一空洞的基点上。但即使在这一点上,也是不正确的,债不仅包括财产利益(debt),还包括非财产性质的责任、义务(obligation)[1]。财产权是人对财产的直接支配权,具有绝对、排他的法律性质,是和债权并列的对世权。知识产权和物权一样,同为财产权。《法国民法典》第二卷为"财产以及所有权的各种变更"。在该卷第二章"动产"中规定了"债",但是明确限定在"可以追索的债或以动产物品为标的的债"[2],也就是明确排除了非以财产利益为给付内容的债,如以赔礼道歉、消除影响、排除妨碍为内容的债。因此,即便是法国法也不当然地认为债权为财产权。财产权制度具体表现为"一系列独立的、完整的和平行的具体财产权利"[3],知识产权就和物权同为财产权。美国司法部和联邦贸易委员会于1995年4月6日联合发布的《知识产权许可的反托拉斯指南》认为,"知识产权既不特别地免于反托拉斯法的审查,也不特别地受到怀疑,而是应适用统一的标准和法律原则。"这个规定本身就蕴含了知识产权并非什么特殊权利的理念。

　　知识产权为民事权利的一种,知识产权人可以依自己的意志直接控制知识财产,则当然可以直接享受由知识财产带来的利益。不同的知识产权类型,知识产权人享有的财产利益也不相同。具体而言,完全知识产权人享有知识财产的全部利益,包括因实施价值和交换价值产生的用益和担保利益。完全知识产权人可对知识财产加以控制、实施、收益和处分,也可交由他人实施、收益和处分,并享受通过这些行为所带来的利益。知识产权实施权人,仅可以享受知识财产的实施价值产生的利益,表现为自己实施和许可他人实施,并享受利益。而知识产权担保权人享受就知识财产的交换价值产生的担保利益。因此,知识产权主要是一种财产权,是以财产利益为内容的权利。

三、知识产权是绝对权

　　知识产权是一种绝对权。以权利人可以对抗的义务人的范围不同为标准,民事权利可以分为绝对权和相对权。绝对权是指义务人不确定,权利人无须通

---

① 郑成思:《再谈应当制定"财产法"而不制定"物权法"》,载中国社会科学院《要报》2001年9月号。
② 参见《法国民法典》第529条。
③ 马俊驹、梅夏英:《财产权制度的历史评析和现实思考》,载《中国社会科学》1999年第1期。

过义务人实施一定行为即可实现的权利,如物权、人身权。由于绝对权的权利人可以向一切人主张权利,可以对抗他以外的任何人,因此又称为对世权。相对权是指义务人为特定人,权利人必须通过义务人实施一定行为才能实现的权利,如债权。由于相对权的权利人只能向特定的义务人主张权利,他对抗的是特定的义务人,因此又称为对人权。① 知识产权为绝对权(对世权),是可以对抗一切人的权利,对知识产权的侵害可成立侵权行为之债。绝对权包含两方面的内容:一是积极权能,即权利人享有行使或不行使的选择权及其采取的具体的行为方式的选择权;二是消极权能,即权利人在其权利受到不当限制或者侵害时,依法享有排除该不当限制或者侵害的权利,包括采取自助和自卫行为以及请求行政与司法救济等方式。

四、知识产权是支配权

我国民法学界和知识产权法学界较为一致的观点是认为知识产权是支配权。物权概念中的支配,就是指依据自己的意志独立对物加以管领或者处置。② 实际上,并不是所有民事客体都是可以支配的,如对债权的客体"给付"就不可支配,因为我们不可能支配他人的行为。③ 知识产权概念中的支配,是指依据自己的意志独立对知识财产加以管领或者处置。由于物权的保护对象是物质财产,权利人通过对物的实际占有就可以实现对物的支配,因而占有成为物权的重要权能。而知识产权的保护对象是知识财产,不能像对物质财产那样通过占有获得支配,而是通过法律确认的"控制"来实现支配。自 18 世纪以来,资产阶级在生产领域中开始广泛采用科学技术成果,从而在资本主义市场中产生了保障知识产品私有的法律问题。资产阶级要求法律确认对知识的私人占有权,使知识产品同物质产品,一样成为自由交换的标的。在这种情况下,便产生了与传统财产制度相区别的新的财产方式——知识产权。④ 对于知识产权作为"支配权"的理论基础,不同的学者有不同的见解。根据始自康德和黑格尔的意思支配说,知识产权可以成为支配权的一种,源于权利人可以通过"意思"对知识财产进行"支配"。从法律对权利的确定角度看,如果说物权是法律对权利人占有"物"的事实状态的"确认",那么知识产权则是法律因看到权利人不能占有"知识财产",而采取的一种"拟制",通过拟制而使知识产权人得以"控制"知识财产,从

---

① 佟柔:《中国民法》,法律出版社 1990 年版,第 39 页;王利明:《民法》,中国人民大学出版社 2000 年版,第 46 页。

② 王利明:《再论物权的概念》,载《社会科学研究》2006 年第 5 期。

③ 李琛:《法的第二性原理与知识产权概念》,载《中国人民大学学报》2004 年第 1 期。

④ 吴汉东:《试论〈民法通则〉中的知识产权制度》,见 http://www. civillaw. com. cn/article/default. asp? id＝7961,2013 年 8 月 26 日访问。

而建立一种新的支配关系,这就是知识产权。

知识产权法上的支配权理论,具有以下几个方面的意义:第一,与债权区分。债权只是请求权,知识产权都是支配权。第二,与物权的支配相区分。物权人通过"占有"而支配,而知识产权人通过"控制"而依法支配。第三,揭示知识产权的效力与功能。支配权确定了权利人对知识财产的归属和利用的一种控制与支配。第四,界定知识产权的性质。支配权是绝对权,具有对世性,权利人对知识财产的合法控制必然要求排除他人干涉;支配权还要求确定支配的范围,即表明主体对客体的控制和处置。

五、知识产权发挥作用的机制

知识产权发挥作用的机制是指知识产权发挥社会作用的方式和方法。知识产权的授予在于鼓励知识创造。这是从宏观角度对知识产权发挥作用的机理进行考察。人类社会机制的构造,是以人和人的需要为出发点和归宿的,知识产权也是如此。人的劳动可以分为智力劳动和体力劳动,这实际上是一个理论模型,并非现实。在现实中,体力劳动和智力劳动是不能截然分开的。劳动创造了财富。人的体力劳动创造的财富,是"物",由物权法调整,而人的智力劳动创造的财富,是知识财产,由知识产权法调整。学者 G. P. 纳布罕(G. P. Nabham)认为知识产权法很重要的目的在于将知识转换为适于市场的商品。① 知识产权法发挥作用的机制如下:(1) 人的大脑形成了一种思想;(2) 该思想由于表达(通过口头或者纸质载体或者电子载体)而获得了独立性;(3) 获得了独立性的思想因符合法律的规定被拟制为财产,称为知识财产;(4) 知识财产之上的权利为知识产权;(5) 知识产权人通过自己实施或许可他人实施而得到知识产品。简单看,所谓知识产权就是这样一个从思想到财产再到权利,最后到商品的过程。一句话,知识产权发挥作用的过程就是从思想到商品的过程。

第三节　知识产权的法律特征

我国学界对知识产权的概念和基本法律特征都存在着重大的分歧和争论。目前,学界较普遍地认为知识产权的特征有:客体的无形性(或权利的无形性)、法律(或国家)授予性、专有性、地域性、法定时间性等。对于上述认识,有不少学者提出了批评。知识产权的法律特征和知识产权的法律性质是两个不同的法学范畴。知识产权的法律性质,是作为一项民事权利的知识产权所固有的法律

---

① 孙祥壮:《传统知识的世界保护及对我国的启示》,载《知识产权文丛》(第 9 卷),中国方正出版社 2003 年版,第 193 页。

属性。而知识产权的法律特征是指作为一项民事权利的知识产权具有的法律上的独特象征。研究知识产权的法律特征,是为了将此类权利和相关类似权利区别开来,如区别物权和信息财产权。因此,应该仅从权利本身入手,而不宜去牵扯主体和客体。从理论上看,主体和客体是法律关系的要素,却不是权利的要素。因为主体并不能体现权利的特征,同一个主体既可以拥有物权,也可以拥有知识产权,还可以拥有信息产权,更可以拥有人身权;客体的本质和法律性质也不能构成权利的特征。我们关注知识产权的法律特征,是关注作为一项权利的知识产权本身,由此看来,知识产权具有期限性、地域性、独立性和可同时实施性四个法律特征。

拓展贴士

客体的无形性不是知识产权的特征,充其量是知识财产的特征。而权利的无形性不能构成知识产权的特征,因为只存在客体是否有形的问题,并不存在权利是否有形的问题,或者说没有有形的权利。法律或国家授予性,本身是针对知识产权而言的,但也并非知识产权的特征,依照近代以来的民族国家的宪政理念,宪法不确认或者说不授予的权利都是不存在的或者说是不被认可的。专有性也是如此,没有哪项权利不是专有的(包括债权)。

一、知识产权的期限性

(一) 知识产权的期限性的概念

各国法律都毫不例外地规定了知识产权的有限期间。知识产权的期限性是指知识产权的效力受法律规定的期间的限制。超过这个期间,知识产权绝对消灭,知识财产成为公共领域的知识,而不再是法律意义上的财产。知识财产是建立在前人取得的成果基础之上的,因此知识产权制度的目的既在于鼓励创新,肯定权利人的创造性劳动,同时也要承担传播思想、知识和文化的作用。因此创造性知识财产之上的知识产权,如专利权、著作权和商标权具有期限性。一般而言,继承性知识财产,即非物质文化遗产之上的知识产权不具有期限性。除此之外,商业秘密权和遗传资源权利也不受期限的限制。

(二) 知识产权期限性和物权的永续性的比较

知识产权的期限性是它区别于物权的基本特征。物权具有永续性,物权存在的期间并无法律的限定,如果物存在物权则存在。而物的消亡则导致物权的灭失。所以说,物权只受物的存在时间限制,除此之外不受限制。从权利限制的角度看,期限性本身就是对知识产权的一种限制。故此,日本法将知识产权称为是有限制的财产权,而物权是没有限制的财产权。

专利代理人考试真题

专利权保护期限从哪一天开始计算?(2002 年卷一第 32 题)

A. 申请日   B. 颁发专利证书日

C. 授权公告日   D. 优先权日

【答案】 A

【考点】 知识产权的期限性

【解析】《专利法》第 42 条规定:"发明专利权的期限为 20 年,实用新型专利权和外观设计专利权的期限为 10 年,均自申请日起计算。"《专利法实施细则》第 11 条:"除专利法第 28 条和第 42 条规定的情形外,专利法所称申请日,有优先权的,指优先权日。"

专利代理人考试真题

张某于 1994 年 2 月 9 日创作完成了一部小说,并于 1996 年 7 月 5 日发表。2001 年 9 月 18 日张某去世。根据著作权法及相关规定,该小说著作权中的财产权的保护期截止于何时?(2012 年卷二第 9 题)

A. 2044 年 2 月 8 日   B. 2046 年 12 月 31 日

C. 2051 年 9 月 17 日   D. 2051 年 12 月 31 日

【答案】 D

【考点】 知识产权期限的确定

【解析】 D 项唯一正确,公民著作权的保护周期为作者终生及死后 50 年。《著作权法》第 21 条第 1 款:"公民的作品,其发表权、本法第 10 条第 1 款第(五)项至第(十七)项规定的权利的保护期为作者终生及其死亡后 50 年,截止于作者死亡后第 50 年的 12 月 31 日;如果是合作作品,截止于最后死亡的作者死亡后第 50 年的 12 月 31 日。"

专利代理人考试真题

甲公司就某商标于 2009 年 8 月 6 日向商标局提出注册申请,商标局于 2010 年 9 月 10 日初步审定并予以公告,并于 2010 年 12 月 22 日予以核准注册。根据商标法及相关规定,关于注册商标的有效期限,下列说法哪些是正确的?(2011 卷二第 15 题)

A. 该注册商标的有效期为 10 年,自 2009 年 8 月 6 日起计算

B. 该注册商标的有效期为 7 年,自 2010 年 9 月 10 日起计算

C. 该注册商标的有效期为 10 年,自 2010 年 12 月 22 日起计算

D. 该注册商标的有效期为 7 年,自 2010 年 12 月 22 日起计算

【答案】　C

【考点】　知识产权期限的确定

【解析】　C 项唯一正确。根据我国商标法的规定,商标的有效期是 10 年,B 项所称的 7 年是 TRIPS 协定规定的最低期限。我国《商标法》第 37 条:注册商标的有效期为 10 年,自核准注册之日起计算。专利权的保护期限是从申请日起算,但商标权的保护期限是从核准注册之日起算。

二、知识产权的地域性

　　尽管在 18、19 世纪就有人提出"知识财产应当穿越国界和水域,但仍然是财产"①,但是时至今日各国的知识产权法仍固守着地域性,并将其作为根本特征。知识产权的地域性是指知识产权的效力受颁布确认该知识产权的法律的主权国家或者地区的地域限制。故此,严格讲,知识产权的地域性应为法域性。知识产权的地域性分为两个方面:一个方面为地域限制性,即超过一定的法域范围,知识产权无效,或者说不存在。在这个法域之外,知识财产为公共领域的知识,而不再是法律意义上的财产。另一个方面为超地域性,即知识产权人在全球不同法域均可获得知识产权授权和保护的特性。

　　(一) 知识产权的地域限制性

　　知识产权的地域限制性具体体现在知识产权的取得、权利行使和权利保护三个方面。

　　(1) 知识产权取得的地域性。知识产权取得的地域性,是指同一知识财产依照法律规定的程序和条件,可在不同的法域分别取得相互独立的知识产权。人类社会缔结的众多的国际公约和条约以及国内法的有关规定,使知识财产可以在不同的法域获得授权成为现实。因此,知识财产可以在不同的法域分别被授予知识产权,而物却不可能同时在不同的法域被授予物权。从这个角度看,知识产权的地域性,即为全球性;而物权的地域性才是真正的地域性。

　　(2) 知识产权行使的地域性。知识产权行使的地域性,是指权利人可以在确认知识产权的不同法域内分别行使其权利。"如果一个人就同一项技术在中国、美国、欧共体都取得了专利权,那么,他可以将在美国的专利权转让,而保留

———————

　　① 〔澳〕布拉德·谢尔曼、〔英〕莱昂内尔·本特利:《现代知识产权法的演进》,金海军译,北京大学出版社 2006 年版,第 133 页。

在中国和欧共体的专利权,并将在欧共体的专利权许可他人实施。"①如在英语语系的国家内,作者可以将其作品分别授权不同国家的出版社进行发表。而对于物权而言,这在根本上是不可能的,因为一个物,只能同一时间在一个法域出现,并被利用。

(3) 知识产权保护的地域性。知识产权保护的地域性,是指权利人的权利只有在获得知识产权授权的法域内得到保护。如果权利人只在美国取得了某项技术的专利,那么,中国的企业在中国境内实施该项专利并不构成侵权,因为"在认定侵权与否时,只认专利的'国籍'"②。如专利一样,无论是著作权、商标权、商业秘密权和非物质文化遗产的保护都是只认"国籍"。知识产权的"国籍",是指授予知识产权的法域,而不是知识产权人的国籍,比如微软公司在中国拥有诸多知识产权,这些知识产权的国籍为中国,而不是微软公司的国籍美国。

(二) 知识产权的超地域性

(1) 知识产权的超地域性的概念。知识产权的超地域性是指知识产权人在全球不同法域均可获得知识产权授权和保护的特性。换个角度看,知识产权的超地域性就是知识产权的域外确权和国际保护问题。知识产权具有地域性,在一国取得的知识产权在国外一般不能当然地受到保护。于是,产生了知识产权的域外确权和国际保护问题。知识产权的国际保护是指以多边国际公约为前提,协调各国国内知识产权法律制度,从而在相对统一的基础上对知识产权提供的一种跨法域的超地域性保护。

(2) 知识产权的超地域性的内容。知识产权的国际保护是以知识产权国际公约为基础的。知识产权的超地域性有两个方面的内容:第一,超法域授权,即知识产权人可以在不同法域获得授权;第二,通过承认知识产权法的域外效力使知识产权得到国际保护。第二种情况,知识产权法的域外效力问题已经在本书相关章节有所论及,这里着重阐述第一种情形。当进入垄断资本主义阶段,一方面,垄断资本家希望开辟国外市场以便获得国外垄断利润;另一方面,全球经济一体化趋势进一步加强。

拓展贴士

当 1873 年奥匈帝国准备在维也纳举办世界商品博览会,大多数接到邀请的国家都因担心其本国国民的发明或商标在超地域性的博览会上得不到保护,都

① 张玉敏:《知识产权的概念和法律特征》,载《现代法学》2001 年第 5 期。
② 郑成思:《知识产权法》(第 2 版),法律出版社 2003 年版,第 225 页。

不愿意参加。知识产权的地域性的不利的一面便暴露出来。对于资本家而言，他们因手里的知识产权不能受到目标国家的法律保护而惴惴不安。于是，知识产权的国际保护问题被提上日程。在它的推动下，有了 1883 年的《巴黎公约》和 1886 年的《伯尔尼公约》。而"世界知识产权组织"和"世界贸易组织"把知识产权的国际保护推向了高潮。

　　同一知识财产可以获得多国的分别授权，为知识产权的国际保护洞开了大门。由于知识产权具有严格的地域性，因此，为了寻求其他国家的法律保护，知识产权人必须按照国际公约或者条约的规定，分别获得目标国授权。知识产权的超法域授权就是指不同的法域按照自己国家的法律规定，分别对知识产权人进行的授权。知识产权的超法域授权的目的是国际社会共同努力解决知识产权的地域性对知识产权保护的障碍，但此种解决方案并不是以突破地域性为前提，而恰恰是选择了尊重知识产权的地域性。无论是"巴黎公约"、"伯尔尼公约"确立的"国民待遇原则"和"独立性原则"都是以知识产权的地域性为前提的，而并不是放弃知识产权的地域性。根据国民待遇原则，各国给予缔约国开始按照和本国国民相同的条件，对外国人授予知识产权；而根据独立性原则缔约国按照自己的法律保护知识产权，保护程度以及补救方法完全由被要求给予保护的国家的法律规定，而不是适用外国的法律。因此，可以说，无论哪种保护都没有突破或否定地域性，而是建立在充分尊重知识产权的地域性的基础之上的，是与地域性密切结合在一起的。①

　　不同的国家和地区进行跨国法域的授权的目的在于，在跨国的区域范围内对知识产权实行统一保护，这是为知识产权国际保护打开的第二扇大门。就《欧洲共同体专利公约》《比荷卢统一商标法》和《班吉协定》中的跨国知识产权而言，虽然它们所确立的知识产权超越了一国范围，但并没有否定知识产权的地域性。因为，这些法律尽管是跨国的，但却构成了"同一法域"。依据这些法律所取得的知识产权，充其量不过是在该法域范围内有效，超出该法域范围，它仍然是无效的。如前所述，知识产权的地域性严格讲是法域性，因此，《欧洲共同体专利公约》《比荷卢统一商标法》和《班吉协定》中的跨国知识产权，并没有"突破"知识产权的地域性这一特征。总之，知识产权的国际保护，使得具有严格地域性的知识产权获得了"超地域性"特征。② 由此可见，知识产权的超地域性和地域性并存，并以地域性为基础。

---

① 吕岩峰：《知识产权之冲突法评论》，载《法制与社会发展》1996 年第 6 期。
② 同上。

拓展贴士

　　知识产权的国际保护和知识产权国际化不同。知识产权的国际保护是以承认知识产权的地域性为基础的,而知识产权国际化恰恰是主张取消知识产权的地域性。目前,推动知识产权国际化的主要力量是私人集团。从本国立场出发,许多国家的政府也参与其中,比如美国。所谓知识产权的国际化就是指建立一种无条件相互承认知识产权的机制,使一国政府授予的知识产权带有超地域性,能够得到全球各国政府的承认和保护。这表面上看似无比美好的天下一家的主张,实际上是发达国家和跨国公司攫取最大收益的利器。其实质就是美国政府授予的知识产权在全球得到各国政府的无条件承认和保护。这一点已经引起我国学界的警惕,有学者认为,"应当说,在当代知识产权保护中,独占主义有抬头之势,特别是发达国家在知识产权保护上有一种全球保护主义思想,这种状况可能会损害发展中国家知识产权制度中维持的已有平衡……这种全球保护主义思想值得警惕。"①

　　从理论上看,科学技术是全人类集体智慧的结晶。萨顿认为,"科学从根本上说是超地域性的,或许我们应该说它是超越国度的。"②李约瑟也认为,人类科学的发展是一个"朝宗于海"的过程,"不同文明的古老的科学细流,正像江河一样奔向近代科学的大海。"③但这并不能以此来主张知识产权的国际化,如同不能主张知识财产为全人类的共有财产是一样的道理。知识产权的地域性是知识产权的国际保护的前提和基础,知识产权的国际化是行不通的,是私人利益集团为了获得最大收益而鼓噪的一种与知识产权基本属性相冲突的主张。

三、知识产权的独立性

（一）知识产权的独立性概念

　　知识产权的独立性是指不同法域的法律确认的同一知识财产之上的知识产权,相互独立,互不干涉。知识产权的独立性是以地域性为前提的,没有知识产权的地域性就没有独立性。地域性着重于知识产权的授权和行使可以分法域进行;独立性着重于不同法域确认的知识产权,为独立的知识产权,互不干涉和牵

---

① 冯晓青:《知识产权法利益平衡理论》,中国政法大学出版社 2006 年版,第 80 页。
② 〔美〕乔治·萨顿:《科学的生命》,刘珺君译,商务印书馆 1987 年版,第 24 页。
③ 潘吉星:《李约瑟文集》,辽宁科学技术出版社 1986 年版,第 195 页。

连。任何国家和地区都不能以其他确认知识产权的国家撤销授权或者宣告无效，或者被征收，或者知识产权超过保护期为由拒绝保护权利人在该国依法取得的知识产权。

（二）知识产权独立性的内涵

同一项知识财产在不同的法域内被分别授予的知识产权，是相互独立的，各法域依照自己的法律对本国或者本地区确认的知识产权进行独立保护。具体而言，知识产权的独立性包含获得授权独立性和受到保护的独立性两个方面：

第一，知识产权获得授权的独立性。同一知识财产在不同法域能否获得授权，由目标法域的法律所独立决定。对于须经批准授权的知识产权，权利人欲在哪个法域享有权利，就必须依照相关国际公约和条约的规定，遵照目标法域的知识产权法的要求实施特定行为，如提出申请等。对于无需批准而可以获得授权的知识产权，也不意味着必然会获得授权，也需要按照该法域的相关法律的规定决定其是否能获得知识产权。

拓展贴士

"如拉什迪的《撒旦的诗篇》在英国受著作权法保护，但在阿拉伯国家则为禁书，伊朗穆斯林宗教领袖霍梅尼甚至颁发宗教敕令，判处作者死刑。"[①]

第二，知识产权受到保护的独立性。在某一法域获得的知识产权，由该法域按照自己的法律独立进行保护。不同法域按照自己的法律确认知识产权并对知识产权提供独立保护。在著作权的保护方面，有的国家保护期限为作者终生与死后50年，有的国家则为70年，各法域对知识产权的保护，只需按照自己的法律进行，不受其他国家法律规定的影响。就商业秘密而言，TRIPS虽然要求其成员保护商业秘密，但是，保护的程度和方式，均由各成员的法律自行决定。

总之，尽管国际社会在知识产权方面缔结了许多重要的公约，但是没有任何一个公约赋予了知识产权人在一国获得的知识产权，在所有缔约国均产生效力。哪些知识财产能获得授权，哪些知识财产不能获得授权，获得一法域承认的知识产权的期限与保护方式，都要由目标法域的法律来决定。目前，有关保护知识产权的国际公约，如巴黎公约，最大的贡献在于国民待遇原则的确

---

① 张玉敏：《知识产权的概念和法律特征》，载《现代法学》2001年第5期。

认,这恰恰是知识产权独立性的表现。另一方面,知识产权的独立性,还意味着授权国家,须尽保护义务;没有确认授权的国家,没有对知识产权进行保护的义务。

四、知识产权的可同时实施性

(一) 知识产权的可同时实施性的概念

知识产权的可同时实施性是指知识产权人可同时在同一地域或者不同地域实施知识财产,也可授权不同的人同时在同一地域或者不同地域实施知识财产的特性。可同时实施性概念来自于多人在同一地域或者不同地域基于知识产权而同时实施知识财产这一基本事实。

拓展贴士

知识产权的同时实施性被郑成思先生称为"可复制性",而张玉敏先生称之为"可分授性"。尽管受到诸多争议和质疑,郑成思先生在论及知识产权的特点,仍是把知识产权的无形性放在首要位置。郑先生论及的无形性的主要旨趣在于,揭示知识产权的权利行使不受知识产权客体的限制这一道理,而并不在于权利客体是否可以复制。

(二) 知识产权的可同时实施性的界定

物权作为财产权,权利人的行使是严格受到物权客体"物质"属性的限制,"一台彩电,作为有形财产,其所有人行使权利转卖它、出借它或出租它,标的均是该彩电本身"①,一个有效的行使,需要立足于该彩电本身。但"彩电"是有形的,是严格受时空条件限制的,因此,直接针对"彩电"本身的权利的行使,也就直接受到时空的限制,它本身不允许同一地域或者不同地域的多人同时享有其利益。而知识产权的行使则截然不同,它的最大特色就是能够满足同一地域或者不同地域的多人同时享有其利益的要求,于是在知识产权的行使上,也就表现出了可同时实施性,权利人可以许可在同一地域或者不同地域的多数人同时实施,通过这些许可行为,最大限度地实现权利人的利益。

知识产权的可同时实施性,包括以下五个方面的基本内容:

第一,知识产权人在相同地域或者不同地域分别实施知识财产。

---

①　郑成思:《知识产权法——新世纪初的若干研究重点》,法律出版社 2004 年版,第 180 页。

第二,知识产权人许可相同地域的不同人实施同一知识产权的权能。如著作权人将一件作品的出版权分别授予同一地域不同的出版社实施,专利权人将专利权通过普通许可授予同一地域不同的企业实施等。

第三,知识产权人许可相同地域的不同人实施不同的知识产权的权能。"如著作权人将一件作品的出版权授予某出版社,将改编权授予某作家,而将摄制电影的权利授予某电影制片厂"[1],而上述的出版社、作家和电影制片厂是在同一地域的。

第四,知识产权人许可不同地域的不同人实施同一知识产权的权能;如商标权人将注册商标分别授予不同地域的不同企业实施,专利权人将专利权通过普通许可授予不同地域的不同企业实施等。

第五,知识产权人许可不同地域的不同人实施不同的知识产权的权能。"如著作权人将一件作品的出版权授予某出版社,将改编权授予某作家,而将摄制电影的权利授予某电影制片厂"[2],而上述的出版社、作家和电影制片厂是不在同一地域的。

拓 展 贴 士

知识产权的可同时实施性,是知识产权区别于物权的又一显著特征,这一特征是由知识财产的可传播性特征所决定的,但是其内容却和知识财产的可传播性完全不同。

专利代理人考试真题

我国公民李某在非洲某国旅游期间写了两篇游记,并将其中一篇发表在我国某杂志上。根据著作权法及相关规定,下列哪种说法是正确的?(2012卷二第19题)

A. 该两篇文章不是在我国创作的,不受我国著作权法保护

B. 该两篇文章是否受我国著作权法保护,取决于该非洲国家是否与我国签订了协议或共同参加了相关国际条约

C. 只有该已发表的文章受我国著作权法保护

D. 该两篇文章均受我国著作权法保护

---

[1]　张玉敏:《知识产权的概念和法律特征》,载《现代法学》2001年第5期。
[2]　同上。

【答案】 D

【考点】 知识产权的地域性

【解析】 中国公民的作品受我国《著作权法》保护不需要附加条件。《著作权法》第 2 条第 1 款:中国公民、法人或者其他组织的作品,不论是否发表,依照本法享有著作权。因此,D 项正确。

第四节 知识产权的效力

一、知识产权的效力概述

知识产权的效力,是指法律赋予知识产权的强制性作用力与保障力。知识产权的效力是知识产权属性的外在表现,集中体现着知识产权依法成立后所发生的法律效果。知识产权的效力,直接影响着知识产权人,以及知识产权人与被许可人及第三人之间的利益关系,在整个知识产权法中占有重要地位。知识产权的效力集中体现控制效力、排他效力、优先效力、追及效力、妨害排除效力、独立处分力和垄断效力等方面。

二、知识产权的控制效力

(一) 知识产权的控制效力的概念

知识产权的控制效力,是指知识产权所具有的保障知识产权人对知识财产依法控制并享受其利益的作用力。知识产权的控制效力,体现的是知识产权人与特定知识财产之间的关系,是"控制权"的体现。知识产权具有控制效力,意味着知识产权人得以自己的意志直接对特定知识财产为占有、使用、收益和处分,并实现利益。在法律规定的范围内,知识产权人既可直接为各种控制行为,还可以通过债权行为和知识产权行为将知识财产交由他人并授权其为一定的行为。对知识财产的控制,通常表现为直接对知识财产为一定的行为,如复制、收益或者处分等,而控制力强调的是这种行为是受到法律确认和保障的。

(二) 知识产权控制效力的程度与内容

不同种类的知识产权,其控制效力的程度有所不同:完全知识产权具有完全的控制力;而知识产权实施权和知识产权担保权则具有不完全的控制力。不同的知识产权的控制力的内容也有差别:完全知识产权是对知识财产的实施价值与交换价值有着完全的控制力;知识产权实施权对知识财产的实施价值部分有控制力;而知识产权担保权则是对知识财产的交换价值的全部或一部有控制力。[①]

---

① 关于知识产权效力内容的论述,参考了刘得宽先生有关物权效力的论述。刘得宽:《民法之理论体系与其展开》,载《民法诸问题与新展望》,台湾荣泰印书馆股份有限公司 1980 年版,第 76 页。

（三）控制效力与知识财产利益的实现

知识产权人对知识财产上的利益的享有,有赖于知识产权的控制效力。知识财产的价值,可以大致分为实施价值与交换价值两类,知识财产的利益,可以分为归属利益、利用利益与融资担保利益。对知识财产的利益的享有,就要通过对知识财产的不同价值的控制来实现。知识产权也可以根据权利人享有的利益的不同而分为完全知识产权、知识产权实施权与知识产权担保权。完全知识产权人享受的是知识财产的归属利益,而归属利益涵盖了用益利益与担保利益。而知识产权实施权人则享有用益利益,知识产权担保权人享有担保利益。

三、知识产权的排他效力

（一）知识产权排他效力的概念

知识产权的排他效力,是指同一知识财产上不能有两个以上同一内容或性质不相容的知识产权同时存在。史尚宽先生认为,"商标权、商号权及专利权等绝对权,亦有排他性。然非直接支配物之权利,故非物权,应适用各该特别法之规定"。① 知识产权的排他效力源于知识产权的支配权属性,为保障权利人的支配权的实现,法律必赋予知识产权排他效力。如果否认知识产权的排他效力,一则势必妨害权利人对于知识财产的有效支配,二则也势必损及知识财产的安全交易和实施。因此,将排他性作为知识产权的一项效力,是十分必要的。

（二）知识产权排他效力的内容

从内容上看,知识产权的排他效力可以分为成立上的排他效力与实现上的排他效力两个方面。知识产权成立上的排他效力是指同一知识财产之上,不能有两个以上同一内容或性质不相容的知识产权同时存在,已存在的知识产权,具有排除互不相容知识产权再行成立的效力。知识产权实现上的排他效力,又称"知识产权相互间的优先效力",是指同一知识财产之上存在的相容知识产权之间,居于优先位序的知识产权得以排他地实现的效力。何种知识产权优先实现,并不单纯决定于其成立的时间先后,更主要的是决定于当事人的意志与法律的规定,例如,成立在后的知识产权实施权或者知识产权的那保全优先于完全知识产权而实现,后发生的知识财产留置权优先于先设定的抵押权而实现等。② 实际上,排他效力为绝对权的效力,是物权和知识产权均具备的。

---

① 史尚宽:《物权法论》,中国政法大学出版社 2001 版,第 10 页。
② 刘保玉:《物权的效力问题之我见(修订稿)》,载《山东大学学报(哲学社会科学版)》2000 年第 2 期。

四、知识产权的优先效力

（一）知识产权优先效力的概念

所谓知识产权的优先效力，是指知识产权优先于债权的效力，即同一知识财产之上既有知识产权，又有债权的，知识产权具有优先于债权而实现的效力。知识产权优先效力的基本规则是无论成立先后，知识产权的效力均优先于债权。

值得一提的是，所谓知识产权之间的优先效力，其实是知识产权之间的排他效力问题，而知识产权和物权不发生排他和优先效力问题，即便是在特殊情况下，物权人和知识产权人的权利均指向了一个物，如作者的画稿手稿，其实两种权利的权利客体也是不同的。物权人的权利客体为看得见、摸得着的画稿实物；而知识产权人的权利客体为抽象的"画"。从行使上看，物权人应该容忍著作权人行使著作权至少一次，取得复制件后，知识产权人就可以自由行使权利了。

（二）知识产权优先效力的具体情形

（1）知识财产之上已成立债权，后成立知识产权的，知识产权优先。例如以同一知识财产签订了数个排他许可合同，最后一个排他许可合同被登记而产生知识产权实施权，那么，最后一个产生的知识产权实施权优先于前面的数个许可的合同债权。

（2）知识产权实施权人较债权人有优先实现的权利。同一知识财产之上既有知识产权实施权，又有债权的，知识产权实施权人较债权人有优先实现的权利。例如，在同一知识财产之上，知识产权实施权和债权并存的，知识产权实施权优先于债权而实现。

（3）债务人的知识财产上设有知识产权担保权的，知识产权担保权人享有优先受偿的权利。这种权利可称为"别除权"。例如在债务人的知识财产之上成立知识财产留置权，那么在该知识财产留置权进入实现阶段，无论债务人的财产是否够清偿其他债务，知识财产留置权人对于留置的知识财产享有优先受偿权。

（4）非属于债务人的知识财产，知识产权人有取回的权利，这即为取回权。例如知识产权人已与被许可人签订独占许可合同，并已经到主管部门递交了登记申请，但登记尚未完成。此时，被许可人资不抵债宣告破产时，知识产权人可以解除知识产权合同，并撤回许可登记。

五、知识产权的追及效力

知识产权的追及效力，是指无论知识产权的客体知识财产被何人控制，都不能妨碍知识产权人权利的行使，知识产权人可以追及到任何控制其知识财产的人并向其主张权利。而债权没有追及力，"债务人把他的财产转让给第三人时，一般债权人不得对它再行使权利。"①

拓展贴士

甲的画稿已经卖给乙，并约定自结清价款时所有权转移。由于乙房屋正在装修之中，暂由甲进行保管。丙夜入甲的画室，将该画偷走并赠送给丁。此案中，甲无从主张物权的追及效力，因为他仅对画稿有债权（保管），而所有权是乙的了。但根据知识产权的追及效力，甲仍然不丧失知识产权，有权向丁主张行使知识产权，如要求复制等。乙闻讯后，得依据物权的追及效力向丁主张所有权。于是，知识产权的追及效力与物权的追及效力就得以区分了。在该案中，物权的追及效力在于要求丙返还画稿——"物"，而知识产权的追及效力在于恢复控制知识财产，如"复制"一份。

六、知识产权的独立处分力

（一）知识产权的独立处分力的概念

知识产权的独立处分力，是指权利人凭借其享有的知识产权，可独立处分知识财产的效力。以《法国民法典》为肇端的近代民法以后的财产权制度，是同封建的人格关系、身份关系彻底地分离开来了的纯粹的财产权。② 其中，物权作为纯粹的财产权，其独立性，或者说独立被权利人处理的效能首先被确立起来。物权人可以凭借物权制度对物进行占有、使用、收益和处分。

拓展贴士

独立处分力制度的背景是，此前世界各国的财产关系，如奴隶制的财产关系和封建制的财产关系，其实并不仅仅是一种财产关系，这种财产关系被嵌入人身关系之内，包含大量的人身因素，因此，个人往往不能独立处置自己的财产。

---

① 〔日〕梅谦次郎：《民法要义·卷之三》，第2—5页（复刻版）。转引自陈华彬：《论物权的性质》，http://www.civillaw.com.cn/article/default.asp? id=23033,2012年8月24日访问。

② 陈华彬：《论物权的性质》，http://www.civillaw.com.cn/article/default.asp? id=23033,2013年8月24日访问。

（二）确立知识产权独立处分力的必要性

确立知识产权的独立处分效力在我国也是十分必要的。《法国民法典》开创的纯粹的财产权制度，使得物权从人身权之下脱离出来，获得了独立处分力。然而，知识产权却遇到了问题，因为知识产权是人的思想之上建立起来的，曾被认为本质上是属人的，而不是什么财产，更不是财产权。我国新中国成立之初，受苏联的影响，把知识产权称为"智力成果权"，强调智力属性，就是属人的属性，而忽视其财产性。与债权相比，尽管债权也可以让与，但是很多债权却受到限制，不具有独立处分力。根据大多数国家的法律规定，基于特别信任关系发生的债权，如因雇佣、租赁所引起的债权，由于具有强烈的人身信任关系，所以就不得让与他人。如果让与，可以构成合同解除的原因。① 而知识产权则不然，无论是完全知识产权、知识产权实施权，还是知识产权担保权，均可以让与他人，一般情况下此种处分并无限制。可以说，知识产权的"独立处分力"是知识产权的一种效力。

七、知识产权的垄断效力

知识产权的垄断效力，是指知识产权人可以凭借其权利，限制其他人进行模仿或者创造行为的法律效力。垄断效力是知识产权特有的法律效力，物权和信息财产权均不具备。从行为的角度看，知识产权是禁止他人模仿甚至创造的一种权利。

拓 展 贴 士

一个农民在自家地里种植樱桃到市场出售，他并没有权利禁止邻人在自己的土地上种植樱桃参与市场竞争；但是，如果这个农民通过基因改良而获得了一种樱桃新品种，并获得了知识产权（植物新品种权），那么，没有这个农民的许可，任何人无权种植这种新品种的樱桃。② 知识产权排除了市场竞争，表现出一定的垄断效力。知识产权的垄断效力是法律所许可的，因此不适用《反垄断法》的规定，不属于《反垄断法》确认的垄断行为。

---

① 陈华彬：《论物权的性质》，http://www.civillaw.com.cn/article/default.asp? id=23033,2013 年 8 月 24 日访问。

② 〔澳〕彼得·德霍斯：《知识财产法哲学》，周林译，商务印书馆 2008 年版，第 146 页。

第五节　知识产权的取得

一、知识产权的原始取得

知识产权的取得，是指权利人根据一定法律事实获得特定知识财产的支配权。知识产权的取得是在权利人与其他人之间发生以特定知识财产为客体的知识产权法律关系开始的标志。同所有权的取得一样，知识产权的取得分为原始取得与继受取得。

（一）知识产权原始取得的概念

财产权的取得，必须符合法律的规定。权利人可以基于一定的法律事实，如劳动创造一个物或者知识财产，从而直接取得该物的所有权或者该知识财产的知识产权。取得财产权的这种方式称为原始取得。所谓知识产权原始取得，是指根据法律规定，权利人不依赖于其他人的知识产权而直接取得知识财产的知识产权或不依赖于原知识产权人的意志而取得知识财产的知识产权的权利取得方式。知识产权原始取得的最大特征在于它不依赖于其他权利人的知识产权，而是通过劳动等方式"创造"一个知识财产，并享有权利。

（二）知识产权原始取得的具体情形

知识产权的原始取得可以被划分为两种情形：一种是不以其他知识产权的存在为前提的取得情形；一种是不受其他知识产权人意志的影响而取得的情形。

（1）不以其他知识产权的存在为前提而取得的情形。权利人取得的知识产权，是初始存在的知识产权，并不以其他知识产权的存在为前提的取得方式，为原始取得。如经过劳动创作一幅画或者申请一项专利，作者或者发明人可以享有著作权或者专利权。此种方式强调的是权利人的知识财产是有无到有的，并不是从他人手中得来的。在知识产权原始取得情况下，该作品非经知识产权人的劳动是并不存在的，因此权利人的知识产权是不以其他知识产权的存在为前提的。

（2）不受其他知识产权人意志的影响而取得的情形。权利人取得的知识产权，是不受其他知识产权人意志的影响的取得方式，为原始取得。如注册商标权利人购买他人的作品，而为注册商标申请，并取得商标权的情况下，表面看起来为继受取得，似乎是商标权建立在著作权之上的。但从法律上来看，注册商标人并不受该作品的著作权人的意志的影响，因此仍属于知识产权的原始取得。类似情况在物权领域也普遍存在，如房主购买建筑材料建造一栋楼房，当属原始取得，而不因建筑材料系购买所得而被认为是继受取得。在专利权领域，申请人购买他人的技术成果，申请专利权的行为一旦被获得授权，该专利权的取得为原始取得,而非继受取得。尽管,该专利权是由专利权人向他人购买的技术秘密而申请的,但是"申请"是取得专利权的唯一途径,并且该"申请"已经不受原技术秘密权利人的意志支配。

(三) 知识产权原始取得的方式

1. 知识产权原始取得方式的概念

知识产权原始取得方式是指具体的知识产权原始取得的方法或者途径。在物权法上,所有权原始取得的主要方式:生产、收益、先占、添附、没收、拾得遗失物和发现埋藏物、善意取得等。就知识产权法而言,原始取得的方式以劳动生产为主。生产是指权利人通过自己的劳动获得知识财产的活动。值得注意的是,作为知识产权原始取得方式的生产,在很多情况下,是许多创作人员共同完成的,因此,知识产权共有的情况相当普遍和突出。权利人通过劳动(以创造性劳动为主),以国家认可或授予为条件取得知识产权的方式,是最为主要的知识产权的原始取得方式。

2. 知识产权原始取得的主要方式

知识产权的原始取得,分两种情况,一种是依据创造事实而取得,比如著作权;一种是知识产权登记机关——行政机关基于当事人的申请而授予他知识产权的行为,此种行为的性质为行政行为,如商标权和专利权。可见,知识产权的原始取得和所有权不同,所有权的原始取得一般不需要法律的批准,而知识产权的原始取得,在很多情况下,需要法律的确权。"创造性活动是权利产生的'源泉'(source),而法律(国家机关授权活动)是权利产生的'根据'(origin)"。① 但是并非所有知识产权都需要国家确认,如著作权、商业秘密权、非物质文化遗产权利等无需国家审查和批准。

拓 展 贴 士

在知识财产的生产活动中,劳动行为,无论是创造性的还是非创造性的,其法律性质都属于事实行为,而非法律行为。一切民事主体,包括自然人、法人和非法人组织都可以成为知识产权的主体,都可以通过原始取得方式取得知识产权。在知识产权司法实践中,对于知识产权原始取得的确权争议,主要应确认知识财产是什么,知识财产的完成人是谁,知识产权归属于谁。

---

① 吴汉东:《关于知识产权本体、主体、客体的重新认识》,载《法学评论》2000 年第 5 期。

专利代理人考试真题

以下关于发明人和设计人的哪些说法是错误的？（2004 年卷一第 65 题）

A. 发明人和设计人只能是自然人

B. 职务发明创造的发明人或设计人有权在专利申请和专利文件中写明自己是发明人或者设计人

C. 在完成发明创造的过程中，只负责组织工作的领导不是发明人或者设计人

D. 发明人和设计人有权就其发明创造申请专利

【答案】　D

【考点】　发明人、设计人以及知识产权的原始取得

【解析】　A 项、C 项正确。《专利法实施细则》第 13 条规定："专利法所称发明人或者设计人，是指对发明创造的实质性特点作出创造性贡献的人。在完成发明创造过程中，只负责组织工作的人、为物质技术条件的利用提供方便的人或者从事其他辅助工作的人，不是发明人或者设计人。"

B 项正确。《专利法》第 17 条规定："发明人或者设计人有在专利文件中写明自己是发明人或者设计人的权利。"

D 项错误。《专利法》第 6 条第 1 款规定："执行本单位的任务或者主要是利用本单位的物质技术条件所完成的发明创造为职务发明创造。职务发明创造申请专利的权利属于该单位；申请被批准后，该单位为专利权人。"职务发明创造申请专利的权利属于单位，该专利权的取得属于单位的原始取得。

专利代理人考试真题

专利权从何时起开始生效？（2002 年卷一第 76 题）

A. 办理登记之日　　　　　　B. 颁发专利证书之日

C. 作出授权决定之日　　　　D. 授权公告之日

【答案】　D

【考点】　知识产权的取得时间

【解析】　D 项正确。《专利法》第 39 条规定："发明专利申请经实质审查没有发现驳回理由的，由国务院专利行政部门作出授予发明专利权的决定，发给发明专利证书，同时予以登记和公告。发明专利权自公告之日起生效。"《专利法》第 40 条规定："实用新型和外观设计专利申请经初步审查没有发现驳回理由的，由国务院专利行政部门作出授予实用新型专利权或者外观设计专利权的决定，发给相应的专利证书，同时予以登记和公告。实用新型专利权和外观设计专利权自公告之日起生效。"

二、知识产权的继受取得

（一）知识产权继受取得的概念

知识产权继受取得，又称传来取得，是指权利人通过实施某种法律行为或者通过某种法律事实而从原知识产权人那里取得知识产权。知识产权的继受取得是以剥夺原权利人的知识产权为基础的。知识产权继受取得的最大特征在于它是依赖于其他权利人的知识产权的，没有其他人的知识产权，也就没有继受取得方式的实现。简单地说，知识产权的继受取得就是从他人手中取得知识产权。因此，就继受取得的情形而言，一方让渡了权利，即意味着丧失了权利主体资格；另一方继受了权利，则标志着其成为新的财产所有权主人。[1]

（二）知识产权继受取得的主要方式

尽管知识产权是财产权，但是毕竟知识产权还有人身权因素。值得注意的是，无论以何种方式继受取得知识产权，都不能取得知识产权的人身权，尤其是署名权。在继受取得的具体方式上，所有权取得和知识产权取得没有显著差别。所有权继受取得的主要方式：买卖、互易、赠与、继承、遗赠等。而知识产权的继受取得方式，主要包括：

（1）知识产权转让。所谓知识产权转让，是指知识产权人基于自己的意志，依法将自己专有的知识产权转移给他人的法律行为（详见本书第十三章）。

（2）知识产权赠与。知识产权赠与是指权利人通过赠与的方式，自愿将其知识产权转移给新权利人。知识产权赠与合同为无偿合同，因此与知识产权转让相比，赠与人一般不承担品质瑕疵担保责任。

（3）知识产权互易。知识产权互易是指权利人以金钱之外的某种财产与他方的知识财产相互交换，而取得知识产权。知识产权互易与知识产权转让并无本质区别，只是在互易合同中，知识产权人要求的是对方提供金钱之外的其他财产。

（4）知识产权继承。知识产权继承是指继承人按照法律的直接规定或者遵照遗嘱的指定，取得被继承人死亡时遗留的知识财产，而取得知识产权。继承发生在法定继承人范围之内，一般是基于亲缘等关系而产生的。

（5）知识产权遗赠。知识产权遗赠是受遗赠人按照被继承人生前所立的合法有效的遗赠的指定，取得遗赠的知识财产，进而取得知识产权。

（6）知识产权承受。知识产权承受，是指法人或非法人组织发生变更和终止，而由其他的法人或非法人组织取得知识产权的方式。

在知识产权司法实践中，对于知识产权继受取得的确权争议，主要应确认继

---

① 吴汉东：《关于知识产权本体、主体、客体的重新认识》，载《法学评论》2000 年第 5 期。

受取得是否合法有效。

国家统一司法考试真题

甲乙丙三人合作开发一项技术,合同中未约定权利归属。该项技术开发完成后,甲、丙想要申请专利,而乙主张通过商业秘密来保护。对此,下列哪些选项是错误的?(2010卷三多选62题)

A. 甲、丙不得申请专利

B. 甲、丙可申请专利,申请批准后专利权归甲、乙、丙共有

C. 甲、丙可申请专利,申请批准后专利权归甲、丙所有,乙有免费实施的权利

D. 甲、丙不得申请专利,但乙应向甲、丙支付补偿费

【答案】　BCD

【考点】　合作技术如何取得知识产权(专利权)

【解析】　《合同法》第340条第3款规定,合作开发的当事人一方不同意申请专利的,另一方或者其他各方不得申请专利。因此,乙无须向甲、丙进行补偿。

第六节　知识产权共有

一、知识产权共有的概念和法律特征

(一)知识产权共有的概念

所谓知识产权共有,是指两个或两个以上的权利人对同一项知识财产共同享有一个知识产权。共有主体称为共有人,各共有人之间因财产共有形成的权利义务关系,称为共有关系。知识产权共有的客体称为共有财产。

拓展贴士

在知识产权共有关系中,共有财产为知识财产,不是物,在所有权的共有关系中,权利人共有的是物,因此可以称为"共有物";而知识产权共有关系中,客体为知识财产,可以简称为"共有财产",但不能称之为"共有物"。

财产的所有形式可分为单独所有和共有两种形式。[1]　在法国,共有是针对

---

　　[1]　王利明:《财产共有》,http://www.civillaw.com.cn/article/default.asp? id = 12149,2013年8月25日访问。

同一财产的同一性质的数个权利的集合。① 看得出来,共有的定义并没有将其限定在物权范畴。其实,所有权以外的共有的情况早已引起各国和地区的民法典的广泛关注,如我国台湾地区"民法"第 831 条、德国《民法》第 741 条等。日本学界认为,知识产权以财产权为主,因此可成立共有。② 在我国大陆法学界,对知识产权共有也早有论及。江平先生认为,共有是指两个以上的公民、法人对同一项财产共同享有所有权、实施经营权及知识产权等民事权利。③ 根据具体知识产权的种类,可以将知识产权共有关系分为著作权共有、专利权共有、商标权共有、商业秘密权共有和非物质文化遗产共有。每个共有人对知识产权所享有的占有、使用、收益和处分的权利,不受其他共有人的侵犯。无论是何种共有形式,在共有关系终止时,均需要对知识财产进行估价,并进行价金分割。

(二) 知识产权共有的表现形式

我国《民法通则》第 78 条确认了两种共有形式,即按份共有和共同共有,这是两种基本的共有形式。④ 在实践中,我国申请专利的表格为申请人留了三个空档,并且不够的仍可以另行做出补加,说明我国《专利法》是主张专利权共有的。我国《合同法》也确认了知识产权共有规则,该法第 340 条规定:"合作开发完成的发明创造,除当事人另有约定的以外,申请专利的权利属于合作开发的当事人共有。"而在著作权领域,合作作品就更为常见。我国《商标法》明确规定了商标权共有。该法第 5 条规定:"两个以上的自然人、法人或者其他组织可以共同向商标局申请注册同一商标,共同享有和行使该商标专用权。"可以说,无论是在立法上,还是在实践中,知识产权共有是大量存在的。除此之外,我国《专利法》第 15 条明确规定了专利权共有。

(三) 知识产权共有的法律特征

知识产权共有具有如下法律特征:

第一,主体的复合性。知识产权共有的主体不是一个人,而是两个或两个以上的人。

第二,权利的单一性。在知识产权共有关系中,数人就同一知识财产享有同一个知识产权。虽然权利人是多数的,但知识产权只有一个。如果数人对同一知识财产享有不同的知识产权,则不构成知识产权共有,如完全知识产权人和知识产权实施权或者知识产权担保权并存的情况。

---

① 尹田:《法国物权法》,法律出版社 1998 年版,第 266 页。
② 〔日〕纹谷畅男:《知识产权法概论》,日本有斐阁 2006 年版,第 81 页。
③ 江平:《民法教程》,中国政法大学出版社 1988 年版,第 205 页。
④ 王利明:《财产共有》,http://www.civillaw.com.cn/article/default.asp? id = 12149,2013 年 8 月 25 日访问。

第三,客体的特定性。知识产权共有的客体,即共有知识财产必须是特定的。但是并不要求客体单一,因为在共同集成的场合下,客体就不是一个,而是多个知识财产的集合。共有关系存续期间,共有知识财产不能分割,共有人也不能约定由各个共有人分别就知识财产的某一部分享有知识产权,如对一幅画的不同画面,对一曲音乐的某个创作片段。每个共有人的权利及于整个知识财产。

第四,内部关系的可分性。在知识产权共有人的内部关系中,如共有关系终止后变价分割共有财产,或者对共有财产获得的收益的分享方面,是按照一定的份额进行的。也就是说,无论是按份共有还是共同共有从内部关系看,共有人之间的关系都是可分的。而在外部关系上,因各共有人享有一个知识产权,因此表现出来是不可分的。知识产权共有是社会经济生活中大量存在的一个现象,一个复杂的创造性智力劳动,往往并非单个个体或者组织可以完成,需要多个个体和组织的联合,于是就产生了知识产权共有。知识产权法需要确认和规范知识财产共有关系,确立知识产权共有制度,正确解决共有人之间的权利义务关系,从而促进知识经济的发展和国家知识产权战略的实施。

二、知识产权共有的取得与效力

(一) 知识产权共有的取得方式

在理论上,知识产权共有的取得方式可以分为原始取得和继受取得两大类。

(1) 原始取得。知识产权共有的原始取得,即共有之知识产权系首次形成,不依靠任何原知识产权人的权利而取得的方式。对知识产权的原始取得,我国《商标法》第 5 条、《专利法》《著作权法》和《合同法》都有明确的规定。

(2) 继受取得。知识产权共有的继受取得,即共有的知识产权以原权利人的知识产权为依据,通过某种法律事实而取得的方式。知识产权共有的继受取得主要包括三种方式:

一是,转让取得。即通过交易或者其他合法途径(如赠与或遗赠),取得共有知识产权。具体又可以分为三种情形:第一,通过合同的方式取得共有知识产权份额;第二,两个以上主体约定,作为共同受让人受让知识产权;第三,从单一主体的知识产权人处取得一定的知识产权份额。

二是,继承取得。即自然人通过继承遗产的方式取得共有知识产权。具体又可以分为两种情形:第一,多数继承人继承同一知识产权;第二,继承已经死亡的共有知识产权权利人的份额。

三是,承继取得。即法人或者非法人组织通过合并、分立的方式取得共有知识产权。《民法通则》第 44 条第 2 款规定,"企业法人分立、合并,它的权利和义务由变更后的法人享有和承担。"这里的"权利",当然包含知识产权,尤其是对科技企业和品牌企业而言。因此,当一个企业分立为两个或者两个以上的企业时,可以形成知识产权共有。当一个企业吸收或者合并其他企业,被合并的企业是知识产权共有人的,则合并后的企业取代原共有人的地位成为新的知识产权共有人。

(二)知识产权共有的效力与法律适用

(1)知识产权共有的效力。知识产权共有的效力及于客体的全部,而不是份额。《日本民法典》第249条规定:"各共有人,可以按其共有部分,实施全部共有物。"知识财产这种资源的利用,并不需要对物质实体的占有,这为共有人自由实施共有知识财产提供了可能。因此,知识产权共有人的权利效力与共有人所持份额无关。在没有合同特别约定的情况下,共有人实施共有知识财产不必征得其他共有人同意。但是,由于著作权的行使与权利人的人格利益有着密切联系,所以《日本著作权法》第65条第27项规定,著作权共有利用作品应征得各个共有人的同意。但该条第3项和第4项同时也规定,共有人没有正当理由不得拒绝整体同意,如在1人反对的情况下,不能妨碍合意的成立,并且可以为权利的行使而设立代表人。[①]

在知识产权共有的权利行使方面,知识产权共有人可自行实施知识财产,不必征得其他共有人的同意,但是知识产权共有人为份额转让、权利转让、利用知识财产进行担保和进行许可等行为的,须征得其他共有人的同意。为了便于权利的行使,日本知识产权法,如著作权法、专利法等均主张设立代表人制度,由选定的代表人决定权利是否可以行使。

(2)知识产权共有的法律适用。知识产权共有的法律适用的一般规则为:知识产权法有特别规定的,适用知识产权法的特别规定;知识产权法无特别规定的,适用民法物权编关于共有的规定。鉴于知识产权法与公共利益的密切关系,因此对共有往往有特别的规定。当知识产权法对知识产权的共有有特别规定的时候,优先适用这些规定。《日本民法典》第264条规定了所有权以外的财产权的共有及其法律适用。该条规定:"本节规定,准用于数人有所有权以外的财产权情形。"

三、知识产权按份共有

(一)知识产权按份共有的概念

按份共有,是指两个或两个以上的共有人按照各自的份额分别对共有知识财产分享权利和承担义务的一种共有关系。例如,甲、乙事先约定了专利权的共有份额,在获得授权后,甲、乙之间的共有关系为按份共有关系。在知识产权按

---

① 〔日〕纹谷畅男:《知识产权法概论》,日本有斐阁2006年版,第83页。

份共有中,如果各共有人的份额约定不明确,则推定其份额均等。在按份共有中,每个共有人对知识财产享有权利和承担义务的基础是份额,份额不同,权利和义务不同。但各个共有人的权利不是局限在自己的份额上,而是涵盖知识财产的全部。

（二）知识产权按份共有人的权利行使

原则上,知识产权共有人行使权利,在不妨害其他共有人权益的基础上,可以单方决定行使,如自行实施知识产权,但须承担告知其他共有人的义务;对于关系重大的权利行使则需要共同协商决定。无论是按份共有人还是共同共有人,享有的知识产权均涵盖知识财产的全部,而不是特定份额。因此,不能将按份共有人的权利行使仅限定在知识财产的某些份额之上。日本学界认为,商标权共有人不是按其所持份额实施商标,原则上可以全面地、自由地实施商标,共有人虽可以通过合同规定每人的所持份,但该所持份只与注册费缴纳、商标权转让或许可费分配有关,与商标的实施无关。商标权在取得和转让上受到法律的限制。[①] 知识产权按份共有人并不能按照份额行使权利,因为所有权利人只拥有一个权利,除了转让份额外,权利是不能按照份额来行使的。各共有人在行使共有财产的权利时,特别是处分共有财产时,全体共有人应采取协商方式,尊重所有共有人的意志。但在协商不能达成一致的情况下,例如就知识产权转让和设定知识产权实施权和知识产权担保权等重大事项而言,应该按照份额表决,即以份额为票数,表决结果以所占份额的多少认定,份额多的表决为全体权利人的表决;行使转让权和设定定限知识产权等重大事项之外的事项,在不妨碍其他行使的前提下,每个共有人都可以单独行使,如普通许可。无论是何种方式行使知识产权,行使后所获得的利益,均应按照约定或者份额进行分配。我国《专利法》第15条规定:"专利申请权或者专利权的共有人对权利的行使有约定的,从其约定。没有约定的,共有人可以单独实施或者以普通许可方式许可他人实施该专利;许可他人实施该专利的,收取的实施费应当在共有人之间分配。"除前款规定的情形外,行使共有的专利申请权或者专利权应当取得全体共有人的同意。"另外,我们赞同确立权利行使代表人制度,以便节省权利行使的成本,促进权利的实施。

原则上,共有人可以转让其份额。但在同等情况下,其他按份共有人有优先购买的权利。参照《民法通则》第78条的规定,按份共有人转让其份额的,"其他共有人在同等条件下,有优先购买的权利"。按份共有人死亡以后,其份额可以作为遗产由继承人继承。

---

① 〔日〕谷纹畅男:《商标法50讲》,魏启学译,法律出版社1987年版,第166页。转引自汪泽:《商标权共有制度研究》,http://www.civillaw.com.cn/article/default.asp? id=14394,2013年8月25日访问。

四、知识产权共同共有

（一）知识产权共同共有的概念

知识产权共同共有，是指两个或两个以上权利人，对特定知识财产不分份额地共同享有一个知识产权。知识产权共同共有，往往依据共同的研发关系而产生。在共同共有中，共有财产不分份额，各共有人平等地享受权利。我国《合同法》第 340 条规定："合作开发完成的发明创造，除当事人另有约定的以外，申请专利的权利属于合作开发的当事人共有。"此处的"共有"，应为共同共有，而不是按份共有。

拓展贴士

根据《物权法》第 103 条的规定，"共有人对共有的不动产或者动产没有约定为按份共有或者共同共有，或者约定不明确的，除共有人具有家庭关系等外，视为按份共有。"我国《婚姻法》有"夫妻在婚姻关系存续期间所得的知识产权的收益，为夫妻共同财产，归夫妻共同所有"[1]的规定，但不能以此认定夫妻关系存续期间一方的知识产权，为夫妻共有，共有的客体为"夫妻在婚姻关系存续期间所得的知识产权的收益"，是许可费用和转让费用等收益，而不是知识财产。一般情况下，由于知识财产的个人属性，往往被认为是个人财产，而不是夫妻共同财产。

（二）知识产权共同共有人的权利行使

有关重大事项的权利行使，共同共有人应该按照人数进行表决，一人一票，表决结果以多数票为全体权利人的表决结果；行使转让权和设定知识产权实施权和知识产权担保权等重大事项之外的事项，在不妨碍其他行使的前提下，每个共有人都可以单独行使，如普通许可。无论是何种方式行使知识产权，行使后所获得的利益，均应按照约定进行分配。而在"共有"的行使上，我国《合同法》第 340 条规定："当事人一方转让其共有的专利申请权的，其他各方享有以同等条件优先受让的权利。合作开发的当事人一方声明放弃其共有的专利申请权的，可以由另一方单独申请或者由其他各方共同申请。申请人取得专利权的，放弃专利申请权的一方可以免费实施该专利。合作开发的当事人一方不同意申请专

---

① 参见我国《婚姻法》第 17 条。

利的,另一方或者其他各方不得申请专利。"

拓展贴士

最高人民法院《关于贯彻执行〈中华人民共和国民法通则〉若干问题的意见(试行)》第 89 条规定:"共同共有人对共有财产享有共同的权利,承担共同的义务。在共同共有关系存续期间,部分共有人擅自处分共有财产的,一般认定无效。但第三人善意、有偿取得该项财产的,应当维护第三人的合法权益,对其他共有人的损失,由擅自处分共有财产的人赔偿。根据法律规定或依据共有人之间的协议,可以由某个共有人代表或代理全体共有人处分共有财产。无权代表或代理的共有人擅自处分共有财产的,如果其他共有人明知而不提出异议,视为其同意。"

由于共同共有的特殊性,共同共有关系存续期间,各共有人无权请求分割共有财产,部分共有人擅自划分份额并分割共有财产的,应认定为无效。共同共有因协议分割(包括权利分割、变价分割和作价分割)、知识财产超过保护期限而消灭。

国家统一司法考试真题

甲、乙合作完成一部剧本,丙影视公司欲将该剧本拍摄成电视剧。甲以丙公司没有名气为由拒绝,乙独自与丙公司签订合同,以 10 万元价格将该剧本摄制权许可给丙公司。(2010 卷三单选 16 题)

【问题】 下列哪一说法是错误的?

A. 该剧本版权由甲乙共同享有

B. 该剧本版权中的人身权不可转让

C. 乙与丙公司签订的许可合同无效

D. 乙获得的 10 万元报酬应当合理分配给甲

【答案】 C

【考点】 知识产权共有以及许可合同的签订和效力

【解析】 选项 A 正确,甲乙构成知识产权共有。《著作权法》第 13 条第 1 款规定,两人以上合作创作的作品,著作权由合作作者共同享有。

选项 B 正确。《著作权法》第 25 条第 1 款规定,著作人身权不可转让,只能转让著作财产权。

选项 C 错误,选项 D 正确。《著作权法实施条例》第 9 条规定,合作作品不可以分割使用的,其著作权由各合作作者共同享有,通过协商一致行使;不能协商一致,又无正当理由的,任何一方不得阻止他方行使除转让以外的其他权利,但是所得收益应当合理分配给所有合作作者。甲以丙公司"没有名气"加以拒绝,不属于"正当理由"。乙有权独立与丙公司签订合同,但应当将所得合理分配甲一部分。

国家统一司法考试真题

甲、乙、丙、丁四人合作创作一部小说,甲欲将该小说许可给某电影制片厂改编后拍成电影,乙则想把它许可给某网站在网络上传播,丙对这两种做法均表示反对,丁则不置可否。对此,下列哪一选项是正确的? (2008 卷三单选 19)

A. 如果丙坚持反对,甲、乙均不能将作品许可他人使用

B. 甲、乙有权不顾丙的反对,将作品许可他人使用

C. 如果丁同意,则甲、乙可以不顾丙的反对将作品许可他人使用

D. 如果丁也表示反对,则甲、乙不能将作品许可他人使用

【答案】 B

【考点】 知识产权共有的权利行使方式

【解析】《中华人民共和国著作权法实施条例》第 11 条规定,合作作品不可以分割使用的,合作作者对著作权的行使如果不能协商一致任何一方无正当理由不得阻止他方行使。甲乙进行许可他人使用,丙无正当理由不得阻止,B 项正确。

第七节 知识产权的消灭

一、知识产权消灭的种类

对于知识产权的消灭,各国立法一般不作专门规定,而理论见解也基本一致。依不同的标准,可以将知识产权的消灭划分为以下几类:

（一）绝对消灭和相对消灭

以导致知识产权消灭的原因是主观和客观原因为依据,可以将知识产权消灭划分为绝对消灭和相对消灭,又称客观上之消灭与主观上之消灭。绝对消灭是指知识产权人对某特定知识财产的知识产权因知识财产超过有效期限或被权利人抛弃而永久性消灭。知识产权人抛弃知识财产的,自抛弃时起,知识产权消灭,该财产进入公共领域,任何人得以自由实施。知识产权的相对消灭,是指知识产权人丧失对某特定知识财产的知识产权,但该知识产权转归其他人享有。

此种情形下的知识产权的消灭的实质即知识产权的转让、赠与等。

（二）因法律行为而消灭与因其他原因而消灭

以导致知识产权消灭的行为是法律行为还是事件为依据，可以将知识产权消灭划分为因法律行为而消灭与因其他原因而消灭。因法律行为而消灭是指权利人因法律行为而导致的知识产权的丧失，如转让、赠与和抛弃。因其他原因而消灭，是指权利人因法律行为之外的原因而导致的知识产权的丧失，如作为知识产权人的自然人死亡和作为知识产权人的法人的终止等。

（三）自愿消灭与强制消灭

以导致知识产权消灭是出于知识产权人自愿还是被强制为依据，可以将知识产权消灭划分为自愿消灭与强制消灭。所谓知识产权的自愿消灭是指知识产权人自愿放弃知识产权的情形，如权利转让和权利抛弃等。知识产权的强制消灭是指基于某种原因而被强制剥夺知识产权的情形，如强制执行等。

二、知识产权消灭的主要原因

（一）知识产权客体灭失

作为知识产权法律关系客体的知识财产的灭失，可能导致知识产权的消灭。如果一项知识财产仅以唯一的载体为表现，若该载体灭失，而该复杂的知识财产不足以靠记忆得以重现，该知识财产即灭失，其上的知识产权自然也不复存在。值得说明的是，不是每一个知识财产和其上的知识产权都会因载体的灭失而灭失和消灭。

拓展贴士

现代人所做的一首五言绝句，其进入知识产权法领域的途径是必须满足知识财产的法律特征，载体特征是其中之一。如果唯一的原稿灭失的，由于五言绝句非常容易记忆，因此，该知识财产并未灭失。

（二）超过法定期限

知识产权可以分为有期限知识产权和无期限知识产权。对于有期限知识产权而言，超过法定期间即失去效力。专利权、著作权和商标权具有期限性。专利权的期限和著作权的期限是非常明确的：发明专利权的保护期限为 20 年，实用新型专利权和外观设计专利权的保护期限为 10 年，均自申请日起计算；自然人作品的著作财产权保护期限为作者终生与死后 50 年，法人作品的著作财产权的保护期限为 50 年,一般从作品首次发表时开始计算。无论是专利权还是著作权的保护期限都不得延展。商标权虽有期限性,但是与专利权和著作权相比,又有所不同。从全球各国的立法来看,商标法都允许商标进行续展注册,而且续展次数不限。商业秘密权和非物质文化遗产权利被认为是无期限的,权利人不会因期间的经过而丧失权利。

（三）知识产权转让

知识产权转让是知识产权消灭的最为主要的原因之一。所谓知识产权转让,是指知识产权人基于自己的意志,依法将自己专有的知识产权转移给他人的法律行为。

（四）权利抛弃

一般情况下,法律允许财产的权利人以单方的意思抛弃自己所享有的财产权。知识产权人抛弃其知识产权的,知识产权随之消灭。

拓展贴士

知识产权的权利抛弃和物权不同,如将画稿抛弃,先占的人可以获得被抛弃的画稿的物权,但是,任何人不可以获得被抛弃的知识产权,而成为新的知识产权人。再者,物权的抛弃无需明示,对物的抛弃构成权利抛弃;而对知识产权的抛弃需要明确的意思表示,非以明确意思表示,如对载体的抛弃不能认为是对知识财产和知识产权的抛弃。

抛弃知识产权的权利行使为知识产权行使的特殊方式,仍需要遵守知识产权法的基本原则,如不得损害国家、集体和他人利益。与物权不同的是,物权人抛弃物权,先占人取得物权,而知识产权人抛弃知识产权,知识产权即进入公共领域,任何人不得主张先占。

（五）知识产权主体消灭

作为知识产权主体的公民死亡或法人终止,二者均可引起其享有的知识产权的丧失。公民死亡（包括自然死亡和宣告死亡）后,其财产由继承人继承,或由受遗赠人接受遗赠,知识产权发生转移;法人终止（如解散、被撤销）后,其财产也转由其他有权的法人或者自然人享有。

（六）国家有关机关依法采取强制措施

国家有关机关依法采取强制措施分两种情况:第一种,人民法院通过审判程序,依法判决当事人的知识财产归国家或他人享有。在此情形下,知识产权人的知识产权丧失;第二种,知识产权行政管理部门通过法定程序确认知识产权无效或者被撤销的,当事人未提起诉讼的,知识产权消灭。

国家统一司法考试真题

甲创作并出版的经典童话《大灰狼》超过著作财产权保护期后,乙将"大灰狼"文字及图形申请注册在"书籍"等商品类别上并获准注册。丙出版社随后未经甲和乙同意出版了甲的《大灰狼》童话,并使用了"大灰狼"文字及图形,但署名为另一著名歌星丁,丁对此并不知情。关于丙出版社的行为,下列哪一说法是错误的?（2009卷三单选18题）

A. 侵犯了甲的复制权　　　　　B. 侵犯了甲的署名权

C. 侵犯了丁的姓名权　　　　　D. 侵犯了乙的商标权

【答案】　A

【考点】　著作权侵权及商标侵权的相关规定。

【解析】　A项错误。甲创作的《大灰狼》作品已经超过了著作权的保护期限,著作权消灭。因此,丙的出版行为并没有侵犯甲的复制权。

B项正确。《著作权法》第20条规定,作者的署名权、修改权、保护作品完整权的保护期不受限制。因此,丙的行为侵犯了甲的署名权。

C项正确。《民法通则》第99条第1款规定,公民享有姓名权,有权决定、使用和依照规定改变自己的姓名,禁止他人干涉、盗用、假冒。本题中,丙将甲创作的《大灰狼》童话署上丁的姓名的行为侵犯了丁的姓名权。

D项正确。乙已将"大灰狼"文字及图形申请注册在"书籍"等商品类别上并获准注册。丙擅自在"书籍"商品上使用"大灰狼"文字及图形的行为侵犯了乙的商标权。

第五章　知识产权的体系

●)) **要点提示**

　　重点概念:(1) 知识产权体系;(2) 完全知识产权;(3) 占有权能;(4) 使用权能;(5) 收益权能;(6) 处分权能;(7) 知识产权实施权;(8) 知识产权担保权;(9) 知识财产质押;(10) 知识财产抵押;(11) 知识财产留置。

●)) **本章知识结构图**

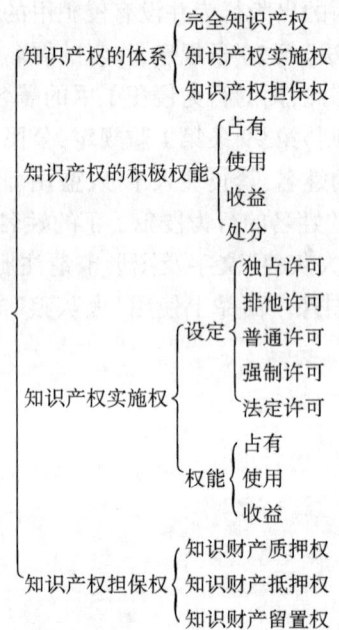

第一节　知识产权的体系概述

一、知识产权体系的概念

　　知识产权是由法律确认并保障的一项权利,一般被分为著作权、专利权、商标权、商业秘密权和非物质文化遗产权利等。但总则的目的不在于厘定这些概念,而是从概念出发,探寻与它们都密切相关,但其本身都难以覆盖的另外一些概念,正是这些概念使知识产权成为一个体系。所谓知识产权体系是指由法律确认的各类型知识产权组成的科学体系。知识产权体系这一概念涵盖了知识产权的各种类型,侧重的是各类知识产权之间的关系,及其形成的一个整体。知识产权体系由完全知识产权、知识产权实施权和知识产权担保权组成。我们通常称的知识产权一般侧重指完全知识产权。知识产权体系具有以下两方面的特征:第一,从宏观结构上讲,知识产权体系是由各类知识产权构成的一个有机整体。知识产权体系不是各类知识产权的简单相加,而是一个自足的逻辑体系,是由各类知识产权组成的一个有序系统。第二,从微观结构上讲,体系之内的知识产权,彼此联系,相互依存。

二、知识产权体系的结构

根据权利人享有的利益的不同,可以把知识产权分为完全知识产权、知识产权实施权和知识产权担保权,它们共同组成知识产权体系。

（一）完全知识产权

完全知识产权,简称知识产权,规范的是知识财产的归属关系。完全知识产权在知识产权体系中的地位,类似于所有权在物权体系中的地位。完全知识产权的取得可以分为原始取得和继受取得。原始取得的主要方式为劳动,依这种方式取得的知识产权是完全独立的。继受取得的主要方式是转让,通过转让取得的知识产权也是不受限制的(指财产权部分)。无论是通过何种取得方式,都不影响权利本身的性质,因此,无论是基于原始取得还是继受取得,知识产权人对自己的知识财产所享有的专有权均为"完全知识产权"。完全知识产权是"对知识财产依法进行全面支配的权利"[1],具备知识产权的全部权能。

（二）知识产权实施权

所谓的知识产权实施权,是指实施权人通过知识产权许可依法对他人的知识财产享有的占有、使用和收益的权利。通常情况下,被许可人往往通过知识产权许可并进行登记获得知识产权实施权。确立知识产权实施权的基本目的在于使被许可人通过知识产权许可,成为"知识产权人",其享有的实施权为绝对权。

（三）知识产权担保权

日本《民法》和我国台湾地区"民法"对担保物权的设计被认为是遵照了"法

---

[1] 吴汉东:《关于知识产权私权属性的再认识——兼评"知识产权公权化"理论》,载《社会科学》2005 年第 10 期。

定担保物权——意定担保物权"的路线。① 这一路线同样适用于知识产权担保权。按照法定权利优先于意定权利的顺序进行排列,知识产权担保权的顺序分别为:知识财产留置权、知识财产质押权、知识财产抵押权。

拓展贴士

当前,无论在立法上,还是司法实践中,乃至学理上,自足的知识产权体系都尚未建立起来。谈及知识产权,立即转入了著作权、商标权、专利权、商业秘密权等具体知识产权,而忽视了对知识产权自身的应有关注。完善的知识产权权利体系应该建立,这个体系的基本顺序结构为"完全知识产权——知识产权实施权——知识产权担保权"。知识产权权利体系是知识产权制度走向成熟的标志之一。

第二节　完全知识产权概述

一、完全知识产权的概念和特征

（一）完全知识产权的概念

完全知识产权,简称知识产权,是指权利人对自己的知识财产所享有的专有并排除他人干涉的权利。从民事法律关系角度看,完全知识产权的主体是知识产权人,客体是知识财产,内容是知识产权人对其知识财产享有的专有并排除非权利人干涉的权利。作为一种私法上的财产权利,完全知识产权和所有权的功能一致,如无特别说明本节讲的知识产权仅指完全知识产权。

（二）完全知识产权的法律特征

与知识产权实施权和知识产权担保权相比,完全知识产权具备以下特征:

（1）自权性。完全知识产权是知识产权人对自己的知识财产所享有的专有权利,无需任何中介的介入就可以直接、无条件地控制并实现其权利。完全知识产权的这一特征,使它与知识产权实施权和知识产权担保权区别开来。

（2）完全性。顾名思义,完全知识产权是完全的知识产权,而占有不完全的知识产权。完全知识产权人在法律允许的范围内享有对知识财产的占有、使用、

---

① 常鹏翱:《物权法体系结构探讨》,载《法学杂志》2005 年第 3 期。

收益和处分的所有权能。而知识产权实施权和知识产权担保权则为不完全知识产权,只具备完全知识产权权能中的某个或者某些方面。

（3）期间法定性。完全知识产权的效力期间仅受法律的限定,不得约定;而知识产权实施权和知识产权担保权的效力期间有法定也有约定。

（4）单一性。完全知识产权虽然具备四项权能,但它不是这些权能的简单累加,而是一项权利。对其中任何一项权能的侵害,都构成对完全知识产权的侵害。

（5）弹力性。弹力性又称可回复性,是指完全知识产权的权能可以通过设定知识产权实施权和知识产权担保权而与完全知识产权暂时分离,当知识产权实施权和知识产权担保权消灭时,那些离开完全知识产权的权能便复归原位,完全知识产权回复到原来的圆满状态。

二、完全知识产权的地位

在知识产权体系内,完全知识产权处于核心地位。知识产权实施权和知识产权担保权基于他人的完全知识产权而产生,没有完全知识产权就不能产生知识产权实施权和知识产权担保权。居于核心地位的完全知识产权与知识产权实施权和知识产权担保权相互运动,其基础是完全知识产权的弹力性。市场经济的发展结果是使完全知识产权不断向知识产权实施权和知识产权担保权转化,即将知识财产的实施收益权能(实施价值)转化为知识产权实施权,而归属于实施权人;将知识财产的处分权能(交换价值)转化为知识产权担保权,而归属于担保权人。从而,完全知识产权人取得对价或者获得融资,以此来实现知识财产的价值。而一旦知识产权实施权和知识产权担保权消灭,其分离的权能则复归原位。

第三节　完全知识产权的权能

一、完全知识产权权能概述

（一）知识产权权能的概念

知识产权的权利内容包括积极权能和消极权能两个方面的内容。知识产权的每项权能都是知识产权这个权利不可缺少的组成部分,是知识产权的作用的体现。知识产权的权能和权利是部分和整体之间的关系,知识产权的权能是组成知识产权的部分,知识产权是由知识产权权能组成的整体。从权利实现的角度看,知识产权的实现过程是权利的行使过程,而非权能的行使过程。因此,不能机械看待二者的关系,更不能将它们人为地割裂开来。然而长期以来,权利和权能关系问题都是知识产权法上的一个模糊问题,甚至出现过将权利限制也作为权利或者权能进行规定的混乱场面。

拓展贴士

在知识产权法产生的早期,有的国家的《专利法》将权利限制条款与专利权人的"制造权"、"使用权"等平等地列出一套"临时进入他国领土权"、"非商业性实施权"之类;在《著作权法》中,与作者的"复制权"、"翻译权"等平等地列出一套"学习使用权"、"合理引用权"、"免费表演权"之类。后来,人们慢慢意识到:"非商业使用权"、"学习使用权"之类,已不再是权利人的权利,而是权利人之相对人的权利。[①] 所以,深入研究知识产权领域权利与权能之间的关系,权能之间的关系以及权能的划分与分离具有重大理论意义。

(二) 知识产权权能的分类

(1) 积极权能和消极权能。知识产权的权能可以分为积极权能和消极权能两种基本形式。知识产权的积极权能是指知识产权人为实现权利、享有利益而可能行使的对知识财产的各种支配行为。知识产权消极权能是指权利人禁止他人实施具体的侵害行为并排除他人具体的干涉的权利内容。

(2) 积极权能和消极权能之间的关系。积极权能和消极权能是互补关系。积极权能与消极权能相互独立,积极权能和消极权能的内容都是稳定的,二者互不干涉,互不交叉,也不发生转化。积极权能是以权利人主动实施权利获得利益为内容,而消极权能则是以保护权利免受侵犯为内容。单有积极权能,而没有消极权能,权利的行使便因处处受到妨害而无法实现;单有消极权能,没有积极权能,权利本身变得没有实际价值和意义。只有将积极权能和消极权能统一于权利之中,所有权和知识产权才得以顺利实现。以专利权为例,专利权的积极权能指向的行为是"按照特定技术方案来生产产品",而专利权的消极权能所指向的行为是"禁止他人按照特定技术方案来生产产品"。

二、知识产权的积极权能概述

(一) 知识产权积极权能的概念

知识产权的积极权能是指知识产权人为实现权利、享有利益而可能行使

① 参见郑成思:《知识产权与物权的权利限制》,载《法制日报》2004 年 9 月 2 日。

的对知识财产的各种支配行为。知识产权的积极权能和所有权的积极权能具有一致性,但也有区别。知识产权的积极权能分为占有、使用、收益和处分四项。

（二）积极权能之间的关系

我国学界普遍认为知识产权权能之间非整合关系,而是分离关系,知识产权的各项权能之间是相互独立的。有大量学者提出著作权、专利权和商标权都是权利集合,并分别包含许多单独的权利。把各项具体知识产权定位于权利的集合,没有任何理论和立法根据。权利和权能之间的基本关系是整体和部分之间的关系,权利的内容并不止于抽象的存在,而是通过若干具体形式加以体现的,这些形式即权能。

拓 展 贴 士

因此,权能是没有绝对的独立性的,是不能主张制造权、使用权、许诺销售权、销售权和进口权相互独立的,更为严格地说,将这些权能冠以"权"的称谓本身就存在问题,而这个错误的称谓又在实践中强化了人们的错误认知。因此,各项具体知识产权权能之间也是整合关系,不是分离关系,是不能截然分开的。

（三）知识产权权能的分离

知识产权权能的分离,是指构成知识产权的占有、使用、收益和处分权能中的一项或数项暂时脱离原知识产权人而为他人所享有的情形。知识产权的部分权能或全部权能,可通过设定知识产权实施权和知识产权担保权或者其他形式与知识产权发生分离。当然,知识产权的四种权能都可以和知识产权发生分离,但是不能同时都发生分离。如果同时都发生了分离,则知识产权就不存在了。

三、知识产权的占有权能

知识产权的积极权能划分为占有、使用、收益和处分四项权能。

（一）占有权能的概念

所谓占有权能,就是通过自己的意思支配和控制知识财产并决定其命运的权能。占有权能的功能与所有权的占有一致。学者们一般认为,知识产权往往被作为一种区别于物权的财产权,其客体是无形的,因而不发生有形控制的占有。[1] 这

---

[1]　吴汉东:《无形财产权的若干理论问题》,载《法学研究》1997 年第 4 期。

种观点是不当的。思想是不能被身体与四肢等物理手段来"占有"的,但这并不是说知识财产不能占有,而知识财产恰恰是可以通过"意志"加以占有的。无论是在知识产权中还是在所有权中,使占有发生法律效力的都是"占有意志"而不是"占有工具",即意志占有才能发生法律效力,物理占有只是意志占有的表现。知识产权的占有权能和所有权的占有权能的最显著区别在于,知识产权人占有的是知识财产,本质是思想的表达,即知识;而所有权人占有的是物,本质为物质。

拓展贴士

　　以知识产权确权之诉(确认之诉)为例,由于知识财产的本质是思想的表达,是无形的,因此不可能被任何人通过"占有"而加以控制,因此,一般情况下,往往通过知识产权归属的确认,就可满足当事人的要求,实现当事人的权利。[①]除非知识财产的载体具有唯一性,才有必要通过给付载体的判决来实现知识财产的控制或者占有。当知识财产是密封的材料记载的商业秘密时,或当知识财产为著作等过于复杂脱离载体就难以再现时,法院依法判令争议的一方"返还"相关材料是十分必要的。而所有权的确认往往和返还直接联系,在对方占有物的情况下,仅仅确认所有权,不要求返还,则不能直接行使权利。

四、知识产权的使用权能

(一) 使用权能的概念

　　所谓知识产权的使用权能,是指权利人对知识财产加以利用的行为资格。使用权能在功能上与所有权的使用权能相当。知识产权的使用权能也是建立在知识财产的使用价值的基础之上的。但这并不排除知识产权交换价值的实现,如以知识产权设立担保等。从法律性质上看,作为知识产权的权能的使用,其实现主要有两种方式:第一,通过事实行为,自己实施知识财产实现知识财产的使用价值;第二,通过负担行为和处分行为,即通过知识产权许可授权他人实施知识财产。

---

① 参见林广海:《专利权属确认之诉的特点辨析》,载《人民司法》2006 年第 12 期。

拓展贴士

知识产权往往被作为一种区别于物权的财产权,它不发生有形损耗的使用。① 知识产权法学创始人皮卡弟认为,知识产品可以无限地再生,②说的就是知识产权的复制。郑成思先生一贯主张的知识产权的"可复制性(replicability)",其深意应不止于知识产权的客体可以被复制,而在于阐释知识产权的使用方式是反复实施的深刻道理。史尚宽先生说,知识产权的客体可为多次复制而不磨损,说的一方面是知识产权的客体的可复制性,另一方面则是知识产权人行使权利的方式为自己复制或者授权复制,而非对产品的实施。权利的行使方式是由权利的客体决定的,"知识产权法的对象必须是易于重制或者重现的",③与此相应,复制为知识产权的一种特色实施方式,但绝不是全部方式,比如担保就与复制无关。

国家统一司法考试真题

下列哪一行为构成对知识产权的侵犯?(2009 卷三单选 16 题)

A. 刘某明知是盗版书籍而购买并阅读

B. 李某明知是盗版软件而购买并安装使用

C. 五湖公司明知是假冒注册商标的商品而购买并经营性使用

D. 四海公司明知是侵犯外观设计专利权的商品而购买并经营性使用

【答案】 B

【考点】 对盗版图书的使用、对商品的使用以及对外观设计商品的使用,不构成对著作的使用、商标的使用和专利的使用,除非法律有明文规定。

【解析】 《计算机软件保护条例》第 30 条规定,软件的复制品持有人不知道也没有合理理由应当知道该软件是侵权复制品的,不承担赔偿责任;但是,应当停止使用、销毁该侵权复制品。因此,给予上述法律规定,李某应停止侵权行为,即 B 项正确。

---

① 吴汉东:《无形财产权的若干理论问题》,载《法学研究》1997 年第 4 期。

② 〔俄〕E. A. 鲍加特赫等:《资本主义国家和发展中国家的专利法》,载《国外专利法介绍》,知识出版社 1980 年版,第 2 页。转引自吴汉东:《知识产权法》,中国政法大学出版社 2004 年版,第 1 页。

③ 〔澳〕布拉德·谢尔曼、〔英〕莱昂内尔·本特利:《现代知识产权法的演进》,金海军译,北京大学出版社 2006 年版,第 59 页。

五、知识产权的收益权能

（一）知识产权收益权能的概念

知识产权的收益权能是指权利人享有和获取因实施知识财产形成的利益的权能。知识产权的收益权能和所有权的收益权能具备同样的功能，权利人对知识产权的收益，为事实行为。知识产权人对知识产权的收益权能的实现，就是通过自己实施或者授权他人实施而享有收益，包括因设定知识产权实施权和知识产权担保权，进行普通许可、转让、出资、融资等享有收益。

（二）知识产权收益权能的内涵

知识产权人通过权利的行使而享有利益的行为，不是法律行为，不以意思表示为要素。知识产权的权能可以分离，因此，知识产权人自己可以实现知识财产的价值并享有利益，也可以通过授权他人行使并享有利益。

六、知识产权的处分权能

（一）知识产权处分权能的概念

知识产权的处分权能，是指对知识财产进行处分的权能，包括法律处分和事实处分。知识产权的处分权能和所有权的处分权能具备同样的功能。

拓展贴士

学者有人主张知识财产性质为知识，不能进行事实处分。知识产权的处分权能以法律上的处分为主，而权利人也可以为事实处分，如自毁画作等。① 一旦知识财产得以通过载体表现出来并为公众所感知，权利人可能因该知识财产存在于多项载体之中，而丧失事实上的处分权，仅享有法律上的处分权。

有学者认为，知识产权不同于物权，主要原因在于客体是知识，而非物质，因此不发生消灭智力成果的事实处分。而对知识产权实施权人而言，限于知识财产的性质其仅能对知识财产进行法律上的处分，无法进行事实上的处分。权利人对知识财产实施处分的行为，在民法上称为处分行为。知识产权人对知识产权的处分，包括设定知识产权实施权和知识产权担保权，转让、出资、融资、抛

---

① 有鉴于此，有学者认为，知识产权不同于物权，主要原因在于客体是一种思想，而非物质，因此不发生消灭智力成果的事实处分。参见吴汉东：《无形财产权的若干理论问题》，载《法学研究》1997 年第 4 期。

弃等。

（二）知识产权的处分权能与所有权的处分权能的关系

知识产权的处分权能和所有权的处分一样既包含法律上的处分，也包含事实上的处分，但二者有一点重要的区别，知识产权的处分权能受到更多的限制。根据所有权的占有权能，所有权人可以决定在物理上消灭所有物，如吃掉一个苹果，烧毁一把座椅。但是，知识产权的处分权能要受到公共利益的限制，在与公共利益相违背的情况下，知识产权人不得对知识财产进行事实上的最终处分，只能进行法律上的处分。这是因为知识财产不同于物，法律对它的保护具有相对性，经过一段时间之后，大多数知识财产都会进入公共领域，成为人类的共有资源。正是从这一点看，日本学界把知识产权作为相对的财产权，而把所有权称为绝对的财产权。

七、知识产权的消极权能

（一）知识产权消极权能的概念

知识产权消极权能是指权利人禁止他人实施侵害行为并排除他人干涉的权利内容。知识产权的消极权能和所有权的积极权能具备同样的功能，均是以排除他人干涉为基本内容。

（二）知识产权消极权能与请求权的关系

无论从知识产权还是从所有权来看，权利的消极权能和请求权并不是相同概念。就知识产权而言，消极权能和请求权有以下区别：

第一，性质不同。知识产权的消极权能是知识产权这种民事权利的一个部分，或者说是一部分内容；而知识产权请求权，是民事权利的一种。

第二，产生不同。知识产权的消极权能随知识产权的产生而产生；而知识产权请求权则因知识产权受到侵害而产生。

第三，目的不同。知识产权的消极权能是知识产权的一部分，知识产权的消极权能没有利他的存在目的；而知识产权请求权的存在目的是利他的，它是以救济受到侵害的知识产权为目的。

第四节　知识产权实施权

一、知识产权实施权的设定

知识产权实施权属于知识产权的一种。知识产权实施权的设定是实现知识产权价值的重要方式。所谓知识产权实施权，是指对他人的知识财产，享有的在一定范围内实施和收益为内容的知识产权。知识产权实施权的设立分为原因行为和设定行为两个环节。

（一）原因行为

设定知识产权实施权的原因行为，是指设定知识产权实施权的债权合同，即知识产权许可合同。知识产权实施权的产生分为约定方式和强制方式两种。所谓的约定方式是通过知识产权许可合同而设定知识产权实施权的方式。强制方式是指通过非自愿许可（包括法定许可和强制许可）而产生的知识产权实施权。知识产权许可是产生知识产权实施权的基础关系，或称为原因行为。当事人设定知识产权实施权的原因行为应采要式方式，即书面形式（包括符合条件的数据电文形式）。

（二）设定行为与设定模式

知识产权实施权的设定模式为"法律行为 + 公示"。此处的"法律行为"为知识产权行为，而非原因行为。根据知识产权法定原则，只有在法律确认了知识产权实施权制度的前提下，当事人才能设立知识产权实施权。在双方缔结知识产权许可合同（原因行为）后，当事人双方须就设定知识产权实施权达成知识产权合意，并遵照公示公信原则进行登记，知识产权实施权才能产生。知识产权实施权的设定是处分行为，是关于知识产权本身的一个处分，属于知识产权行为。知识产权人设定知识产权实施权，不以移转原稿和手稿等载体的占有为必要。设定知识产权实施权的公示方式为登记。知识产权实施权的设定应进行登记，否则不发生知识产权实施权设定的效力，仅发生债权效力。

二、知识产权实施权的权能

知识产权实施权的内容包括积极权能和消极权能。知识产权实施权的消极权能以排除他人不正当干涉为内容，这里的他人是指知识产权实施权之外的所有权，包括完全知识产权人。完全知识产权的积极权能，包括占有、使用、收益和处分四项基本权能，知识产权实施权作为以完全知识产权为基础而产生的知识产权实施权和知识产权担保权，其权利内容为使用、收益和处分三项。

第五节　知识产权担保权

一、知识产权担保权的概念和特征

（一）知识产权担保权的概念

所谓知识产权担保权，是指为了担保债权的实现而在一定的知识财产之上设定的担保权。设定知识产权担保权是实现知识产权交换价值的重要方式。尽管目前人们对知识产权担保权还缺乏系统的了解，但是随着我国经济的进一步发展和知识产权法研究的深入,知识产权担保权制度必将受到重视。知识产权担保权与知识产权实施权共同被称作定限知识产权。知识产权实施权的目的在于实现知识产权的实施价值,而知识产权担保权则侧重于知识财产的交换价值,通过一定的方式利用知识财产清偿债权。在实践中,我国较早已经开展知识产权担保。

拓展贴士

在 1999 年,中国工商银行山西省忻州分行首开知识财产质押贷款之先河,办理了一笔商标专用权质押贷款 200 万元的业务。五年后,北京市商业银行办理了 100 万元的专利权质押贷款业务。以上两笔担保名为"质押",实为"抵押"。因为知识产权人仍保留了对知识财产的实施权。

2007 年修订通过的我国《科学技术进步法》第 18 条规定:"国家鼓励金融机构开展知识财产质押业务,鼓励和引导金融机构在信贷等方面支持科学技术应用和高新技术产业发展,鼓励保险机构根据高新技术产业发展的需要开发保险品种。"该规定为实践中的知识财产担保提供了法律依据。

(二) 知识产权担保权的特征

与完全知识产权和知识产权实施权相比较,知识产权担保权具有独特的法律特征:

第一,知识产权担保权以确保债务的履行为设立目的,设定担保知识产权的目的是为了担保特定债的履行。

第二,知识产权担保权是在他人的特定知识财产上设定的知识产权实施权和知识产权担保权。知识产权担保权的设立目的在于知识产权担保权是在他人(债务人或第三人)的知识财产之上设立的担保权。此处的"他人"是相对于债权人而言的,所以无论是债务人还是第三人,对于债权人而言均为"他人"。

第三,知识产权担保权以支配担保知识财产的交换价值为内容,属于知识产权的一种,具有知识产权的一般特性。知识产权担保权,具有知识产权的法律效力。在债务人不履行债务时,知识产权担保权人(债权人)可处分担保知识财产,并优先受偿,以实现债权。

第四,知识产权担保权具有特定性。知识产权担保权的特定性是指担保知识财产及其所担保的债权须是特定的。担保知识财产可以是专利、作品、商标、商业秘密和非物质文化遗产中的任何一项,但必须具体而特定。这是因为知识产权担保权在一定条件下必须被执行,只有与担保人的其他财产区分开而特定化的知识财产才能被有效执行。① 担保知识财产的特定性,原则上要求从担保设立时担保知识财产即为特定,但在浮动担保等制度中,担保知识财产于知识产权担保权被执行时方为特定亦被认为符合特定性要件。

第五,知识产权担保权具有从属性和不可分性。知识产权担保权虽然是一项独立的权利,但属于从权利,具有一定的从属性质,以担保债务的履行为目的。在担保知识财产关系中,知识产权担保权所担保的债权为主权利,因此通常称之为主债权;知识产权担保权则为从权利。知识产权担保权随着主债权的存在而存在,随着主债权的转移而转移,并随主债权的消灭而消灭。具体而言,知识产权担保权的从属性体现在以下三个方面:(1) 发生上的从属性。知识产权担保权往往基于约定而发生。对于约定担保而言,担保合同是设定担保物权的基础关系,担保合同和原合同之间是主从合同关系,原合同为主合同,担保合同为从合同。在这两个合同关系中,在担保合同没有特别约定的情况下,主合同无效,担保合同无效。(2) 转移上的从属性。主债权发生转移,知识产权担保权也随之发生转移。(3) 消灭上的从属性。主债权消灭,知识产权担保权也随之消灭。

知识产权担保权的不可分性是指作为知识产权担保权的标的的知识财产分割、部分转让、部分消灭等不影响知识产权担保权的存续及整体性;反之,知识产权担保权所担保的主债权的分割、部分转让或者部分消灭也不影响知识产权担保权的存续及其整体性。

(三) 知识产权担保权的功能

完全知识产权包括占有、使用、收益和处分四项基本权能,知识产权实施权的权能为实施、收益和处分三项。知识产权担保权的核心权能是收益、处分,即以该财产折价或者转让、实施、进行许可等方式获得的价款优先受偿。

二、知识产权担保权的起源

知识产权担保权起源于担保物权的权利质。可以看出,知识产权担保权萌芽于物权这棵大树之上。知识产权担保权的确立过程,正是知识产权冲破物权的观念和制度束缚逐步走向独立的历史过程的一个缩影。

(一) 知识产权担保权与担保的关系

在国际社会上,关于知识产权与担保之间关系的话题从未间断过。无论是WIPO 还是 WTO 等国际组织对知识产权的担保都予以了充分的肯定。国际保护知识产权协会针对知识产权担保进行了大量的研究工作。

---

① 由于非物质文化遗产不能转让,因此不能以转让为其担保权的实现方式。非物质文化遗产之上的担保权,主要是以对设定担保的非物质文化遗产的许可进行拍卖、变卖等为实现方式。

拓展贴士

国际保护知识产权协会(International Association for the Protection of Intellectual Property,简称 AIPPI)成立于 1897 年,是 WIPO 下属的非政府性知识产权咨询机构。2003 年 10 月 25—28 日 AIPPI 执委会全体对 173—175 三个议题的决议草案进行了讨论。在讨论第 173 题的工作委员会上,我国代表王宏祥提出建议:域名不适宜作为担保或担保物权的标的,因为域名尚未被普遍认定为一种财产权或知识产权;而且,在解决域名争端的措施尚不完备的情况下,把域名作为担保或担保物权的标的可能会对域名抢注反而起到鼓励作用。这个意见经过工作小组充分讨论,得到了部分认可,形成的决议草案修改为"由域名注册所带来的各种权利(而不是域名本身)可以成为转让、担保物权或物抵押等交易的标的"①。这一实例说明,AIPPI 坚持将知识产权的一种具体权利——域名权,列为可设定担保的权利之一,也就是坚持了知识产权可用于担保的基本立场。AIPPI 在知识产权可设定担保这个问题上的立场和态度都十分鲜明,这是值得肯定的。但 AIPPI 决议草案,并没有勇气突破旧的条框束缚,仍把域名注册的权利,纳入担保物权或者物抵押的范畴,则显然没有走到我们期望的目标。而将知识产权担保形成的权利笼统归结为物权,是和知识产权的特质相违背的,是传统法上权利质权列为担保物权观念的延续。

(二) 知识产权担保权与权利质权

知识产权担保权起源于权利质权。权利质权肇始于古罗马法,目前已为大陆法系和英美法系所普遍接受。遗憾的是,我国《民法通则》未规定权利质权,《担保法》仅对权利质权进行了原则性规定。权利质权制度,是以所有权、不动产用益权以外的可转让的财产权为标的的质权。② 物权中的权利质权制度,对知识产权法的最大贡献在于使知识财产的出质成为全球通行的一个法律制度。然而,也产生了一个弊端,就是抹杀了知识产权的独立性,使知识产权担保权成为物权的一部分。

(三) 知识产权担保权与抵押权

从全球的立法和经济实践看,知识财产质押和知识财产抵押制度形成较早,并成为无论大陆法系还是英美法系都普遍接受的制度。质押和抵押的本质区别

---

① 参见《国际保护知识产权协会(AIPPI)中国分会通讯》,http://www.aippi-china.org/main_03.html,2013 年 7 月 13 日访问。

② 胡开忠:《权利质权制度的困惑与出路》,载《法商研究》2003 年第 1 期。

在于质押关系中,当事人不得实施质押财产,包括出质人和质押权人;而抵押关系中,抵押人是可以实施抵押财产的。从这个角度看,在各国经济实践中普遍出现的知识财产质押,在实质上既包括了知识财产质押也包括了知识财产抵押,而后者占有更大的比例。知识产权用于设定"质押担保",而担保成立后,出质人仍自由实施出质的知识财产的情形,名为质押,实为抵押。换句话说,只不过在立法上实施的是质押这一概念而已。这种概念实施的不准确造成了两个严重的直接后果:第一,知识财产质押和知识财产抵押被混淆,从而抹杀了知识产权担保权的体系构建的可能性;第二,知识产权担保权被划归权利质,物权制度范围之内,从而使知识产权再次淹没在物权的洪流之中。

三、知识产权担保权的理论基础

一个债权制度高度发达的社会,必然会衍生出成熟丰富的担保权制度。构建知识产权担保权,是保障债权实现,担保债务履行的必要,是完善担保制度的必要。在物权法领域,以权利为客体也是担保物权被诟病最多之处。传统民法的担保制度仅承认知识财产质押权(权利质权),而忽视或者否定了知识产权的其他担保形式,并把它纳入了担保物权体系之内。在这种制度安排,相当于把知识产权担保权硬"塞"进担保物权的肚子之中,前者的发展受到钳制,而后者也严重消化不良。这是担保权理论发展不成熟、知识财产的作用尚未被完全认识的必然结果。知识产权担保权制度既是保障市场交易安全的重要手段,也是社会经济的有效调节工具。随着国家知识产权战略的制定和实施,以及财产观念和法律制度的演进,知识财产和知识产权在财产法上的地位日益隆显,并逐渐动摇"物"的核心地位,成为主要的社会经济资源,知识产权担保权必将获得极大的发展。因而,我国理论界和立法应与时俱进,确立知识产权担保权法律制度,促进知识产权战略的实施,促进市场经济的发展。

拓展贴士

知识产权担保权的观念源自担保权理论。担保是保障债权实现的一种方法,可以分为人的担保和物的担保。然而,在经济生活中,可以发挥融资担保作用的,不限于担保物权制度。[①] 随着知识财产作为独立的财产形式登上了历史舞台,建立财产担保制度,而走出狭义的物的担保制度成为历史的必然选择。在

---

① 参见梁慧星:《是"债权转让",还是"权利质押"?》,http://www.fatianxia.com/paper_list.asp? id=22643,2013 年 7 月 10 日访问。

传统法上,仅存在物的担保和担保物权,即便在不得已承认知识财产质押权的情况下,也把这种权利归结为担保物权。从结果上看,知识财产被排除在了担保制度之外。因为那个时代知识财产本身就不具备和"物"相比较的独立地位。但时至今日仍不能或者不愿正视知识财产担保,甚至反对知识产权担保权这一概念,则是属于没有看到时代的步伐的落伍观念。

我国法所确立的担保,可以分为人的担保和"财产的担保",而不限于"物的担保"。这一点无论是从《民法通则》还是《担保法》的相关规定都可以看出。同样,我国《物权法》在担保中,也实施了"财产"这一立法概念。我国《民法通则》的有关规定是知识财产担保的基本法依据。我国《民法通则》第89条建立了担保制度,并且并未把担保权的标的仅限于"物",而是扩大到一切"财产"。根据《民法通则》第89条的规定,债权人可以采取保证、抵押、定金和留置的担保方式。具体包括:第一,保证人向债权人保证债务人履行债务,债务人不履行债务的,按照约定由保证人履行或者承担连带责任;保证人履行债务后,有权向债务人追偿。第二,债务人或者第三人可以提供一定的财产作为抵押物。债务人不履行债务的,债权人有权依照法律的规定以抵押物折价或者以变卖抵押物的价款优先得到偿还。第三,当事人一方在法律规定的范围内可以向对方给付定金。债务人履行债务后,定金应当抵作价款或者收回。给付定金的一方不履行债务的,无权要求返还定金;接受定金的一方不履行债务的,应当双倍返还定金。第四,按照合同约定一方占有对方的财产,对方不按照合同给付应付款项超过约定期限的,占有人有权留置该财产,依照法律的规定以留置财产折价或者以变卖该财产的价款优先得到偿还。[①] 我国《担保法》同样未将担保的标的限于"物",也采用了"财产"这一广泛得多的立法概念。在第三章关于"抵押"的规定中,该法第33条规定:"本法所称抵押,是指债务人或者第三人不转移对本法第34条所列财产的占有,将该财产作为债权的担保。"明确实施了"财产"概念。在第四章质押中,将质押分为动产质押和权利质押,其标的为"财产",而非"物"。

据此可以得出结论,在我国法上的担保被分为人的担保和财产的担保。人的担保为保证,通过人的担保而确立的权利在性质上属于相对权;而通过财产的担保而成立的权利,性质上属于绝对权,可称为"担保权"。关于担保权理论,其实一直都存在,比如有学者认为担保物权属于一种担保权。[②] 只不过在一般情况下,担保权未被明确提及,而只是以隐性的形式出现,所以,常为人们忽视。所

---

① 参见《民法通则》第89条。
② 参见马俊驹、余延满:《民法原论》,法律出版社1998年版,第464页。

谓担保权是指为了担保债权的实现而在一定的财产之上设定的绝对权。依据担保权的不同标的,可以将担保权分为担保物权、知识产权担保权和担保信息财产权。① 这样,知识产权担保权从物权体系下得以解放。进而,就大陆法系的财产权体系而言,可以做这样的划分:财产权划分为完全财产权与定限财产权,定限财产权又可以分为用益权和担保权。

拓展贴士

传统法上存在的担保权理论,为大陆法系最具代表性的新近民法典《荷兰民法典》所实践。1838 年《荷兰民法典》大体是在改编和扩充的基础上对《法国民法典》的翻译。② 历经百年,这部法典被认为出现了"过时的迹象"。莱顿大学民法学教授梅杰斯(Eduard M. Meijers)被委任编写一部新的民法典。在诸多法学家的努力下,新的《荷兰民法典》的核心部分第 3 编、第 5 编和第 6 编于 1992 年生效。《荷兰民法典》由于在财产法上的贡献,被誉为当代民法法典化中"最为先进的代表"。《荷兰民法典》第 3 编为财产法总则,是关于财产的一般规则。第 5 编物权、第 6 编为债法、第 9 编为知识产权法。从体系结构看,物权、知识产权均为财产权。③ 在第 3 编财产法总则中,第 8 章规定了"用益权",第 9 章规定了"质押权和抵押权",第 10 章"财产上的追索权"中第四节规定了"留置权"。在此,《荷兰民法典》将此典型的三种担保形式放在第 3 编财产法总则中,而不是放在第 5 编物权法中的理由已经十分清楚:一切财产均得以平等地成立质押权、抵押权和留置权,并不以"物"为限,知识财产就是典型。所以,有学者认为《荷兰民法典》将担保物权规定在财产法总则之中,实为对担保权的误读④,这恰恰是后人对法典的误读,反而认为正确是错误。其错误在于把"担保权"当成了"担保物权"。

综上,面对各国积极制定和实施知识产权战略的社会现实,立足先进的立法

---

① 详见齐爱民:《捍卫信息社会中的财产——信息财产法原理》,北京大学出版社 2009 年版。

② 参见〔荷兰〕亚科布·海玛(Jaap Hijma):《1992 年荷兰新民法典概况》,载《比较法研究》2006 年第 1 期。

③ 《荷兰民法典》的第 6 编标题为"债法总则",而第 5 编为"物权"。立法概念是十分讲究的,此处实施了"债法"用语,放弃了"债权",这是一个细节,但是,是不容忽视的细节,因为债权不是财产权,只是和财产有关的权利。避免直接实施"债权"这个概念,可避免人们产生将法典确立的"债权"理解为"财产权"的偏差。

④ 参见吴民许:《荷兰民法典中的用益权制度》,http://www.148com.com/html/fgjd/01/20080221/3511.html,2013 年 7 月 9 日访问。

理论和经验,我们主张构建知识产权担保权制度,以全面调整担保关系,发展担保理论。

四、知识产权担保权的分类

（一）知识财产抵押权、知识财产质押权和知识财产留置权

知识产权担保权可以分为知识财产抵押权、知识财产质押权和知识财产留置权三种。知识财产抵押权是指债务人或第三人将特定知识财产作为抵押财产从而担保债务的履行,当债务人不履行债务时,债权人有权从该抵押财产的价值中优先受偿的权利。知识财产质押权,指债务人或第三人将特定知识财产作为质押财产从而担保债务的履行,当债务人不履行债务时,债权人有就该担保财产优先受偿的权利。知识财产留置权是指债权人因合同关系控制债务人的知识财产,在债务人不按合同约定的期限履行债务时,有权依法留置该知识财产,并以该财产折价或者转让、实施、进行许可等方式获得的价款优先受偿的权利。知识财产抵押权、知识财产质押权和知识财产留置权的标的均为知识财产,但是在这三项权利中,知识产权人对知识财产的实施是不同的。在知识财产抵押权关系中,知识产权人可以实施知识财产(如进行许可),但是其处分权受到限制;而在知识财产质押和知识财产留置关系中,知识产权人不得(或者无法)实施知识财产,并且也不得(或者无法)进行知识产权许可。

（二）约定知识产权担保权和法定知识产权担保权

以产生的方式为标准,知识产权担保权可以分为约定知识产权担保权和法定知识产权担保权。约定知识产权担保权为当事人按照意思自治原则约定设立的知识产权担保,而法定知识产权为根据法律的直接规定而产生的知识产权担保权。知识财产抵押权、知识财产质押权是当事人按照意思自治原则设立的,属于约定知识产权担保权;知识财产留置权是依法产生的,属于法定知识产权担保权。

五、知识产权担保权的实现方式

（一）知识产权担保权实现方式概述

知识产权担保权的实现,总体上说是以该财产折价或者转让、实施、许可等方式获得的价款优先受偿。担保物权一般是以担保物折价、变卖、拍卖的价款从中受偿。而知识产权担保权的受偿方式要多得多。由于知识财产和物的不同特性,因此,就知识产权担保权而言,不仅可以以实现担保物权的方式得以实现,而且还可以以知识产权的特有方式得以实现,即除了转让之外,还有知识产权许可、知识产权出资、知识产权融资和知识产权实施等方式。

（二）约定实现方式

根据绝对权法定原则,知识产权担保权的实现方式应该由法律加以规定。我国《担保法》就是如此。但在实践中,过于僵化的规则导致了诸多的不便,给担保权人实现担保权带来了困难。因此,《物权法》突破了这一规则,将实现担保权的条件和方式等规则规定为任意规范,允许当事人约定。根据《物权法》第170条的规定,担保物权人在债务人不履行到期债务或者约定的情况下,可从担保财产优先受偿。而《物权法》修正了我国《担保法》关于担保物权的实现条件,将实现担保物权的条件交由当事人自由约定,体现了意思自治原则。根据《物权法》第195条的规定,抵押权人与抵押人未就抵押实现方式达成协议,抵押权人可以请求人民法院拍卖或者变卖抵押财产,完善了担保物权实现的途径。

（三）实现过程

以担保知识财产折价或拍卖、变卖而受偿的,价款超过债权的部分应返还担保人,不足部分应由债务人补足(而不是担保人补足)。当担保权人以知识产权行使的方式,获得清偿的,价款超过债权的部分应返还知识产权人,不足部分应由债务人补足(而不是知识产权人补足)。

六、知识产权担保权的消灭

知识产权担保权因以下原因归于消灭:

第一,因主债权消灭而消灭。知识产权担保权是依附于主债权而存在的,主债权消灭,知识产权担保权消灭。知识产权担保权所担保的债权为主权利,知识产权担保权为从权利,当主权利消灭之时,从权利无从存在。主债权消灭的原因很多,如债务清偿、混同等。

第二,知识产权消灭。知识产权因法定期间的届满而消灭。知识产权消灭的,知识产权担保权消灭。当完全知识产权消灭,知识产权实施权和知识产权担保权自然无存在基础,亦消灭。

第三,担保期间届满。担保期间届满,知识产权担保权消灭。债权人要求担保人承担担保责任的实体权利归于消灭,担保人免除担保责任。

第四,提供其他替代担保方式。债务人提供其他替代担保方式,债权人同意的,知识产权担保权消灭。

第五,担保权的实现。当债务届清偿期,知识产权担保权人可行使担保权,优先受偿其债权。而无论受偿结果是全部受偿还是部分受偿,知识产权担保权均消灭。值得注意的是,当实现知识产权担保权的方式不是选择转让,而是选择了其他的知识产权行使方式,如实施许可,获得知识产权许可费的方式,则担保权的实现为一个持续的过程,应该以主债权的全部清偿为标准。

第六节 知识财产质押

一、知识财产质押概述

（一）知识财产质押的概念

知识财产质押是指因担保债权的履行,债权人通过登记以债务人或第三人的特定知识财产作为担保,当债务人不履行债务时,债权人得以就该财产折价或者转让、实施、进行许可等方式获得的价款优先受偿的权利的法律制度。其中,债权人得以就该财产折价或者转让、实施、进行许可等方式获得的价款优先受偿的权利为知识财产质押权。质押作为财产担保的一种方式,对保障交易安全和债权的实现,具有重要意义。根据我国《担保法》的规定,依法可以转让的商标专用权、专利权和著作权中的财产权可以质押。[①] 这在传统民法上被称为权利质押。质押,是指因担保债权而占有由债务人或第三人移交的特定财产或者权利,在债务人不履行债务时,就将该特定财产或权利折价、变卖或者拍卖的价金而优先受偿。[②] 知识产权的质押是我国《担保法》明文规定的一种担保方式,也是目前立法上唯一确认的知识产权担保方式。自罗马法开始,知识财产质押就被称为权利质。

拓展贴士

知识财产质押权的实质,是在"知识财产"之上创设一个"绝对权",由权利人(质押权人)"占有""知识财产"。就知识财产质押的情形,则多为法律上的"占有",质押权人通过办理"质押登记",以实现"占有"。知识财产质押权以"出质登记"为生效要件,"出质登记"一旦被"涂销",其知识财产质押权即应归于消灭。

（二）知识财产质押权的属性

知识财产质押权是当事人以质押合同为基础关系,通过登记而设立的,其性质为绝对权,而非债权。我国学界对于权利质权的性质有以下四种认识:第一,动产质权说。该说把知识产权等权利界定为"无形动产",认为以此类权利设定

[①] 参见我国《担保法》第 75 条第 3 款。

[②] 参见马俊驹、余延满:《民法原论》,法律出版社 1998 年版,第 481 页。

的质权,亦被包含于动产质权之中。《法国民法典》即是如此来为权利质权定位的(第2075条)。第二,特别质权说。该说将动产质押权视为一般质押权,而将知识财产质押权视为质押权的特殊形态。第三,准质权说。该说认为,各国民法关于权利质权的规定,除个别特殊规则外,准用动产质押的一般规定。第四,典型质权说。该说认为权利质权与动产质权,皆为典型的质权形式。上述观点,是把知识财产质押权放入担保物权的框架下进行归纳和讨论而得出的结论,其出发点本身就存在问题。从历史的眼光来看,权利质权确曾是动产质权(甚或包括不动产质权)的补充形式,从其早期的立法来看,以质权的特殊形式或"准质权"待之,并无不妥。但随着社会生活的发展和法律的完善,今日仍以此观念待之,殊不可取。① 知识财产质押权为知识产权担保权的一种。知识产权担保权和担保物权是两类不同的权利形式,知识产权担保权和担保物权同为担保权的下位概念。知识财产质押权和动产质押权是两种不同"族谱"的担保权利,知识财产质押权并非担保物权之下的质权的另一种形式。

(三) 知识财产质押的特征

与知识财产抵押相比,知识财产质押最大的特征就是知识财产一旦出质,任何人都不得再行实施,包括知识产权人在内。允许质押权人利用出质财产,与质权的性质与功能不符合。质押权本身就具备"擅自实施和处分出质财产的禁止"条款,选择质押权,就必须遵守这个条款,不得"擅自实施和处分出质财产"。这个禁止规范,既适用于出质人,也适用于质押权人(债权人)。

二、知识财产质押的设定

(一) 知识财产质押合同的内容

知识财产质押合同是当事人协议以设定知识财产质押为内容的债权合同。由于质押是一种颇为复杂的法律行为,故各国立法皆要求质押合同应以书面形式为之,我国法律亦然。知识财产质押合同的内容一般应包括:(1) 被担保债权的种类和数额;(2) 债务人履行债务的期限;(3) 质押财产的名称、数量、状况及权利人;(4) 担保的范围;(5) 质押财产登记的时间。②

(二) 知识财产质押合同的形式

质押合同应为要式合同。有学者认为,抵押合同不需要要式,因为最高人民法院早在1988年发布的《关于贯彻执行〈中华人民共和国民法通则〉若干问题的意见(试行)》就有相关规定。③ 该意见第112条中规定:"没有书面合同,但有

---

① 参见刘保玉、赵军蒙:《权利质权争议问题探讨与立法规定的完善》,http://ask. lawtime. cn/lun-wen/jjfdanbao/2006102649119.html,2013年7月11日访问。

② 参考了我国《物权法》第210条,有改动。

③ 参见李国光:《担保法新释新解与适用》,新华出版社2001年版,第871页。

其他证据证明抵押物或者权利证书已交付给抵押权人的,可以认定抵押关系成立。"就知识财产质押权而言,是对基础关系和知识产权担保权的设定行为相区分的结果,基础关系或者说原因行为不影响知识产权担保权的设定效力,知识产权担保权因设定担保的行为而发生效力,而不是直接基于债权合同发生效力。我国《物权法》第 210 条规定:"设立质权,当事人应当采取书面形式订立质权合同。"因此,为保障交易安全,减少纠纷,准确反映质押关系,应将知识财产质押合同界定为要式合同,以书面形式为必要。

(三) 知识产权的出质与登记

1. 登记的效力

知识产权的出质是指签订知识财产质押合同之后的以知识产权设定质押的具体过程。知识产权出质的主要形式为登记。我国《担保法》曾规定质押合同自办理抵押物登记之日生效。这使得进行质押担保的债权合同,和设定质押权的法律行为发生混淆。知识财产质押合同为债权合同,性质上属于负担行为,仅发生债的效力;而登记,则为设定知识产权担保权的行为,性质上属于处分行为,发生产生知识产权担保权的效果。因此,知识财产质押合同是否生效,以合同的生效要件来判断,与是否登记无关;而知识财产质押合同生效,也不意味着知识财产质押权的成立,唯有经过登记,知识财产质押权才得以设立。我国《物权法》第 227 条规定:"以注册商标专用权、专利权、著作权等知识产权中的财产权出质的,当事人应当订立书面合同。质权自有关主管部门办理出质登记时设立。"梁慧星教授主持拟订的我国物权法建议稿第 7 条中曾明确将"物权变动与其原因行为的区分原则"设为物权法的基本原则之一。

2. 出质方式

根据知识产权的不同分类,知识产权出质可以被分为商标权出质、专利权出质、著作权出质、商业秘密权出质、非物质文化遗产权利出质等形式。(1) 商标权出质。我国《担保法》第 79 条规定:"以依法可以转让的商标专用权、专利权、著作权中的财产权出质的,出质人与质权人应当订立书面合同,并向其管理部门办理出质登记。"依照我国《商标法》第 2 条规定,商标专有权的管理部门是国务院工商行政管理局商标局。因此,以商标权出质的,应该到工商行政管理局进行出质登记。(2) 专利权出质。按照我国《担保法》规定,以专利权中的财产权出质的,应当订立书面合同,并向专利权管理部门办理出质登记。我国的专利管理机关指国务院有关主管部门或者地方人民政府设立的专利管理机关。(3) 著作权出质。著作权中的精神权利不能转让,不能出质,能出质的仅为财产权。我国《著作权法》实行自动保护原则。但就著作权设质而言,应该进行登记,取得公示。这也是和《担保法》的相关规定一致的。以著作权出质的,应向著作权管理部门办理出质登记。我国《著作权法》第 8 条规定:"国务院著作权行政管理部门主管全国的著作权管理工作;各省、自治区、直辖市人民政府的著作权管理部门主管本行政区域的著作权管理工作。"(4)商业秘密权的出质。国家工商行政管理总局是国务院主管市场监督管理和有关行政执法工作的直属机构。总局下设公平交易局,主管市场交易秩序,该局下设反不正当竞争处,其主要职责之一是组织、指导查处侵犯商业秘密行为。而依法组织管理动产抵押物登记,也是总局的一项职责。① 因此,就商业秘密出质的,应该在国家工商行政管理总局进行登记。(5)非物质文化遗产的出质。非物质文化遗产是群体智慧的结晶,由特定群体共同创造出来,超越了个人智力成果的范围(不排除有些非物质文化遗产的传承人是个人),其主体具有不特定性的特点,因而确定利益管理机构显得尤为重要。我国已建立了非物质文化遗产保护工作部际联席会议制度,统一协调解决非物质文化遗产保护工作中的重大问题。② 联席会议的职能包括拟订我国非物质文化遗产保护工作的方针政策,审定我国非物质文化遗产保护规划;协调处理我国非物质文化遗产保护中涉及的重大事项等方面,是非物质文化遗产的国家管理机构。根据相关省市已经出台的条例的规定,县级以上人民政府文化行政部门为地方非物质文化遗产管理机构,主管非物质文化遗产保护工作。③ 指导非物质文化遗产发源地利用相关知识和技术是文化行政部门的重要职责之一,因此就非物质文化遗产的出质应该在文化行政部门办理登记。

三、知识财产质押权的效力

（一）知识财产质押权效力和数质并存

知识财产质押权为担保权的一种,具备绝对权的效力。知识财产质押权是以办理登记为生效要件,自登记之日知识财产质押权成立。当多个知识财产质押权并存的情况,应以登记的先后为顺序;同时登记的,则处于同一顺序。

（二）转质

转质是指在知识财产质押权存续期间,知识财产质押权为担保自己的债务,在质押的知识财产之上设定新的质权。在动产质权中,质物掌控在质押权人手中,从新设定质押权,相对容易;但知识财产质押则不同,其设定须为登记,知识产权人(包括完全知识产权人、知识产权实施权人和知识产权担保权人)可进行登记。从交易安全和知识财产的属性等诸多角度出发,一般情况下,知识财产质

---

① 参见《国家工商行政总局主要职责》,http://www. saic. gov. cn/zwxxq/zzjg/default. htm,2013 年 7 月 15 日访问。

② 参见《国务院办公厅关于加强我国非物质文化遗产保护工作的意见》。

③ 《宁夏回族自治区非物质文化遗产保护条例》第 6 条规定:"县级以上人民政府文化行政部门主管非物质文化遗产保护工作"。《江苏省非物质文化遗产保护条例》第 5 条:"县级以上地方人民政府文化行政部门主管本行政区域内非物质文化遗产的保护工作"。

押中的转质应被禁止。《意大利民法典》第 2792 条曾明确禁止转质。若为承诺转质，则应遵从意思自治原则，予以认可。承诺转质又称同意转质，是指质权人经出质人同意，为担保自己的债务，以其占有的质押财产为第三人再设定质权的行为。我国最高人民法院《适用担保法的解释》第 94 条第 1 款中已经肯定："质权人在质权存续期间，为担保自己的债务，经出质人同意，以其所占有的质物为第三人设定质权的，应当在原质权所担保的债权范围之内，超过部分不具有优先受偿的效力，转质权的效力优先于原质权。"责任转质，是指质权人于质权存续期间，不经出质人同意，而以自己的责任将质押财产转质于他人，为第三人设定新质权的行为。就知识财产质押权而言，责任转质应为无效。最高人民法院《适用担保法的解释》第 94 条第 2 款规定："质权人在质权存续期间，未经出质人同意，为担保自己的债务，在其所占有的质物上为第三人设定质权的无效。质权人对因转质而发生的损害承担赔偿责任。"

（三）擅自实施禁止

质权的主要特点之一是在质押期间，出质人无从实施质物，质权人也无实施质物的权利。[1] 根据我国《担保法》第 80 条的规定，知识产权出质后，"出质人不得转让或者许可他人实施，但经出质人与质权人协商同意的可以转让或许可他人实施。出质人所得的转让费、许可费应当向质权人提前清偿所担保的债权或者向与质权人约定的第三人提存。"我国最高人民法院发布的《关于适用〈中华人民共和国担保法〉若干问题的解释》（以下简称《担保法的解释》）中也增加规定了擅自实施和处分质物的禁止规定："质权人在质押期间，未经出质人同意，擅自实施、出租、处分质物，因此给出质人造成损失的，由质权人承担赔偿责任。"可见，未经出质人同意，知识财产质押权人无权行使知识产权，而知识产权人因出质也暂时丧失了行使知识产权的权利。从经济学上看，这是资源的浪费，也正是如此才产生了动产抵押等制度予以弥补担保财产的实施问题。

拓展贴士

我国《物权法》也作出了相同的规定。[2] 此规范本身科学可行，但在《物权法》上规定知识产权法规范，倒算得上一道风景。此种越俎代庖，或许迫于形势，出于无奈。但是《物权法》并未将此信念贯彻到底，在浮动抵押的规定上，将

---

[1]　参见刘保玉、赵军蒙：《权利质权争议问题探讨与立法规定的完善》，http://ask.lawtime.cn/lunwen/jjfdanbao/2006102649119.html，2013 年 7 月 11 日访问。

[2]　参见我国《物权法》第 227 条。

知识财产和知识产权遗忘得干干净净(在下一节详述)。看来,知识产权自己的事务,还必须自己解决。

(四) 担保期间及其性质

知识产权担保权属于绝对权,非请求权,不受诉讼时效的限制。但若知识产权担保权的行使无期间的限制,则可能助长知识财产质押权人滥用其质押权,因此,许多国家立法上规定了抵押权的存续期间,称为除斥期间。所谓除斥期间,是指法定的权利的存续期间,因该期间的经过发生权利消灭的法律效果。除斥期间和诉讼时效不同。诉讼时效是指权利人不行使权利持续经过法定期间,丧失其请求法院依诉讼程序强制保护其权利的制度。首先,二者适用对象不同。诉讼时效适用于派生请求权;而除斥期间适用于形成权。其次,期间性质不同。诉讼时效期间是可变期间,可以中止、中断、延长;而除斥期间为不变期间。最后,法律后果不同。诉讼时效经过,消灭的是派生请求权,在诉讼法上表现为胜诉权,但并不消灭实体权利本身;而除斥期间经过消灭的恰恰是实体权利本身。我国《担保法》未规定担保物权期限。

拓展贴士

最高人民法院《关于适用〈中华人民共和国担保法〉若干问题的解释的规定》第12条第1款规定:"当事人约定的或者登记部门要求登记的担保期间,对担保物权的存续不具有法律约束力。"依据该解释,在当事人约定或登记部门要求登记的担保期间届满后,担保物权继续存在。该解释第12条第2款规定:"担保物权所担保的债权的诉讼时效结束后,担保权人在诉讼时效结束后的2年内行使担保物权的,人民法院应当予以支持"。

担保权的行使不能没有期间限制,否则,社会关系将处于长期的不稳定状态。因此,这就在司法解释层面确立了除斥期间制度,以督促和约束担保权人行使担保权。知识产权担保权人自担保的债权诉讼时效完成后,经过"2年"的除斥期间仍不行使知识产权担保权的,知识产权担保权消灭。

较之担保法,我国物权法缩短了抵押权的存续期间,并且把存续期间的性质也予以了重大改变,由除斥期间转变为诉讼时效。主债权的诉讼时效期间届满,抵押权人不行使抵押权的,人民法院不予保护,并不是权利消灭。我国《物权法》并未规定质权、留置权的存续期间,也就是说质权、留置权不受所担保的债权的诉讼时效的限制。但为了避免质权人、留置权人滥用权利,物权法赋予了出质人、债务人行使质权、留置权的请求权。

专利代理人考试真题

以下关于专利权质押合同登记后法律后果的哪些判断是正确的?(2002 年卷一第 28 题)

A. 在质押期间专利权人不能擅自转让该专利权

B. 在质押期间质权人不得变更

C. 在质押期间,宣告该专利权无效请求的审查程序应当中止

D. 在质押期限届满之前,除提前解除质押合同的,当事人不得以任何其他理由注销登记

【答案】　A

【考点】　专利权质押合同

【解析】　A 项正确。《专利权质押合同登记管理暂行办法》第 13 条规定:"质押期间专利权人就有关专利提出著录项目变更请求时,须经质押双方当事人同意。"

B 项错误。《专利权质押合同登记管理暂行办法》第 14 条规定:"变更质权人、被担保的主债权种类及数额或者质押担保的范围的,当事人应当于作出变更决定之日起 7 日内持变更协议、原《专利权质押合同登记通知书》和其他有关文件,向中国专利局办理变更手续。"

C 项错误。《专利权质押合同登记管理暂行办法》第 17 条规定:"专利权被无效、撤销或其他原因丧失后,当事人应当在收到通知之日起 7 日内持专利权丧失凭证和原《专利权质押合同登记通知书》,向中国专利局办理质押合同登记注销手续。"

D 项错误。《专利权质押合同登记管理暂行办法》第 18 条规定:"因主合同无效致使质押合同无效的,当事人应当向中国专利局办理质押合同登记注销手续。"

第七节　知识财产抵押

一、知识财产抵押的概念与特征

质押和抵押是不同的私法上的制度。我国《民法通则》规定了抵押权制度,但并未规定质押权制度,而我国《物权法》在肯定抵押权的同时,也肯定了权利抵押这种较新的抵押权形式。知识财产抵押是指因担保债权的履行,债权人通

过登记以债务人或第三人的特定知识财产作为担保,在担保期间担保人仍可以实施知识财产,当债务人不履行债务时,债权人得以就该财产折价或者转让、实施、进行许可等方式获得的价款优先受偿的权利的法律制度。其中,当债务人不履行债务时,债权人得以就该财产折价或者转让、实施、进行许可等方式获得的价款优先受偿的权利称为知识财产抵押权。知识财产抵押权的确立,可以在一定程度上克服知识财产质押权牺牲担保财产的实施价值的痼疾。在担保期间,该担保知识财产可以继续实施,是知识财产抵押权和知识财产质押权的最大区别所在。这与"物尽其用"的观念相符。20世纪初以来,因应工商业以动产融资的现实需要,动产抵押制度出现。我国《担保法》也对此作了明确规定。[①]如同在动产质押制度之后,又产生了动产抵押制度一样,知识财产抵押制度也有必要确立。知识财产抵押权与质押权相比,其优势也体现在抵押财产的继续实施上,既提供了担保,又能发挥抵押财产的价值。知识财产抵押权具有以下特征:

(1) 知识财产抵押权的标的为债务人或第三人所享有的知识产权。此处的知识产权,应包括完全知识产权,还应包括知识产权实施权产权。知识产权实施权可以设定抵押权。

(2) 知识财产抵押权的设定不影响抵押财产的实施,知识产权人或者获得授权的人可以继续按照约定或者法定途径实施该抵押财产或者权利。

(3) 知识财产抵押权经登记公示而生效。知识财产抵押权实行登记要件主义,未经登记不发生抵押权设定的效果。知识财产抵押合同为债权合同,不发定知识财产抵押权的效力,登记发生知识财产抵押权的设定效力。

(4) 债权保全方式。在知识财产质押权中,质押权人和知识产权人均无权实施抵押财产,因此抵押财产的价值不会人为降低。在知识财产抵押权中,知识产权人可以依法行使知识产权,实施知识财产。这可能导致抵押财产价值降低,当此种价值降低到有害于担保时,债权人有保全抵押财产的权利。我国《担保法》第51条规定,抵押权人有权要求停止侵害、恢复价值、提供担保。

二、知识财产抵押的起源与发展

(一) 权利抵押的立法现状

按照早期物权法的规定,动产只能质押,而不动产只能抵押。然而,随着社会经济的发展,人们越来越多地意识到设定动产抵押和权利抵押的重要性。抵押也被分为动产抵押、不动产抵押和权利抵押。权利抵押是知识财产抵押权的

---

① 参见刘保玉、赵军蒙:《权利质权争议问题探讨与立法规定的完善》,http://ask. lawtime. cn/lunwen/jjfdanbao/2006102649119. html,2013 年 7 月 11 日访问。

起源。权利抵押是和物的抵押相对而言的。物的抵押是以所有权为基础进行的抵押,而权利抵押则指以用益物权为基础设定的抵押。我国台湾地区"民法典"第882条确立了用益物权可为抵押的规则,我国《担保法》也承认了土地使用权可用以抵押。

（二）知识财产抵押在我国的现状

目前,在立法层面,我国并没有建立知识财产抵押制度。这不仅导致了知识产权体系的不完备,而且导致了法律对"物"和"知识财产"的差别对待。从担保的角度看,物用以担保,已经为明确承认,并建立细密的规则;而知识产权或者说知识财产用以担保,则只能委身于物权之下,且妾身未明。这将导致知识产权担保制度发育的严重不足。

拓展贴士

我国《物权法》第181条确立了浮动抵押制度。该条规定:"经当事人书面协议,企业、个体工商户、农业生产经营者可以将现有的以及将有的生产设备、原材料、半成品、产品抵押,债务人不履行到期债务或者发生当事人约定的实现抵押权的情形,债权人有权就实现抵押权时的动产优先受偿。"根据立法的界定,浮动抵押中的抵押财产为"现有的以及将有的生产设备、原材料、半成品、产品",不包括知识财产和知识产权。而对国家重点扶持的高科技企业而言,它们拥有的恰恰是"现有的以及将有的知识产权"。浮动抵押的规定,从制度层面的一角揭示了将知识产权担保委身于担保物权的弊端,和构建知识财产抵押权制度的必要性和紧迫性。物权法并不能囊括知识产权法,物权法规则本身也无法适用于知识产权,除非改物权法为财产法。但是,《物权法》对浮动抵押制度的设计本无可厚非,因为物权法本不应该涉及知识产权,知识财产抵押本来就是知识产权法的"内部事务",应由自己处理。这也反映出,我们在构建完备的物权法的同时,也要构建完备的知识产权法。

在经济实践中,已经产生了大量的知识财产抵押的实例。在我国的现实经济生活中,以知识产权进行抵押正在酝酿之中。国家开发银行等有关部门有意为文化创意产业的融资网开一面,同意以知识产权进行抵押。用知识产权做抵押,第三方做评估,保险公司来担保的"国家文化产业银行"的模式已见雏形。国家开发银行表示,银行有自己的评估机构,可以为知识产权进行评估。

拓展贴士

在影视界,知识财产抵押早已开端。1997 年我国拍摄的《鸦片战争》,导演谢晋专门成立了股份公司吸引投资,成都汇通城市合作银行予以融资。导演张艺谋拍摄《满城尽带黄金甲》进行融资,美国国际银行和香港银行给予了合作和支持。《夜宴》9 月 15 日在全球上映,中国出口信用保险公司通过"担保"服务,为《夜宴》提供一年的短期出口信用保险服务,《夜宴》成功获得深圳发展银行5000 万元的贷款。①

根据 2007 年中央电视台社会与法频道播出的一则新闻报道,天津市的银行允许企业以专利权抵押进行贷款。2007 年我国银监会发布《银行开展小企业授信工作指导意见》,明确了知识财产抵押制度。该指导意见第 14 条规定:"银行可接受房产和商铺抵押,商标专用权、专利权、著作权等知识产权中的财产权质押,仓单、提单质押,基金份额、股权质押,应收账款质押,存货抵押,出口退税税单质押,资信良好企业供销合同质押,小企业业主或主要股东个人财产抵押、质押以及保证担保等。"可见,在我国金融机构已经可以企业以品牌等知识产权进行"质押贷款"。而此处名为"质押",实为"抵押",出质人经过登记后,出质的知识财产仍然归出质人实施。这在实践中被认为是"知识财产质押贷款"的创新模式。这种创新,恰恰是在实践中开创了知识财产抵押权制度。

拓展贴士

《日本民法典》明确规定了工业产权可以抵押。依据《日本民法典》第 369条的规定,除永佃权、地上权、土地使用权、矿业权可为抵押权客体外,还特别强调了"工业所有权"可为抵押权的客体。日本法上的工业所有权,就是英语语系中的"工业产权",英文为 industrial property rights。工业产权包括知识产权中的专利权和商标权,不包括著作权,也不涉及商业秘密权和非物质文化遗产权利。尽管《日本民法典》369 条规定的知识财产抵押权的范围有限,但却属于肇开先河的创举,为知识财产抵押权之立法源头。

---

① 参见:《国家文化产业银行萌芽,知识产权做抵押正在酝酿》,http://www.chinaptc.com.cn/html/report_news/200611283637635.html,2013 年 7 月 15 日访问。

三、知识财产抵押的基本制度

(一) 抵押财产

所有可以转让的知识产权中的财产权均可以抵押。从权利性质上划分,用于抵押的知识产权可以分为完全知识产权和知识产权实施权。不仅知识产权人可以设定抵押,通过独占许可和排他许可获得的知识产权实施权,其权利人也可以以用益权进行抵押。

(二) 知识财产抵押合同

知识财产抵押合同是当事人协议以设定知识财产抵押为内容的债权合同。与知识财产质押合同一样,知识财产抵押合同应以书面形式为之。知识财产抵押合同的内容一般应包括如下内容:(1) 被担保债权的种类和数额;(2) 债务人履行债务的期限;(3) 抵押财产的名称、数量、状况及权利人;(4) 担保的范围;(5) 抵押财产登记的时间。知识财产抵押合同应为要式合同。我国《物权法》第185条规定:"设立抵押权,当事人应当采取书面形式订立抵押合同。"

(三) 抵押权登记

知识财产抵押合同是否生效,以合同的生效要件来判断,与是否登记无关;而知识财产抵押合同生效,也不意味着知识财产质押权的成立,唯有经过登记,知识财产抵押权才得以设立。参照我国《担保法》第44条的规定,办理知识财产抵押权登记,应向登记部门提供以下文件:(1) 主合同,(2) 抵押合同,(3) 知识产权凭证。

四、知识财产抵押权的效力

知识财产抵押权的效力是知识产权抵押权制度的核心问题。从权利属性上讲,与知识财产质押权一样,知识财产抵押权为担保权的一种,具备绝对权的效力。而这里所谓知识财产抵押权的效力,是指知识财产抵押权人就抵押财产在担保债权的范围内优先受偿的效力及对其他财产的限制和影响力。知识财产抵押权的效力主要体现在以下几个方面:

(一) 抵押权的顺序

同一知识财产之上,可能存在数个抵押权。参照我国《物权法》第199条的规定,同一财产向两个以上债权人抵押的,拍卖、变卖抵押财产所得的价款依照下列规定清偿:第一,抵押权已登记的,按照登记的先后顺序清偿;顺序相同的,按照债权比例清偿;第二,抵押权已登记的先于未登记的受偿;第三,抵押权未登记的,按照债权比例清偿。

(二) 已经存在的知识产权许可

订立知识财产抵押合同前,知识财产已许可实施的,原知识产权许可关系不受该抵押权设定的影响。抵押权设定后抵押知识财产为许可实施的,应告知知识财产抵押权人,并将许可费用用于清偿债权。依法可以转让的商标专用权、专利权、著作权等知识产权中的财产权设定抵押后,知识产权人仍得以实施或者许可他人实施该知识产权,但所得的许可费应当向抵押权人提前清偿所担保的债权或者向与抵押权人约定的第三人提存。

（三）知识产权转让

知识财产抵押期间,抵押人经抵押权人同意转让抵押知识财产的,应当将转让所得的价款向抵押权人提前清偿债务或者提存。转让的价款超过债权数额的部分归抵押人所有,不足部分由债务人清偿。抵押期间,抵押人未经抵押权人同意,不得转让抵押知识财产,但受让人代为清偿债务消灭抵押权的除外。

五、知识财产抵押权的实现与消灭

（一）知识财产抵押权的实现

债务人不履行到期债务或者发生当事人约定的实现抵押权的情形,知识财产抵押权人可以就该财产折价或者转让、实施、进行许可等方式获得的价款优先受偿。知识产权折价、转让的,应该进行知识产权评估。在实现知识财产抵押权过程中,通过知识产权变现的价款超过债权数额的部分归抵押人所有,不足部分由债务人清偿。

（二）知识财产抵押权的消灭

知识产权抵押权附属于主债权的存在,当主债权存续期届满,知识产权抵押权即丧失效力;作为标的物的知识财产灭失。根据情事变更原则,当知识财产灭失时,当事人将不可能继续履行抵押权合同或者虽能履行但不符合效率原则,故在这种情形下知识产权抵押权消灭。如商业秘密被公开后,在以该商业秘密为标的物而设置的抵押权丧失效力。

第八节　知识财产留置

一、知识财产留置的概念

留置,是指合同当事人一方依据法律规定或合同约定,有权占有或者控制对方当事人的财产,以保护自身合法利益的法律行为。知识财产留置,是指债权人依合同约定控制债务人的知识财产,在债务人不按照合同约定的期限履行债务时,债权人得留置该知识财产,以作为债权担保的权利的法律制度。其中,债权人得留置该知识财产,以作为债权担保的权利被称为知识财产留置权。知识财产留置权为法定的担保权。

拓 展 贴 士

我国《技术合同法实施条例》第42条规定："委托方逾期6个月不接受研究开发成果的,研究开发方有权处分研究开发成果。所获得的收益在扣除约定的报酬、违约和保管费用,退还委托方。所得收益不足以抵偿有关报酬、违约金和保管费的,有权请求委托方赔偿损失。"这是我国关于知识财产留置权的立法依据。尽管没有明确使用留置权概念,但从实质内容上看,却是关于知识财产留置权的规定。遗憾的是,随着该条例被废止,该规定也消失了。

二、构建知识财产留置制度的必要性

知识财产留置与知识财产质押、知识财产抵押的最大的区别在于:知识财产留置关系中,知识产权人对知识财产的内容并不了解,并且也无从掌握;因为,一旦知识产权人掌握了留置的知识财产的内容,则债权人因丧失了对知识财产的绝对控制而丧失留置的前提。而对于知识财产质押关系和抵押关系而言,知识产权人对自己出质和用于抵押的知识财产是十分了解和完全掌握的。如果仅仅确立了担保物权领域中的留置权,留置权人可以通过折价、拍卖、变卖等方式受偿。但必须注意的是,留置权人仅能就承载知识财产的作品手稿、技术方案载体或者样品等"物"予以折价、拍卖、变卖,并不能涉及"知识财产"。因为知识财产和物不同,它是知识产权的客体,它不是物权的客体。担保物权中的留置权人不能在行使担保物权之时,对知识财产顺手牵羊,即通过知识财产受偿。

拓 展 贴 士

1. 某甲委托某乙作画,约定某乙享有人身权,而某甲享有全部财产权。画成,某甲未能如约付款。问:某乙如何保护权利? 该案中,债权人某乙根据物权法享有担保物权上的留置权,因为作品手稿是"物",某乙可以通过留置作品手稿并在将来得以将此手稿折价、拍卖和变卖受偿;若手稿价值不足以补偿合同约定的费用,在没有确立知识财产留置权制度的情形下,某乙唯有自担损失。因为根据物权法,某乙的权利已经用尽了,物权法已经不能再为某乙提供救济。但是,我们知道,某乙完成的作品本身构成知识财产,是知识产权的客体。根据知识财产留置权规则,某乙除了行使担保物权的留置权外,还可以就知识财产行使

知识财产留置权,并用以自己债权的受偿。上述案例阐释了,在有担保物权上的留置权的前提下,构建知识财产留置权的重要意义。

2. 某甲委托某乙开发计算机软件,约定由某甲享有计算机软件的著作权,软件开发完成后,某甲未能如约付款。问:某乙如何保护权利?该案中,作为知识产权担保权的留置权并不存在,因为没有"物",存在的只有知识财产和知识产权。因此,某乙欲切实保护自己的债权,唯有行使知识财产留置权,并在将来得以将此软件折价、拍卖和变卖受偿。该案例阐释了,在无法行使担保物权的情况下,知识财产留置权便成为唯一的担保方式,其重要性和必要性就更加凸显出来。

三、知识财产留置的法律要件

知识财产留置的法律要件,又称知识财产留置权的行使条件。知识财产留置权的产生,须满足形式要件和实质要件。首先,就形式要件而言,知识财产留置权的设置必须登记。并且,在登记之前,被留置的"知识财产"应处于保密状态,即完全知识产权人无从得知。其次,从实质要件来看,基于法律的直接规定而产生,其产生的具体法定条件如下:

（一）债权人须控制债务人的知识财产

对于担保物权中的留置权而言,债权人依照合同占有债务人的财产,是留置权成立及存续的前提条件。[1] 然而知识财产无从占有,因此债权人依法控制债务人的知识财产,为知识财产留置权产生的前提条件。债权人丧失对债务人知识财产的控制,则知识财产留置权归于消灭。债权人对知识财产的控制,除了控制知识财产的载体之外,还须对该构成该知识财产的知识进行"保密"。一旦泄密,或者被发行,知识财产留置权消灭。

拓展贴士

某甲委托某乙作画,约定某乙享有人身权,而某甲享有全部财产权。画成,某甲未能如约付款,某乙主张知识财产留置权。在知识财产留置权成立,但尚未行使期间,某乙应 A 画展的要求,将该画公布在互联网上。问:某乙还能否行使知识财产留置权?该案中,由于知识财产留置权人某乙将留置知识财产——美

[1] 马俊驹、余延满:《民法原论》,法律出版社 1998 年版,第 489 页。

术作品公布在互联网上,失去了对留置知识财产的控制,使得著作权人某甲得以行使著作权,因此,某乙的知识财产留置权消灭。

（二）债权人留置的知识财产与债权属于同一法律关系

债权人的债权与债权人控制的知识财产之间有牵连关系,才能成立知识财产留置权。就担保物权的留置权而言,《瑞士民法典》并不要求此种牵连关系为合同关系,该法典第895条第1项规定,经债务人同意由债权人占有的财产或有价证券,可以成立留置权。我国《民法通则》将债权人占有债务人财产的原因仅限于合同关系。但我国《物权法》改变了这一规定,而是界定为"同一法律关系",并设置了例外。我国《物权法》第231条规定:"债权人留置的动产,应当与债权属于同一法律关系,但企业之间留置的除外。"此规定可类推适用于知识财产留置权,一般情况下,债权人留置的知识财产应当与债权属于同一法律关系;但企业之间留置的不在此限。

（三）债务人不履行到期债务

债权人的债权已届清偿期,留置权方能成立。从债务的角度看,也就是债务人的债务已届清偿期。我国《民法通则》第89条第4项规定,债务人须"不按照合同给付应付款项超过约定期限的",债权人的留置权方能成立,并且留置权人可以行使留置权。我国《物权法》第230条规定:"债务人不履行到期债务,债权人可以留置已经合法占有的债务人的动产,并有权就该动产优先受偿。"与《民法通则》相比,一方面,《物权法》将得以形成留置权的债权范围从金钱债权扩展到所有的债权;另一方面,《物权法》第230条规定"债务人不履行到期债务"仅为留置权的成立要件,而留置权的行使要件规定于第236条。[①] 知识财产留置权应类推适用此规定,以债务人不履行到期债务为知识财产留置权的成立要件。债务人的债务履行期应遵从双方当事人的约定;若无约定,应该遵从合同目的和惯例;若无明确的目的要求或者无惯例可循,则债权人可以随时向债务人要求履行,但应当给予必要的准备时间。合同目的要求期限、惯例所要求的期限、必要的准备时间等与约定的期限一样,为合同的履行期限。但债务人主张同时履行抗辩权、诉讼时效抗辩权时,债权人不能取得留置权或者知识财产留置权。

（四）妨碍知识财产留置权成立的事由

一般情形下,具备上述三个要件,知识财产留置权成立。因此,上述三要件

---

① 我国《物权法》第236条规定:"留置权人与债务人应当约定留置财产后的债务履行期间;没有约定或者约定不明确的,留置权人应当给债务人两个月以上履行债务的期间,但鲜活易腐等不易保管的动产除外。债务人逾期未履行的,留置权人可以与债务人协议以留置财产折价,也可以就拍卖、变卖留置财产所得的价款优先受偿。"

又称为知识财产留置权的积极要件。但在具备上述三个要件的基础上,但出现了妨碍知识财产留置权成立的情形,知识财产留置权则不能成立。因此,妨碍知识财产留置权成立的事由又被称为知识财产留置权成立的消极要件。我国《物权法》第232条规定:"法律规定或者当事人约定不得留置的动产,不得留置。"该规定可类推适用于知识财产留置权。依照该规定,妨碍知识财产留置权成立的情形有:第一,当事人的约定。当事人约定排除知识财产留置权行使的,债权人不得行使知识财产留置权。第二,法律的规定。若法律规定不得留置的,债权人不得行使留置权。此处的法律规定,即包括法律的明确规定,也包括依照法律的基本原则,如公序良俗原则等确定的情形,在这些情形下,债权人不得行使知识财产留置权。

四、知识财产留置权的内容

(一) 知识财产留置权人的权利

知识财产留置权一经成立,留置权人便依法对留置知识财产享有知识财产留置权。知识财产留置权人的内容主要有:

1. 留置知识财产的控制权

知识财产留置权以债权人控制债务人的知识财产为法定成立要件,知识财产留置权一经成立,留置权人就享有控制留置的知识财产的权利。留置知识财产的控制权是知识财产留置权的具体内容之一。

2. 必要费用的偿还请求权

知识财产留置权人有权向留置知识财产的权利人要求偿还保管留置知识财产而付出的费用。但此种费用,必须以保管留置知识财产有必要为限。

3. 优先受偿权

债务人到期不履行义务,经债权人催告,在合理期限内仍不履行义务的,债权人有权依法变卖留置知识财产,以变卖该知识财产的价款优先受偿。参照我国《物权法》第236条的规定,留置权人与债务人应当约定留置财产后的债务履行期间;没有约定或者约定不明确的,留置权人应当给债务人两个月以上履行债务的期间。债务人逾期未履行的,留置权人可以与债务人协议以留置财产折价,也可以就拍卖、变卖留置财产所得的价款优先受偿。

(二) 知识财产留置权人的义务

知识财产留置权人因对留置知识财产享有控制权,而负有善良管理保管义务。原则上讲,知识财产留置权人不得实施留置知识财产。但是在下列两种情况下,知识财产留置权人可以实施留置知识财产:第一,经债务人同意的实施。留置权人经过债务人同意,可以实施留置知识财产。第二,为社会公益目的,实施留置知识财产。比如说,大众健康的急需,而实施留置知识财产进行药品生产。在此二种情形下,知识财产留置权人有权以实施获得的利益抵偿留置权人的债权。

五、知识财产留置权的效力与实现

(一) 知识财产留置权的效力

与知识财产质押权和知识财产抵押权一样,知识财产留置权为担保权的一种,具备绝对权的效力。当知识财产留置权与知识财产质押权和知识财产抵押权共存于同一知识财产之上时,留置权效力优先。我国《物权法》第 239 条的规定:"同一动产上已设立抵押权或者质权,该动产又被留置的,留置权人优先受偿。"

(二) 知识财产留置权的实现

根据我国《物权法》第 236 条的规定,知识财产留置权人与债务人应当约定留置知识财产后的债务履行期间;没有约定或者约定不明确的,知识财产留置权人应当给债务人两个月以上履行债务的期间,这个期间在学理上称为宽限期。债务人逾期未履行的,知识财产留置权人可以与债务人协议以留置知识财产折价,也可以就拍卖、转让留置知识财产所得的价款优先受偿。以留置知识财产折价或者转让的,应当进行知识产权评估。

第六章　知识产权的行使

●)) 要点提示

重点概念:(1) 知识产权行使;(2) 知识产权管理;(3) 知识产权实施;(4) 知识产权转让;(5) 知识产权瑕疵担保;(6) 知识产权许可;(7) 独占许可;(8) 排他许可;(9) 普通许可;(10) 自愿许可;(11) 非自愿许可;(12) 法定许可;(13) 强制许可;(14) 本许可;(15) 再许可;(16) 知识产权出资。

●)) 本章知识结构图

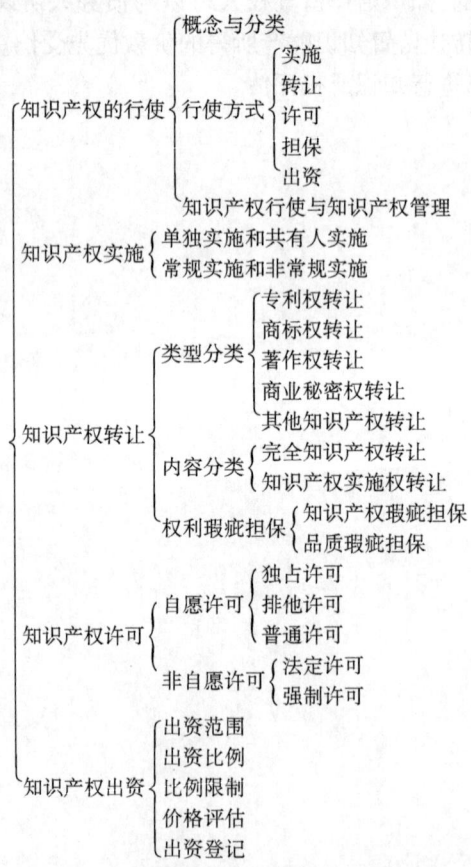

第一节　知识产权行使概述

一、知识产权行使的概念和分类

(一) 知识产权行使的概念和特征

获得权利的目的在于行使权利。权利的行使是指权利人为实现权利的内容而采取的正当行为。"在民法领域内,尤其在财产法关系中,权利人以行使权利实现权利内容,获得满足为其主要目的;义务人因履行义务,依义务本旨作为或不作为,以消灭义务内容为主要目的。行使权利与履行义务乃成为民事关系的最终目标与核心问题。"[①]所谓知识产权的行使,是指知识产权人为实现知识产权的内容而采取的正当行为。正当性是权利行使的根本要求,不符合正当性要求的均不构成权利行使,而可能构成权利滥用。从这个角度看,以菜刀伤人、放狗咬人等均属于滥用物权。知识产权行使具有以下特征:

第一,知识产权行使的目的在于实现知识产权的内容;

第二,知识产权的行使主体并不限于知识产权人,包括知识产权人委托的代理人及其他有权行使的人;

第三,知识产权行使为一种行为,包括事实行为(如实施)和法律行为(如许可);

第四,知识产权行使是一种正当行为。行使知识产权的行为必须具有正当性。

知识产权行使与知识产权享有、知识产权主张和知识产权实现是不同的概念。知识产权享有强调的是知识财产的归属关系,是指权利人享有知识产权这一事实。

拓展贴士

知识产权的享有主体,仅限于权利人,包括完全知识产权人、知识产权实施权人和知识产权担保权人,描述的是一种静态的法律关系;而知识产权行使,强调的是知识财产的利用关系,属于一种动态的法律关系。知识产权行使则指的是为实现知识产权的权利内容所采取的行为,知识产权能否实现,权利人是否能现实地享有知识财产带来的利益要依赖行使的结果。行使知识产权的并不限于权利人,包括权利人委托的代理人及其他有权行使的人,但享有知识产权的却仅限于完全知识产权人、知识产权实施权人和知识产权担保权人。知识产权主张,

---

① 施启扬:《民法总则》,台湾三民书局2001年版,第377页。

是指向相对人或人民法院表示自己为知识财产之权利人的行为,范围较为狭小。知识产权实现是指知识产权的内容的实现,着重指通过行使而使知识产权的内容实现,权利人获得利益。

(二) 知识产权行使的分类

按照知识产权行使行为的性质不同,可以分为基于事实行为的行使以及基于法律行为的行使。所谓事实行为,是指行为人无需设立、变更或消灭民事法律关系的意图,但依照法律的规定能引起民事法律后果的行为。[①] 法律行为须以意思表示为基础,使其行为发生一定的法律效果。[②] 基于事实行为的行使,如权利人将商业秘密的内容公开;而基于法律行为的行使,如作者许可他人出版作品。基于事实行为的行使和基于法律行为的行使的主要区别在于:第一,生效要件不同。权利人欲通过法律行为行使知识产权,须满足法律行为的生效要件,如主体具有意思能力、意思表示真实自由、形式合法等,而通过事实行为行使则无须受此限制。第二,行使后果不同。权利人以法律行为行使知识产权后,往往取得与其意思表示一致的效果,如专利权利人与被许可人通过知识产权许可合同创设知识产权实施权。而当权利人以事实行为行使权利时,其效果直接由法律规定,如商业秘密因公而致使商业秘密权灭失。

二、知识产权的行使方式概述

知识产权的行使事关知识产权价值的实现,是知识财产关系中的核心问题。

拓展贴士

2006 年国际保护知识产权协会(简称 AIPPI)撰写的法律文件——《与第三方签订的关于知识产权(转让,许可)的合同》(Q190)明确指出:“作为革新和创造的促进因素,知识产权对于世界经济发展起到了非常重要的作用;知识产权的权利拥有者渴望通过转让、许可、质押(下文称‘交易’)实现其专利权价值的方式更具灵活性。”[③]

---

① 董安生:《民事法律行为》,中国人民大学出版社 2002 年版,第 122 页。
② 施启扬:《民法总则》,台湾三民书局 2001 年版,第 194 页。
③ 参见 AIPPI Q190 决议《与第三方签订的关于知识产权(转让,许可)的合同》,http://www.aippi-china.org/pdf/jyQ190.doc,2013 年 7 月 13 日访问。

　　总体来看,知识产权人对知识产权的行使,有实施、转让、许可、担保、出资五种方式。这五种方式大致可以分为两大类,第一类是以实现知识财产的交换价值为目的的行使方式,包括知识产权转让、知识产权担保和知识产权出资①;第二类是实现知识财产的使用价值的行使方式,包括实施和许可他人实施两种。第一类知识产权的行使方式,是以实现知识财产的交换价值为目的。其中,知识产权转让是指知识产权人依法通过签订合同将自己专有的知识产权转移给他人的法律行为。知识产权出资是指出资人以知识产权作为出资设立经济体的投资行为。知识产权融资,是指以知识产权为基础资产,以知识产权的许可使用费为支撑发行证券而进行的融资。第二类知识产权的行使方式,是以实现知识财产的使用价值为目的。所谓实施是指知识产权人按照知识财产的特性,通过自己对知识财产的直接利用而实现知识产权的价值。知识产权许可是指按照法律的规定,或者知识产权人的许可方(Licensor)与被许可人(Licensee)签订协议,授权被许可方在一定时间和范围内实施其知识财产从事生产,并向对方收取许可费用(Royalty Fee)的活动。鉴于知识产权担保已有专章论述,本章从略。

三、知识产权行使与知识产权管理

　　知识产权管理的基本目的之一在于追求效益最大化,即知识产权的最有效行使。因此,可以说知识产权管理是知识产权行使的基本策略。对企业而言,其开展经营而需要的核心资源已经不再是“物”,而变为知识财产和信息财产。如何最优化管理知识财产成为企业面临的一个新课题。建立科学的、现代企业知识产权管理制度,制定合适的知识产权策略,是企业开发知识产权的前提,也是企业有效行使知识产权的基础。

　　(一) 知识产权管理的概念

　　知识产权管理,是指企事业单位和组织依法进行的知识产权计划、组织和协调活动,即通过建立知识产权工作制度、制定管理办法对本单位内部几个环节中的知识产权活动进行管理,以实现知识产权的最大利益。知识产权管理并不停留在开发和实施环节,而是贯穿于企业的开发、经营、销售和进出口各个环节。必须注意的是,知识产权管理和知识产权法都是围绕知识财产和知识产权展开,但是二者有着本质上的不同。具体表现在:第一,知识产权管理的价值取向为效益最大化,而知识产权法的价值取向为正义。第二,知识产权管理是依法进行的管理活动,而知识产权法是国家立法,为知识产权管理提供法律依据。第三,知识产权管理表现为一系列的政策和制度,这些都不是法律,而是知识产权人内部

---

① 还有一种方式是知识产权融资,这种方式目前并不成熟,在国内出现较少,本书从略。

的文件,仅对该单位内部有效,且无法律强制力;而知识产权法则是国家制定的确认和保护知识产权的法律,在整个法域内发生效力。

（二）企业知识产权管理的核心问题

企业在知识产权管理过程中,面临的核心问题有:

（1）企业实现生产和经营最关键的知识产权是哪一项;

（2）企业实现生产经营所需要的关键技术,是否得到知识产权法的保护;

（3）企业所实施的他人的知识产权,是否获得有效授权;

（4）企业对知识产权有何需求,现有的知识产权及其组合是否能满足企业的需求;

（5）企业应该从什么角度和策略开发和行使知识产权。

（三）电子数据库在知识产权管理中的作用

对知识产权进行有效管理,在技术上要求企业设立知识产权资产登记册,在有条件的情况下,应该建立相关电子数据库,以有效管理知识产权。这有利于企业摸清家底,知道自己掌握了什么技术,这些技术是否可以获得知识产权,或者是由自己或者其他竞争对手获得了知识产权,而其中哪些技术处于公有领域等。也可以协助企业辨识知识产权组合中的缺漏,并找出必要的补救措施,采取补救行动,以制定更为科学的知识产权策略。更重要的是,可以直接统计企业的无形资产。在建立电子数据库时,一般而言,应参照知识产权法所确认的具体知识产权的类别分门别类进行造册,如商标、版权、专利、商业秘密、非物质文化遗产等。在此基础上,区分自主知识产权和被许可实施的知识产权。通过这个分类统计,找出达成业务目标所用的关键性知识产权,并掌握它的权利归属。[①] 建立知识产权电子数据库的第二个目的在于,为技术创新提供参考,指明技术开发路线,明确技术开发方向。积极进行技术探测,将未申请专利的技术及早申请专利,实现由技术走向知识产权的道路。在商业战争中,真正有价值的不是技术,而是这项技术是否能够转化为知识产权。

第二节 知识产权实施

一、知识产权实施的概念和特征

（一）知识产权实施的概念

知识产权实施是指知识产权人在法律允许的范围内对知识财产进行利用并收益。从知识产权的起源看,知识产权往往是由权利人自己实施。因此,对知识

---

① 康博曦:《知识产权管理》,http://www.morganstanleychina.com/sc/toolbox/pdfs/freshfields.pdf,2013 年 8 月 4 日访问。

产权的保护直接体现了对创造人的保护,体现了鼓励创新的社会宗旨。但从目前的情景看,知识产权已经不是个人的游戏,往往是大公司为了追求垄断利润而采取的集体行动,或是利用雄厚的资本将他人在实验室中研制的知识财产购买一空,努力把自己打造成“创造知识的公司”,知识财产由自由开发、自己实施的阶段迅速滑向组织开发(购买)、进行许可的阶段,亦如小农经济走向了资本主义的扩大再生产。

拓 展 贴 士

“到1958年,杜邦已经在美国化学工业中居主导地位。杜邦雇佣了约4%的美国工业化学家,还雇佣了大量的博士研究生,其数量几乎相当于美国学术系统中的1/3的博士研究生在为杜邦工作。”①其实,远远不止杜邦一家看到了知识游戏的利润,几乎所有的大公司都跻身于这场游戏竞赛之中,目的在于利用合法的知识产权制度获取垄断利润,企业知识产权战略如火如荼。知识财产被作为商品送上生产线进行大规模生产。这实现了知识财产的集中,大企业掌握了全球主要的知识财产。而企业掌握知识产权的目的在于创造利润。在这种背景下,鼓励和保护知识产权,就要兼具反垄断和反知识霸权的重要内容。

从知识产权实施的演变,可以看出,我们应该理性看待知识产权保护问题,不应盲目主张提高保护标准,否则将导致更多的不合理。

(二)知识产权实施的法律性质与特征

从法律性质上看,知识产权实施为事实行为,是权利人对权利的直接行使,即知识产权人自己利用知识财产进行生产或经营,不以意思表示为要素。知识产权实施过程中,知识产权人不需要义务人的积极帮助,便可实现自己对知识财产的自主支配和利用,从而满足其生产或生活的需要。这个特征将知识产权实施与其他行使方式区分开来。

二、知识产权实施的分类

(一)单独实施和共有人实施

根据不同的标准知识产权实施可以分为不同的类别。以知识产权主体为标准可以将知识产权实施分为单独实施和共有人实施两种基本类型。数人共有一

---

① 〔澳〕彼得·达沃豪斯、约翰·布雷斯维特:《信息封建主义》,刘雪涛译,知识产权出版社2005年版,第45页。

"知识财产"时,知识产权的实施规则有所不同,各共有人均有权实施。

拓展贴士

甲乙丙三人共同署名发表一美术作品。甲和乙不同意发表,问:丙有无权利发表该作品。一般情况下,如不涉及甲和乙的隐私或者伤害甲和乙的其他重大利益,丙有权发表该合作作品,发表时应按照约定的顺序署名。鉴于知识财产的本身特点,对知识财产的实施,不会带来其他人的损失,也不会剥夺其他人的实施机会,因此,无论何方,无论其占有份额多少,其正当实施的要求都应得到满足,而不能以份额的多少决定。

(二) 常规实施和非常规实施

以是否按照知识财产的基本用途进行分类,可以将知识产权实施分为常规实施和非常规实施。常规实施是指依照知识财产的本身性能进行实施。常规实施的情况下,如发生侵权,则按照许可的价格进行赔偿。非常规实施,是指并非按照知识财产的本身性质进行的实施。如将美术作品用于商标,利用音乐进行广告等。常规实施和非常规实施进行区分的法律意义主要在于:在知识产权侵权行为中,侵权人实施常规实施的,可参照知识产权许可费用确定赔偿额;而侵权人实施非常规许可的,则不能参照许可标准。

拓展贴士

1999 年 12 月 18 日湖北省歌舞剧院(以下简称"省歌")向武汉市中级人民法院提起诉讼,诉称蓝田公司未经其许可擅自实施其著作权作品歌剧《洪湖赤卫队》的插曲《洪湖水,浪打浪》的音乐进行产品广告,索赔人民币 200 万元。2000 年 4 月《洪湖水,浪打浪》的词曲作者张敬安和欧阳谦叔以有独立请求权的第三人的身份提起参加之诉,请求蓝田公司赔偿人民币 180 万元,并驳回省歌的诉讼请求。省歌撤诉,作者与蓝田公司达成和解。在本案中,蓝田公司对音乐作品《洪湖水,浪打浪》的实施,为非常规实施,这种实施改变了音乐作品惯常实施的录制、表演等方式,而是用于商业广告。因此,在赔偿数额的确定上,就不能简单以著作权许可的费用标准来计算,而事实上,和解数额也近 30 万元,远远超出著作权的许可费。

区分常规实施和非常规实施的另一层意义在于：根据知识产权实施权的基本理论和知识产权许可的基本规则，除非知识产权人给予用益知识产人特别授权，知识产权实施权人只能按照知识财产的性质实施知识财产进行常规实施，而不能以其他方式进行非常规实施，如将得到许可的名人美术作品用于申请注册商标，或者以得到许可的名人作品中的形象注册商标等，否则构成侵权。另外，非自愿许可仅适用于常规实施，而不适用于非常规实施。

第三节　知识产权转让

一、知识产权转让的概念和分类

（一）知识产权转让的概念

一切财产权都是可以转让的。在黑格尔看来，转让是财产权的本质要素。知识产权转让，是指知识产权人基于自己的意志，依法将自己享有的知识产权转移给他人的法律行为。在知识产权行使方式中，转让并不多见。"在技术贸易中，真正由一方把自己的专利技术的所有权转让给另一方（即'卖专利'）的情况非常少见；希望得到先进技术的人，通常也只想得到有关技术的使用权，很少有人会去'买'别人的专利，因为买专利要比只取得使用权的花费多得多。"[1]也是基于这个原因，导致"中国1991年《著作权法》仅仅规定了著作权的许可而没有规定著作权的转让"。[2] 而知识产权转让一旦发生，则关涉权利的丧失和取得，是一个关系重大的法律制度。国际保护知识产权协会认为，"知识产权的有效转让对于信息社会的发展和国际贸易及商业来说是非常重要的。通过这种方式，可以使贸易各方和经济本身作为一个整体充分的开发知识产权所能产生的利益。"[3]

知识产权转让这个概念具有以下特征：

第一，知识产权的出让主体为知识产权人。一般而言，转让完全知识产权需要完全知识产权人做出，而转让知识产权实施权和知识产权担保权则需要通过完全知识产权的授权。

第二，知识产权转让属于法律行为。知识产权转让是一种法律行为，是转让人和受让人双方达成的以转让知识产权为目的的行为。

第三，知识产权转让是指知识产权的全部移转。就知识产权转让而言，不

---

[1]　郑成思：《知识产权法》，法律出版社1997年版，第57页。
[2]　李明德：《"知识产权滥用"是一个模糊命题》，载《电子知识产权》2007年第10期。
[3]　参见 AIPPI Q190 决议《与第三方签订的关于知识产权（转让，许可）的合同》，http://www.aippi-china.org/pdf/jyQ190.doc，2013年7月13日访问。

可分知识财产之上的知识产权在进行知识产权转让时,只能全部转让,即转让在一法域内的全部权利,而不能在同一法域再行划分地域进行转让,如专利权、著作权和商业秘密权;可分知识财产之上的知识产权在进行知识产权转让时,可全部转让也可部分转让,如商标权。就商标权而言,部分转让是针对商标的用途而言,即商标权人不必要一次转让全部的商品或者服务之上的商标权,而可以转让一部分商品和服务之上的商标权。部分转让意味在同一种或者类似商品上注册的相同或者近似的商标权全部转移。我国《商标法实施条例》第 25 条第 2 款规定:"转让注册商标的,商标注册人对其在同一种或者类似商品上注册的相同或者近似的商标,应当一并办理。"知识产权是否全部转移,是区分知识产权转让和许可的标准之一。许多有限制的转让,名为"转让",实为"许可"。

第四,涉外知识产权转让的管制。由于知识产权涉及国家经济,尤其是民族经济的发展,因此各国政府普遍关注涉外知识产权转让问题,并设立了管制制度。我国《专利法》第 10 条规定:"专利申请权和专利权可以转让。中国单位或者个人向外国人、外国企业或者外国其他组织转让专利申请权或者专利权的,应当依照有关法律、行政法规的规定办理手续。转让专利申请权或者专利权的,当事人应当订立书面合同,并向国务院专利行政部门登记,由国务院专利行政部门予以公告。专利申请权或者专利权的转让自登记之日起生效。"所谓"中国单位",包括依法取得中国法人资格的各类法人和未取得法人资格的其他组织;所谓中国"个人",是指具有我国国籍的自然人。由于专利法未列入香港、澳门两个特别行政区基本法的附件三,因而香港、澳门两个特别行政区的"中国单位"和"中国个人"也被排除。中国单位和个人向外国人转让专利申请权或者专利权的,必须经国务院有关主管部门批准,否则无效。

(二) 知识产权转让的分类

(1) 以知识产权的种类为标准,知识产权转让可以划分为专利权转让、商标权转让、著作权转让和商业秘密权转让。由于非物质文化遗产是属于社区的,是和该社区的生活紧密相关的,甚至已经成为社区生活或者文化的一部分,本质上不具有可转让性,因此非物质文化遗产不能转让,只能许可。

(2) 以知识产权的体系为标准,知识产权可以分为知识产权转让和知识产权实施权转让。知识产权担保权具有从属性,不能单独转让,因此不存在单独的知识产权担保权转让。

二、知识产权转让的法律性质与法律适用

(一) 知识产权转让的法律性质

知识产权转让既包括了负担行为,又包括了处分行为。法律行为可分为负

担行为与处分行为。① 负担行为是指设立债权债务的行为,又称债权行为,如买卖等;处分行为则指直接引起绝对权发生、变更和消灭的行为,它又分为物权行为(含准物权行为)、知识产权行为和信息财产权行为。知识产权转让是一个综合概念,既包含负担行为,又包括了处分行为。这里的负担行为,属于知识产权合同;而处分行为,是指可以直接引起知识产权的发生、变更和消灭的法律行为,即知识产权行为。

（二）知识产权转让的法律适用

对知识产权转让的法律性质的认定,关系到个案的法律适用。根据我国现行法,调整知识产权转让的法律有民法和知识产权法两类。我国《民法通则》对"知识产权"做出了专节规定②,但是仅停留在确认著作权、商标权和专利权以及发现权层面,并未对知识产权转让加以任何关注。在体系上,该章将债权列在第一节"财产所有权和与财产所有权有关的财产权"之后,而在第三节"知识产权"之前,是否意味着债权的规则仅适用于第一节而不和第三节发生关系? 事实上,无论是对"财产所有权"的侵害,还是对"知识产权"的侵害,抑或对第四节规定的"人身权"的侵害,均会发生一个新债,均应适用第二节规定的债权规范。同时,既然知识产权转让是知识产权人处分其权利的表现,应类推适用该规定我国《合同法》有关"处分"的规定③。我国现行知识产权法(包括《专利法》《商标法》《著作权法》等)为知识产权转让确立了专门规范。在法律适用上,民法和知识产权法中的知识产权转让规则,属于一般法和特别法的关系。在特别法与一般法不抵制的情况下,应优先适用特别法的规定;特别法没有规定的,适用一般法的规定。

三、知识产权转让的法律结构

知识产权转让可以分为负担行为和处分行为,包括知识产权转让合同和知识产权行为两个方面的内容。知识产权转让合同是知识产权转让的基础行为。所谓的基础行为是指引发此种转让的行为,即知识产权转让合同。在实践中,基础合同既可以是知识产权转让合同,也可以是知识产权赠与合同,或者是"代物清偿"合同。在"提示"了要转让的知识产权以后,立即"功成身退"。知识产权是否真的发生了转移,依赖于双方当事人之间是否发生知识产权行为。

---

① 参见梁慧星:《〈负担行为与处分行为的区分—以德国法为考察对象〉内容提要》,http://www.law-lib.com/flsz/sz_view.asp? no = 1329,2013 年 7 月 7 日访问。

② 参见我国《民法通则》第五章第三节。

③ 参见我国《合同法》第 51 条和 132 条。

拓展贴士

A 公司和 B 公司于订立一个知识产权独占许可合同,约定 A 公司将其知识产权许可给 B 公司,并进行了登记。其后,B 公司却通过签订知识产权转让合同把此独占许可转让给 C 公司,并于当日把书面通知送达 A 公司。问:第一,A 公司和 B 公司之间的行为的性质? 第二,B 公司和 C 公司之间的行为的性质? 第三,在该案中,知识产权转让的基础合同是哪个? 分析:第一,A 公司和 B 公司之间的行为性质为设定知识产权实施权行为,其中独占许可合同为设定知识产权实施权的基础合同,而登记为知识产权行为。仅有合同而无登记,则不发生知识产权实施权设定效果,但二者之间的合同关系有效。登记后,A 公司为完全知识产权人,B 公司为知识产权实施权人。第二,B 公司和 C 公司之间的行为为知识产权转让行为,转让的是知识产权实施权。第三,知识产权转让的基础合同是转让合同,而不是独占许可合同。B 公司和 C 公司之间的转让合同生效,并办理登记手续,知识产权实施权转让。在该案中,知识产权转让合同是知识产权实施权转让的原因行为,而进行转让登记标志着知识产权实施权转让完成(知识产权转让合同生效的结果)。

四、知识产权的转让规则

(一) 全部转让

知识产权转让以全部转让为原则,有限转让为例外。知识产权主要是一项财产权。因此,知识产权人可以将自己享有的知识产权全部转让。但鉴于知识产权(如著作权)中毕竟存在精神利益,因此以有限转让为例外。所谓知识产权的有限转让是指知识产权转让只能针对财产权,而不能转让人身权的转让规则。知识产权既保护精神利益,又保护财产利益。其中,精神利益不能转让,能转让的唯有财产利益。知识产权转让后,如果对转让的财产权与保留在著作权人手中的人身权不加协调,则财产性权利的转让就可能没有意义。为解决这一问题,许多承认和保护精神权利的国家采用"精神权利部分穷竭"的办法,即在著作权转让合同中明确写明转让权利的利用范围、利用目的、利用地域、利用时间及利用条件等,并认为该合同为作者对精神权利的行使,且只能行使一次即告穷竭,作者无权在合同履行期间再度行使自己的精神权利来否认原先的许诺。但这种限制并不意味着著作人身权的转让,只是部分著作人身权的用尽。[①] 也就是说,

---

① 参见来小鹏:《限制著作权转让的法律思考》,载《中国版权》2004 年第 6 期。

针对知识产权转让,知识产权人不得凭借精神权利,主张对受让的知识产权及其依法行使给予限制。有学者主张,计算机软件署名权可以转让。我国《计算机软件保护条例》对软件著作权中的署名权能否转让,并未做出明确规定。但其第 15 条就有关继承进行规范时,规定署名权不能继承。一般而言,可以转让的方为继承,不可以继承的,一般不得转让。在实践中,转让计算机软件署名权的案例屡屡发生,尤其是在许多个人开发的软件在作为"技术产品"出售的情形,一般由受让方买断,其中明确包括署名权。[①] 软件著作权中的署名权不能转让,因为署名权为精神权利。尽管"考虑本身署名权已经与实施技术开发者分离的因素,同样允许当事人约定在软件著作权转让时,将署名权一并转让,由受让方行使署名权,该类情况同样在软件交易中大量存在"[②],但不能因此说明它存在的合理性和正当性,如同盗版在很多国家都普遍存在过,包括现在的中国和过去的美国,但不能因此说明盗版存在的正当性,更不能建议修改立法,承认"盗版"的合法性。因此,计算机软件署名权不能转让。

（二）知识产权转让的无因性

知识产权转让与物权转让一致,均适用无因性原则。一般而言,知识产权转让,无论是完全知识产权转让还是知识产权实施权和知识产权担保权转让必有其原因行为。客观上虽然有原因,但法律却不一定采取有因性原则。[③] 知识产权转让为知识产权行为,其本身成立一个法律行为,属于绝对权行为;知识产权转让合同是知识产权行为的基础行为,属于另外一个法律行为,是相对权行为（债权行为）。在法律上,这两个法律行为的效力是相互独立的,知识产权转让合同（基础行为）不影响知识产权转让行为的效力,知识产权转让行为更不会影响知识产权转让合同（基础行为）的效力。基础行为无论是否有效,知识产权转让行为均为有效。从实践上看,无论知识产权转让合同是否不成立、无效、被撤销或者解除等,均不影响知识产权转让行为的效力。也就是说,知识产权转让采取无因性原则。

（三）知识产权转让的标志

因为知识财产为登记财产,因此,一般而言,知识产权转让须为登记。登记为知识产权行为的具体表现,是转让的标志。因此,仅有知识产权转让合同的成立与生效,并不发生知识产权移转的法律效果,必须完成知识产权行为——办理登记手续之后,始发生知识产权转让的后果。即便转让的是无需登记而产生的知识产权,如著作权或者商业秘密权等,知识产权的转让也须登记。通过登记发生权利变动。

---

① 参见谭筱清:《软件著作权转让认识上的误区》,http://www.chinacourt.org/html/article/200303/31/46978.shtml,2013 年 7 月 13 日访问。

② 同上。

③ 崔建远:《关于准物权转让的探讨》,载《河南省政法管理干部学院学报》2003 年第 6 期。

（四）知识产权转让与期限性

知识产权转让是必须在全部期限内进行转让还是可以在部分期限转让？2001年修改之前的《著作权法》并没有著作权法"转让"的规定，因此无论是在学界还是在实务界都在"准"与"不准"的问题争论和徘徊。经过2001年的修改，我国《著作权法》明确规定著作权可以转让。我国有学者认为，"著作权法上的'转让'不同于民法上的物权转移，是一种可逆转的安排，即出让人与受让人之间可在合同中约定某一项、几项或者全部非人身类著作权的转让'时间'，且可短于相关权利的保护期。凡作此种约定的，在约定的时间结束后，被出让的权利将自动回归出让人"。①但有学者认为，"此种安排实际上是一种'许可'。"②笔者赞同这种观点，主张在知识产权全部期限内部分时间的"转让"，名为"转让"，实为"许可"。

（五）知识产权转让与地域性

知识产权转让和知识产权地域性关系值得深究。知识产权具有地域性特征，这个特征是否对知识产权转让构成影响呢？换个角度，即知识产权转让，是转让在一国的知识产权，还是包括所有的已经申请的知识产权？自知识产权法形成500多年来，地域性为知识产权的根本特征之一。③ 在物权领域，各国根据"物权平权原则"，互相承认所有权。而知识产权则不同，一国一般不会承认依另一国法律产生的知识产权在本国的效力。这被称为知识产权的地域性特征，即按照一个国家或者地区的法律获得的知识产权，只在该国家或地区范围内存在或有效，超出该地域范围该项知识产权为不存在或者无效。根据知识产权的地域性理论，专利权与商标权适用"权利登记地法"④，著作权适用"权利主张地法"⑤。知识产权的行使也具有地域性，就转让而言，仅适用同一个国家或者地区的法律。

拓 展 贴 士

某外国人 A 所获得的中国专利权，只在中国有效，只能在中国进行许可与转让，也只能在中国提起侵权诉讼，并且，中国专利法所规定的保护期届满，该项权利即消灭。⑥

---

① 唐广良：《修改九大内容，中国牵手世界，著作权法修改面向 WTO》，载《法制日报》2001 年 11 月 19 日。
② 同上。
③ 郑成思：《知识经济、信息网络与知识产权》，http://cctv.com/tvguide/tvcomment/tyzj/zjwz/7764.shtml，2013 年 7 月 13 日访问。
④ 参见郑成思：《知识产权与国际贸易》，人民出版社 1995 年版，第 244 页。
⑤ 参见同上书，第 397 页。
⑥ 参见王春燕：《论知识产权地域性与知识产权国际保护》，http://rucipr.com/ArticleView.aspx？id=96，2013 年 7 月 13 日访问。

那么,从另一个角度看,知识产权的转让,意味着仅就依照同一个国家或者地区的法律产生的知识产权进行转移,而非就一个客体在其他一些国家产生的知识产权一并转移。"各国国家知识产权的转让是否生效是由各国国家相关法来评估认可的。"①

五、知识产权瑕疵担保

知识产权转让过程中的瑕疵担保,分为权利瑕疵担保和品质瑕疵担保。

(一) 权利瑕疵担保

所谓知识产权权利瑕疵是指知识产权不存在、不完整或受到限制。我国《合同法》上的权利瑕疵主要是针对物的买卖而做出的,并不能当然适用于知识产权转让。知识产权转让的前提是出让人享有知识产权。因此,出让人对自己出让的知识产权应负有权利瑕疵担保责任。为了避免受让的知识产权的权利瑕疵,受让人应该在签订知识产权转让合同时,要求出让方提供相应证明文件,并进行必要的登记查询,以查明真正的权利人。知识产权转让合同应确立瑕疵担保条款,受让人尽可能首先通过合同制度保护自己的合法权益。《合同法》第150条规定了买卖合同中的标的物权利瑕疵,但是我国知识产权法和相关法律并确立统一的知识产权瑕疵担保制度,而仅是在技术合同中有先关内容体现。我国《合同法》第349条规定:"技术转让合同的让与人应当保证自己是所提供的技术的合法拥有者。"该规定为知识产权合同中权利瑕疵的立法依据。一般而言,知识产权权利瑕疵担保条款应该具备以下内容:(1) 出让方保证出让的知识产权无权利瑕疵,不受任何人追索和干预;(2) 出让方承诺,一旦第三人就转让的知识产权向受让方主张权利,出让方应承担完全的责任;(3) 在此基础上,出让方应以第三人身份参与诉讼;(4) 一旦法院判决受让方侵权,出让方应承担全部侵权责任,并同时承担对受让方的违约责任。

就知识产权合同而言,另一类权利瑕疵比较严重,即合同项下的所谓"知识财产"实际上为"公有技术"的现象。当事人转让已进入公有领域的技术的约定无效,因为该约定所涉及的"知识财产"存在根本性权利瑕疵,即私权不存在。但是,技术提供方进行技术指导、传授技术知识,为对方解决特定技术问题的,可视为提供技术咨询和服务的合同。约定的技术转让费视为提供技术咨询和服务的报酬,但是该费用明显不合理的,可以根据当事人的请求合理确定。2004年最高人民法院颁布的《最高人民法院关于审理技术合同纠纷案件适用法律若干

---

① 参见 AIPPI:Q190 决议《与第三方签订的关于知识产权(转让,许可)的合同》,http://www.aippi-china.org/pdf/jyQ190.doc,2013 年 7 月 13 日访问。

问题的解释》就此种情况进行了专门的规定。《解释》第 34 条规定:"当事人一方以技术转让的名义提供已进入公有领域的技术,或者在技术转让合同履行过程中合同标的技术进入公有领域,但是技术提供方进行技术指导、传授技术知识,为对方解决特定技术问题符合约定条件的,按照技术服务合同处理,约定的技术转让费可以视为提供技术服务的报酬和费用,但是法律、行政法规另有规定的除外。依照前款规定,技术转让费视为提供技术服务的报酬和费用明显不合理的,人民法院可以根据当事人的请求合理确定。"

拓 展 贴 士

目前,在权利瑕疵担保责任未明确之前,在实践中,专利权转让合同是以合同条款约定转让方承担权利瑕疵担保责任。一般而言,权利瑕疵担保条款被称为专利权完整条款,包括以下几个方面的主要内容:① 该专利权不受物权或抵押权的约束;② 本专利权的实施不会受到另一个现有的专利权限制;③ 没有专利先用权的存在;④ 没有强制许可证的存在;⑤ 没有被政府采取"计划推广许可"的情况;⑥ 本专利权项下的发明为合法所得。

(二) 品质瑕疵担保

品质瑕疵原为合同法上的一个概念。物的瑕疵是指物不具备通常的良好特征和特性,不符合相关标准、说明或者惯例。没有十全十美,任何物都存在瑕疵。但物所具备的瑕疵需要达到一定的标准或者程度,才构成具有法律意义的瑕疵,物权人才需要承担品质瑕疵担保责任,如肉眼几乎无法辨别的颜料色彩差异不构成品质瑕疵,除非为特殊用途有明确约定。我国《合同法》第 169 条、第 191 条、第 370 条、第 417 条均实施了"瑕疵"这一术语。但从内容上看,均属于物的瑕疵,而并没有涉及知识财产。《合同法》第 349 条就技术的品质瑕疵进行了规定。该条规定:"技术转让合同的让与人应当保证自己是所提供的技术的合法拥有者,并且保证所提供的技术完整、无误、有效,能够达到约定的目标。"据此,我们主张,知识产权人仍需对知识财产承担品质瑕疵担保义务。2004 年最高人民法院颁布的《最高人民法院关于审理技术合同纠纷案件适用法律若干问题的解释》(以下简称《解释》)第 14 条第 1 款就技术合同价款的确定问题做出的解释,即暗含了知识财产的品质瑕疵担保的精神。对技术开发和转让合同而言,要根据标的技术的研发成本、先进性、实施转化和应用的程度因素等确定合同价款。《解释》突出了对技术成果"先进性"的考虑,是追求品质的一个体现。在知识产权转让中,知识产权人应负有保证转让的知识财产内容完整、无误、成熟的义务,如果知识财产违背上述要求,或者不能产业化的,或者其内容为落后、被淘汰以及为法律所禁止的,构成知识财产品质瑕疵。

知识财产的品质瑕疵和知识财产设计水平以及产品瑕疵不同。如果作为著作权法保护客体的计算机软件设计水平和理念落后,导致信息产品"不好用"或者"不方便使用",是知识财产的设计水平问题,不属于知识财产瑕疵,更不属于产品瑕疵。但是,如果计算机软件在设计上有功能方面的瑕疵,则构成知识财产的品质瑕疵,利用这样的计算机软件制造的知识产品为具有品质瑕疵的产品。

拓 展 贴 士

在使用联想 827 手机的"拼音输入法"时,使用者发现,当输入汉语拼音"yan"后,本应按键选字的功能却不能使用了,使用人按键,屏幕会自动提供备选的拼音,而不是按照"拼音输入法"的使用规则显示"研"以及相关的同音字。讨论的问题是:在本案中,到底是知识财产品质瑕疵还是知识产品品质瑕疵? 首先,对于使用者而言,联想 827 手机存在品质瑕疵,不能按照通常规则进行使用,销售者应该就该手机承担品质瑕疵担保责任。但消费者不能因此向软件著作权人主张知识财产品质瑕疵责任。因为知识财产的品质瑕疵担保责任仅发生于知识产权人(如开发商)和被授权人(如制造商)之间,从法律上看和消费者无关。但从事实因果关系上看,却是原件设计的品质瑕疵导致了软件产品的品质瑕疵。如果联想集团通过转让取得的"拼音输入法"的软件,则联想集团可以向转让人主张软件品质瑕疵责任。

六、知识产权转让的几种特殊情况

在知识产权转让中,以下几种特殊情况值得讨论:

(一)禁止转让

在知识产权人转让法律禁止转让的知识产权时,转让合同因不能履行而不发生法律效力。

(二)无权处分

若转让人非知识产权人而为转让,构成无权处分,应参照适用我国《合同法》关于无权处分的有关规定。① 在知识产权转让合同签订之初,转让人享有知识产权,其后转让人的知识产权被宣告无效或者被撤销的情况下,构成嗣后不能,受让人有权解除合同,并有权向有过失的转让人主张违约责任。若转让人本不是知识产权人,但被错误登记为知识产权人的情况下,应遵照公示公信原则,善意的受让人取得知识产权,知识产权人不能对抗善意受让人,而应向转让人主张损害赔偿。在构成国家赔偿的情况下,知识产权人可以向有过失的登记机关请求国家赔偿。

（三）债权并存

在有多个知识产权转让合同并存的情况下,多个转让合同均为有效。先办理过户登记手续的受让人取得知识产权。未办理过户登记手续的受让人有权解除转让合同,并向转让人主张违约责任。

国家统一司法考试真题

甲公司在食品上注册"乡巴佬"商标后,与乙公司签订转让合同,获 5 万元转让费。合同履行后,乙公司起诉丙公司在食品上使用"乡巴佬"商标的侵权行为。法院作出侵权认定的判决书刚生效,"乡巴佬"注册商标就因有"不良影响"被依法撤销。下列哪些说法是错误的?（2009 卷三多选第 65 题）

A. "乡巴佬"商标权视为自始不存在

B. 甲公司应当向乙公司返还 5 万元

C. 撤销"乡巴佬"商标的裁定对侵权判决不具有追溯力

D. 丙公司可以将"乡巴佬"商标作为未注册商标继续使用

【答案】 BCD

【考点】 知识产权转让后被撤销的法律后果。

【解析】《中华人民共和国商标法实施条例》第 36 条规定,依照商标法第 41 条的规定撤销的注册商标,其商标专用权视为自始即不存在。有关撤销注册商标的决定或者裁定,对在撤销前人民法院作出并已执行的商标侵权案件的判决、裁定,工商行政管理部门作出并已执行的商标侵权案件的处理决定,以及已经履行的商标转让或者使用许可合同,不具有追溯力;但是,因商标注册人恶意给他人造成的损失,应当给予赔偿。据此,"乡巴佬"商标被撤销后,商标权视为自始不存在。因此,A 项为唯一正确答案,在本题中为排除答案。

B 项错误,因为商标权被撤销后,已经履行的商标转让或使用许可合同,不具有追溯力。C 项错误,因为商标被撤销后,对已执行的商标侵权案件的判决、

---

① 参见我国《合同法》第 51 条和 132 条。

裁定不具有追溯力,并非对所有的商标侵权案件的判决、裁定都没有追溯力。D项错误,因为《商标法》第 46 条规定,注册商标被撤销的或者期满不再续展的,自撤销或者注销之日起 1 年内,商标局对与该商标相同或者近似的商标注册申请,不予核准。"乡巴佬"注册商标是因有"不良影响"被依法撤销,因此 D 项错误。

国家统一司法考试真题

中国的龙腾公司从美国的虎跃公司引进一套鱼苗育种技术。在两公司所签技术引进合同的条款中,下列哪些是不合法的?(2008 四川卷三多选 62 题)

A. 虎跃公司提供与该技术相关的指导说明

B. 龙腾公司不得从欧盟获得类似技术

C. 龙腾公司不得将引进技术泄露给任何第三方

D. 龙腾公司应在引进技术的同时购进虎跃公司的部分库存汽车配件

【答案】 BD

【考点】 考点技术转让合同

【解析】 A 项合法。《合同法》第 345 条规定,专利实施许可合同的让与人应当按照约定许可受让人实施专利,交付实施专利有关的技术资料,提供必要的技术指导。

B 项不合法。《合同法》第 343 条规定,技术转让合同可以约定让与人和受让人实施专利或者使用技术秘密的范围,但不得限制技术竞争和技术发展。

C 项合法。《合同法》第 350 条规定,技术转让合同的受让人应当按照约定的范围和期限,对让与人提供的技术中尚未公开的秘密部分,承担保密义务。

D 项不合法。强制规定龙腾公司在引进技术的同时必须购进汽车配件构成搭售,违反我国《反不正当竞争法》的规定。

专利代理人考试真题

以下有关专利权转让的哪些说法是错误的?(2004 年卷一第 31 题)

A. 某研究所将自己研制的技术转让给一家企业,约定由该企业申请专利,研究所与企业必须订立专利申请权书面转让合同,并到国家知识产权局办理转让手续

B. 如果某项技术属于《技术进出口管理条例》中规定的禁止类技术,涉及该技术的专利申请权和专利权不得转让

C. 若待转让的专利申请权或专利权涉及《技术进出口管理条例》中规定的自由技术,当事人可以直接到国家知识产权局办理转让登记手续

D. 专利申请权转让合同自国家知识产权局公告之日起生效

【答案】　ABCD

【考点】　知识产权转让

【解析】　A项错误。《专利法》第10条第3款规定："转让专利申请权或者专利权的,当事人应当订立书面合同,并向国务院专利行政部门登记,由国务院专利行政部门予以公告。专利申请权或者专利权的转让自登记之日起生效。"转让专利申请权,到国家知识产权局登记,而不是办理转让手续。

D项错误。专利申请权的转让自登记之日起生效。

B项错误。《技术进出口管理条例》第9条、第32条分别规定："属于禁止进口的技术,不得进口。""属于禁止出口的技术,不得出口。"《技术进出口管理条例》中规定的禁止类技术只是不得进出口,并不限制该技术的专利申请权和专利权的转让。

C项错误。《技术进出口管理条例》第18条规定："进口属于自由进口的技术,应当向国务院外经贸主管部门办理登记,并提交下列文件:(一) 技术进口合同登记申请书;(二) 技术进口合同副本;(三) 签约双方法律地位的证明文件。"

第四节　知识产权许可

一、知识产权许可概述

(一) 知识产权许可的概念

在知识产权行使方式中,知识产权许可是较为常见的。目前,知识产权许可贸易(又称许可证贸易)已经发展为国际技术贸易中最为普遍的一种,是最主要的国际贸易形式。所谓知识产权许可是指按照法律的规定或者约定,被许可人在一定时间和范围内实施许可人的知识产权,并向知识产权人支付许可费的知识产权行使方式。从法律角度看,知识产权许可既可能是债权行为,也可能是设定权利的知识产权行为(以下两章分别阐释知识产权许可合同和知识产权行为)。在知识产权许可中,知识产权人为许可人(Licensor);接受许可,按照许可合同实施知识财产的一方为被许可人(Licensee)。在知识产权许可这种权利行使模式中,需要对方的积极协助行为。所以,知识产权的许可又可称为知识产权的授权行使或者间接行使。在知识产权许可法律关系中,被许可人由于支付了对价,并登记而获得知识产权实施权。

(二) 知识产权许可的法律特征

第一,许可人为知识产权人,无论是完全知识产权人还是知识产权实施权人和知识产权担保权人都可以成为许可人。

第二,知识产权许可是一种交易,包括债权行为和知识产权行为。

第三,知识产权许可为有限许可。首先,在知识产权许可关系中,知识产权的归属关系并不发生变化。在知识产权许可关系中,知识产权并不发生转移,知识产权人并不发生改变。未经知识产权人特别授权,被许可人无权就该知识财产再许可第三人实施,更不能将该知识财产转让。其次,知识产权的许可受到知识产权的有效期限的限制,一般知识产权许可合同的期限不能超出知识产权的有效期限。同时还受到知识产权地域性的限制,知识产权许可合同只能在知识产权有效法域内发生法律效力。

第四,知识产权许可通常是有偿行为。知识产权许可,也可以无偿,但通常是一种有偿行为。知识产权权利人通过转让,获得转让利益,实现知识产权的价值,这是知识产权许可的目的。

（三）知识产权许可的分类

按照不同的标准可以将知识产权许可划分为不同的种类。按照法定还是约定的标准可以将知识产权许可分为合同许可、法定许可和强制许可;按照被许可人获得的权利和所处的地位可以将知识产权许可分为独占许可、排他许可和普通许可。按照许可关系的成立缘由可以将许可分为合同许可和事实许可。以上的分类不是绝然孤立的,比如,法定许可就是一种普通许可,只是这种普通许可不是基于当事人的协议,而是基于法律的直接规定。就知识产权实施权的产生而言,无论何种许可,独占许可、排他许可和普通许可,只要履行了登记行为,被许可人获得的权利均为知识产权实施权。

（四）知识产权许可和知识产权转让的区别

知识产权转让是指知识产权的全部转移,而知识产权许可是指知识产权人仍保有知识产权,而将知识产权的部分权能授权给他人享有。另外,一般而言,法律对涉外知识产权转让给予较多限制,而对知识产权许可则较少限制。由于知识产权涉及国家经济,尤其是民族经济的发展,因此各国政府普遍关注涉外知识产权许可问题,并设立了管制制度。

拓 展 贴 士

1. 据《长沙晚报》报道,湖南师范大学生命科学院退休教授、81 岁高龄的邹蕤宾花 5 年时间发明了保温焖包,并于 2003 年获得国家专利。2005 年 8 月 12 日,邹老表示愿意将该专利无偿转让给单位或个人,希望能有更多的人使用保温焖包,为国家节省能源。本案例中名为无偿"转让",实为"许可",即邹蕤宾老人将专利权无偿许可给相关企业实施专利权,制造专利产品。

2. 荷兰公司戴马特(Demart ProAlte Pv)与萨尔瓦多艺术家达利(Dali)在 1986 年签订了一项版权转让合同(Copright Assignment Contract),约定在 1986 年到 2004 年期间,达利的四幅画在全世界的版权转让给该荷兰公司。1990 年,《朝日新闻》在印制一份展览会目录及说明的小册子上,使用了这四幅画。小册子印制了 8000 册,并由第二被告大丸公司(Daimarukk)出售了 7374 册。于是荷兰公司诉《朝日新闻》及大丸公司侵犯其版权。东京法院在判决书中,专门就日本《著作权法》第 61 条(1)款中所称"版权可全部转让,也可部分转让"作了解释,说明"部分转让"中的"部分",既包括有限的时间(有限期)例如只转让 8 年、10 年,而后权利回归,也包括有限的空间(有限地域,例如只转让作品的日本版权,不转让作品的美国版权)。法院判决被告的行为构成对荷兰公司版权的侵犯,被告应按日本《著作权法》第 114 条(2)款承担赔偿责任。① 这里的"部分转让",名为"转让",实为"许可"。日本将此称之为转让,而不是许可,因为在转让中,受让方显然可以取代转让方的法律地位,成为知识产权人。而根据知识产权实施权理论,本案中的被许可人荷兰公司为知识产权实施权人。所以,被许可人的知识产权人地位并不一定依赖于知识产权转让,在许可中也可以实现。

（五）知识产权人的主要义务

(1) 瑕疵担保义务。知识产权人对知识财产负有权利瑕疵担保和品质瑕疵担保义务。我国《合同法》第 349 条规定:"技术转让合同的让与人应当保证自己是所提供的技术的合法拥有者,并且保证所提供的技术完整、无误、有效,能够达到约定的目标。"这里的技术转让,既包括转让也包括许可。其中,"技术转让合同的让与人应当保证自己是所提供的技术的合法拥有者",是指实施知识产权许可的知识产权人对知识财产独有权利瑕疵担保责任,必须保证自己享有知识财产的知识产权。同时,必须承担品质瑕疵担保责任,保证授权他人实施的知识财产完整、无误、有效,并能达到约定的目标。

为了进一步明确知识产权人未尽权利瑕疵担保义务和品质瑕疵担保义务的法律后果,《合同法》第 353 条规定:"受让人按照约定使用专利、使用技术秘密侵害他人合法权益的,由让与人承担责任。但当事人另有约定的除外。"在我国缺乏对知识产权合同的专门性立法的情况下,可以此规定类推全部知识产权转让和许可。从知识产权行使的角度看,该规定既包括了知识产权转让,又包括了知识产权许可;从权利瑕疵和品质瑕疵的角度看,既包括了知识产权人违反权利瑕疵担保义务的法律后果,又包含了违反品质瑕疵担保义务

① 参见郑成思:《〈合同法〉与知识产权法的相互作用》,载《法律适用》2000 年第 1 期。

的法律后果。

首先,依照该条的规定,被许可人依照约定实施知识财产,但却因此而侵害他人合法权益的,包括完全知识产权和知识产权实施权,由知识产权人承担权利瑕疵担保义务,即承担停止侵权、损害赔偿等民事责任。其次,依照该条的规定,被许可人依照约定实施知识财产,但却因此而侵害他人合法权益的,包括他人人身与财产安全的,被许可人不承担责任,而由知识产权人承担停止侵权、损害赔偿等民事责任。这是知识产权人违反品质瑕疵担保责任而应承担的法律后果。

(2) 提供知识财产的义务。在知识产权许可合同中,知识产权人有义务提供知识财产,并保障被许可人能够持续获得被许可的知识财产,以便实施许可。当被许可人因故无法得到被许可的知识财产,知识产权人负有继续提供的义务。知识产权人保障被许可人持续获得被知识财产的义务,是知识产权许可合同中知识产权人的主要义务。这个义务并不因知识产权人曾经提供过该知识财产而终结。只要被许可人有现实的需要,知识产权人不得拒绝提供被许可的知识财产。这也是知识产权许可合同和买卖合同的主要区别。一般情况下,在物的买卖关系中,卖方交付货物后,就不负再次交付的义务,这是买卖合同的应有之义。然而,在知识产权许可合同中,知识产权人负有保障被许可人可持续获得被许可知识财产的义务,因为知识产权许可合同是关于被许可人在一定期限之内持续实施知识财产的合同。

(六) 知识产权许可的法律适用

根据我国现行法,调整知识产权许可的法律有民法和知识产权法两类。我国民法(包括《民法通则》《合同法》等)为知识产权许可确立了基本规则;我国现行知识产权法(包括《专利法》《商标法》《著作权法》等)为知识产权许可确立了专门规范。在法律适用上,民法和知识产权法中的知识产权许可规则,属于一般法和特别法的关系。在特别法与一般法相冲突的情况下,应优先适用特别法的规定;特别法没有规定的,适用一般法的规定。

二、独占许可、排他许可和普通许可

根据知识产权许可对许可人的限制,如自己能够实施或重新进行许可,可以把知识产权许可分为独占许可、排他许可和普通许可。

(一) 独占许可、排他许可和普通许可的概念

(1) 独占许可。所谓独占许可,又称为独家许可,是指在一定的法域和期限内,知识产权人授予被许可人独家实施知识财产,自己既不实施,又不再次进行授权的许可许可。独占许可是对知识产权人限制最大的许可。被许可人对许可合同下的知识财产享有独占实施权,许可人自己也不得实施,并不得再次进行许可。通常,独占许可的被许可人可以自己的名义起诉,并且有再许可他人实施知

识产权的权利。经过登记,被许可人获得知识产权实施权。

(2)排他许可。所谓排他许可,是指在一定的法域和期限内,知识产权人授予被许可人排他地实施知识财产,同时,自己保留了实施的权利,但不能再次进行授权的许可。所谓排他许可,是指在一定法域和期限内,被许可人和许可人均有权对知识财产实施的许可。排他许可对知识产权人的限制次于独占许可,但大于普通许可。在排他许可中,被许可人和许可人均可以实施许可合同下的知识财产,但许可人不得将这项知识财产转让给第三人或者再次许可给第三人实施。和独占许可一样,排他许可的被许可人可以自己的名义起诉,并且有再许可他人实施知识产权的权利。同样,经过登记,被许可人获得知识产权实施权。

(3)普通许可。所谓普通许可(Nonexclusive License),是指在一定期限和一定法域内,许可人既可自己实施,也可以将知识财产同时许可给多人实施的许可形式。普通许可对于许可人没有限制,许可人既可以自己实施,还可以对多人再次进行许可。依据普通许可,如果进行了登记被许可人获得知识产权实施权。通常,未径行登记的普通许可的被许可人,仅获得债权,不能以自己的名义起诉或者主动参加知识产权人的诉讼,并且也不能再许可他人实施。

(二)独占许可、排他许可和普通许可之比较

无论是独占许可、排他许可还是普通许可,都是知识产权许可的基本方式,都是知识产权人行使知识产权的方式。参照2004年《最高人民法院关于审理技术合同纠纷案件适用法律若干问题的解释》,当事人对知识产权许可方式没有约定或者约定不明确的,认定为普通许可。知识产权许可合同约定受让人可以再许可他人实施的,再许可为普通许可。

这三种许可也存在明显的区别:

第一,实施人不同。在独占许可中,只有被许可人一方为实施人。而在排他许可中,许可人和被许可人两方均可为实施人,但第三人不得实施。而在普通许可中,有权实施的人除被许可人外,还有许可人和其他一切得到授权的人,理论上表现为不特定多数人。

第二,对许可人的限制不同。从普通许可、排他许可到独占许可,许可人的权利一步步被压缩。

第三,被许可人诉讼地位不同。在进行了登记的许可中,被许可人(实施人)享有以自己的名义起诉的资格。但如果没有登记,则被许可人仅获得的是债权,无独立诉讼地位可言。美国1976年《版权法》规定:版权独占性权利的合法所有者和受益所有者,只要符合美国原创作品和非伯尔尼公约国作品的版权注册要求,就有权对他或她是所有者的时候发生的侵犯该特定权利的行为提起诉讼。我国《专利法》第60条和《商标法》第53条均原则性规定了"利害关系人"可以起诉侵权行为。如同独占许可一样,排他许可中被许可人也享有独立

的诉讼地位。根据瑞典《商标法》的规定,被许可人包括排他许可合同中的被许可人必须书面通知商标所有人,否则法院对该起诉不予受理。从我国有关司法解释规定看,专利、商标、版权侵权案件中的排他许可合同中的被许可人只有在专利权人、商标权人、著作权人不起诉的情况下,才可以作为原告享有单独起诉的权利。这个规定显然会引发争议,如在知识产权人起诉的情况下,排他许可中的被许可人处于什么地位? 排他许可中的被许可人享有独立的诉讼地位,但应通知知识产权人。根据我国根据《最高人民法院关于诉前停止侵犯专利权行为适用法律问题的若干规定》第 1 条第 2 款、《最高人民法院关于诉前停止侵犯注册商标专用权行为和保全证据适用法律问题的解释》第 1 条第 2 款和第 30 条的规定精神,专利、商标、版权侵权案件中的普通许可中被许可人不享有诉权。[①]究其原因,就是忽视了知识产权实施权的存在,如果许可是办理了登记,无论是独占许可、排他许可还是普通许可,被许可人均获得了知识产权实施权,当然享有独立的诉讼地位。

三、自愿许可和非自愿许可

以自愿和非自愿为标准,可以将知识产权许可分为自愿许可和非自愿许可。

（一） 自愿许可的概念和分类

自愿许可,是指经知识产权人同意而进行的知识产权许可。自愿许可的最大特征是当事人通过合同达成许可协议,所以又称合同许可,是当事人意思自治的表现。自愿许可可以分为独占许可、排他许可和普通许可。自愿许可是知识产权行使的主要方式,适用于一切知识产权范畴,包括著作权、专利权、商标权、商业秘密权和非物质文化遗产权利等。

（二） 非自愿许可

所谓非自愿许可是指基于法定事由,非经知识产权人同意而进行的知识产权许可。非自愿许可是法定的制度,虽然未经知识产权人同意而利用其知识财产,但该利用行为并不构成侵权。与自愿许可相比,非自愿许可不以作者的意思表示为要件,实质上是对知识产权的一种限制。非自愿许可可以分为法定许可和强制许可。无论何种许可,都无需征得知识产权人同意,但须向知识产权人支付实施费。非自愿许可分为法定许可和强制许可。

四、法定许可和强制许可

法定许可和强制许可均为非自愿许可。

---

① 　张耕:《试论知识产权被许可人的诉讼地位》,载《特区经济》2005 年第 4 期。

（一）法定许可

（1）法定许可的概念。所谓法定许可，是指按照法律的规定，可以不经作者或其他著作权人同意而实施已发表的作品。目前，法定许可制度主要应用于著作权领域。法定许可不是著作权人实施著作权的主动方式，而属于被动方式。因此，有人认为法定许可是对著作权人的一种限制。法定许可仅为普通许可，实施人根据法定许可而实施他人作品的，应注明作者姓名、作品名称和出处并向著作权人支付实施费。

（2）法定许可的主要情形。根据我国著作权法的规定，"法定许可"有以下几种情况：第一，为实施九年制义务教育和国家教育规划而编写出版教科书，除作者事先声明不许使用的外，可以不经著作权人许可，在教科书中汇编已经发表的作品片段或者短小的文字作品、音乐作品或者单幅的美术作品、摄影作品，但应当按照规定支付报酬，指明作者姓名、作品名称，并且不得侵犯著作权人依照著作权法享有的其他权利；第二，作品在报刊刊登后，除著作权人声明不得转载、摘编的外，其他报刊可以转载或者作为文摘、资料刊登；第三，录音制作者使用他人已经合法录制为录音制品的音乐作品制作录音制品，可以不经著作权人许可，但应当按照规定支付报酬，著作权人声明不许使用的不得使用；第四，广播电台、电视台播放他人已发表的作品；第五，广播电台、电视台播放已经出版的录音制品，可以不经著作权人许可，但应当支付报酬。当事人另有约定的除外。

（3）法定许可和合理使用的比较。合理使用是指使用人无需征求知识产权人的许可，而对知识财产进行的非商业性实施。各国著作权法和国际条约均确立了合理使用制度，该制度也被称之为"著作权的限制"。在著作权法领域，从合理使用和法定许可的联系看，二者都是对著作权人的行使权利的一种限制。但具体又有所不同，其主要区别如下：

第一，设立目的不同。法定许可制度的设立目的是促进"物尽其用"而将著作权交由适格者行使；而合理使用制度的设立目的在于促进新的创造，因此对知识产权给予限制。

第二，表现形式不同。法定许可是著作权的被动行使，是在不征求著作权人的意见的情况下，而将部分作者权利交由适格者行使；而合理使用则重在对知识产权进行限制，属于知识产权的限制制度。

第三，适用范围不同。法定许可和合理使用分别有不同的适用情形，不可混淆。法定许可为著作权法上的制度，而合理使用则为知识产权法的基本原则。一般认为，合理使用的范围如下：（1）为个人学习或研究而使用有著作权的作品；（2）为科学研究或课堂教学目的而复制少量有著作权的作品；（3）为评论、新闻报道的需要而引用或复制他人的作品；（4）以绘画、雕刻、摄影等方式复制长期陈列于公共场所的艺术作品；（5）公共图书馆或其他非营利的资料中心为保存版本而复制某一作品；（6）因法律诉讼需要而复制某些作品等。①

第四，是否支付报酬不同。根据法定许可而实施他人作品时，应当按照规定，向著作权人支付实施费，并应当注明作者姓名、作品名称和出处。一般而言，对他人知识财产的合理使用，无需支付报酬。

国家统一司法考试真题

某诗人署名"漫动的音符"，在甲网站发表题为"天堂向左"的诗作，乙出版社的《现代诗集》收录该诗，丙教材编写单位将该诗作为范文编入《语文》教材，丁文学网站转载了该诗。（2011 卷三单选 16 题）

【问题】　下列哪一说法是正确的？

A. 该诗人在甲网站署名方式不合法

B. "天堂向左"在《现代诗集》中被正式发表

C. 丙可以不经该诗人同意使用"天堂向左"，但应当按照规定支付报酬

D. 丁网站未经该诗人和甲网站同意而转载，构成侵权行为

【答案】　C

【考点】　法定许可

【解析】　选项 A 错误。作者根据《著作权法》第 10 条第 1 款第 2 项规定，享有署名权，有权决定采用笔名的署名方式。

选项 B 错误。《著作权法》第 10 条第 1 款第 1 项规定，发表权，即决定作品是否公之于众的权利。诗人将自己创作的"天堂向左"的诗作在甲网站上的目的就在于"公之于众"，构成发表权的行使，即该作品的发表应该是在甲网站上的公开。

选项 C 正确，属于法定许可。《著作权法》第 23 条第一款规定，为实施九年制义务教育和国家教育规划而编写出版教科书，除作者事先声明不许使用的外，可以不经著作权人许可，但应当按照规定支付报酬，指明作者姓名、作品名称，并且不得侵犯著作权人依照本法享有的其他权利。丙教材编写单位编入的是小学和初中《语文》教材可以不经该诗人同意使用"天堂向左"，但应当按照规定支付报酬，如果是高中和大学以上的《语文》则构成侵权，除非后者属于国家教育规划教材。

选项 D 错误。首先，甲网站不享有著作权，因此甲网站无权表示同意或者不同意；根据《著作权法》第 22 条第 4 项的规定，即若无禁止转载、摘编的声明，可以不经过同意而直接转载，只需支付报酬，注明出处。

---

① 参见吴汉东：《论合理使用》，载《法学研究》1995 年第 4 期。

（二）强制许可

（1）强制许可的概念。目前，强制许可制度主要应用于专利权领域。所谓强制许可，是非自愿许可的一种，是指专利行政部门依照专利法规定，不经专利权人同意，直接允许其他单位或个人实施其发明创造的一种许可方式。强制许可不经专利权人许可，而是由专利行政部门依法进行的许可，因此也为被动方式。和法定许可一样，强制许可仅为普通许可。根据强制许可而实施专利权的，应当按照法律的规定，支付许可费。强制许可主要是基于本国的特殊情况而不经过专利权人的同意而为的许可，因此一般而言此类产品主要在内国销售。我国《专利法》第53条："除依照本法第48条第2项、第50条规定给予的强制许可外，强制许可的使用应当主要为了供应国内市场。"

（2）强制许可的范围和费用。根据《专利法》第48条的规定，强制许可仅适用于发明专利或者实用新型专利的实施。强制许可应该支付合理的实施费。我国《专利法》第57条的规定："取得实施强制许可的单位或者个人应当付给专利权人合理的使用费，或者依照中华人民共和国参加的有关国际条约的规定处理使用费问题。付给使用费的，其数额由双方协商；双方不能达成协议的，由国务院专利行政部门裁决。"

（3）强制许可的情形。强制许可的条件为：

第一，拒绝合理使用。具备实施条件的单位以合理的条件请求发明或者实用新型专利权人许可实施其专利，而未能在合理长的时间内获得这种许可的。我国《专利法》第48条第1款规定，专利权人自专利权被授予之日起满3年，且自提出专利申请之日起满4年，无正当理由未使用或者未充分使用其专利的，可以强制许可。

第二，关联专利的实施。一项取得专利权的发明或者实用新型比前已经取得专利权的发明或者实用新型具有显著经济意义的重大技术进步，其实施又有赖于前一发明或者实用新型的实施的；该专利权人或者前一专利权人均可以请求强制许可。

第三，国家紧急状态。在国家出现紧急状态或者非常情况时，可以请求实施强制许可。

第四，公共健康目的。我国《专利法》第50条规定："为了公共健康目的，对取得专利权的药品，国务院专利行政部门可以给予制造并将其出口到符合中华人民共和国参加的有关国际条约规定的国家或者地区的强制许可。"

第五，公共利益目的。为了公共健康之外的其他公共利益的目的，可以请求实施强制许可。如南非为了治疗艾滋病，而对美国的专利药品进行强制许可。

第六，消除垄断行为。《专利法》第48条第2款规定："专利权人行使专利权的行为被依法认定为垄断行为,为消除或者减少该行为对竞争产生的不利影响的。"

五、本许可和再许可

(一) 本许可和再许可的概念

以知识产权许可的实施主体为标准,可以将知识产权许可分为本许可和再许可。所谓本许可,即指知识产权人实施的许可,包括独占许可、排他许可和普通许可;再许可(sublicense),又称分许可,是相对于本许可而言的,指被许可人再次实施的许可。任何一项知识产权许都可能涉及再许可问题。在普通许可、排他许可和独占许可中,似乎排他许可和独占许可和再许可存在矛盾,因为这种情形下的再许可,似乎和排他以及独占相违背。实则不然,所谓独占许可和排他许可,限制的是许可人的权利,而不是被许可人,对于被许可人而言,恰恰是通过独占许可或者排他许可获得一个知识产权实施权,此时被许可人同时也是知识产权实施权人和知识产权担保权人,他能够进行再许可,取决于法律的规定和他与完全知识产权人的约定。

(二) 再许可的条件

普通许可、排他许可和独占许可是以对许可人的限制为标准进行的分类。在独占许可和排他许可中,许可人的权利行使被限制了,如果同时限制被许可人的再许可,并没有实际意义:许可人的利益不会因再许可而受损,被许可人的利益却可以因再许可而增加。因此,应该将独占许可和排他许可中被许可人的再许可确定为一项独立的权利,在无相反约定的情况下,原则上被许可人有进行再许可的权利。从知识产权理论上看,在独占许可和排他许可中,被许可人由于获得了知识产权实施权,也应该可以独立进行再许可。但是,由于在普通许可中,许可人的权利行使并不受限制,因此,普通许可中的被许可人无进行再许可的权利,除非当事人之间另有约定。从理论上看,在普通许可中,被许可人仅仅获得了债权,因此不能单独进行再许可。

国家统一司法考试真题

【案情】　甲公司为其牛奶产品注册了"润语"商标后,通过签订排他许可合同许可乙公司使用。丙公司在其酸奶产品上使用"润雨"商标,甲公司遂起诉丙公司停止侵害并赔偿损失,法院判决支持了甲公司的请求。在该判决执行完毕后,"润语"注册商标因侵犯丁公司的著作权被依法撤销。(2008 卷三多选 66 题)

【问题】　下列哪些选项是错误的?

A. 甲公司和乙公司可以作为共同原告起诉丙公司

B. 甲公司与乙公司的许可合同应当认定为无效合同,乙公司应当申请返还许可费

C. 甲公司获得的侵权赔偿费构成不当得利,应当返还给丙公司

D. 甲公司获得的侵权赔偿费应当转付给丁公司

【答案】 BCD

【考点】 知识产权许可合同中知识产权无效后的追溯效力。

【解析】 A项正确,故应被排除。《最高人民法院关于审理商标民事纠纷案件适用法律若干问题的解释》第4条第2款规定,在发生注册商标专用权被侵害时,独占使用许可合同的被许可人可以向人民法院提起诉讼;排他使用许可合同的被许可人可以和商标注册人共同起诉,也可以在商标注册人不起诉的情况下,自行提起诉讼;普通使用许可合同的被许可人经商标注册人明确授权,可以提起诉讼。B、C、D 的说法错误,为本题需要的答案。《中华人民共和国商标法实施条例》第36条规定,依照商标法第41条的规定撤销的注册商标,其商标专用权视为自始即不存在。有关撤销注册商标的决定或者裁定,对在撤销前人民法院作出并已执行的商标侵权案件的判决、裁定,工商行政管理部门作出并已执行的商标侵权案件的处理决定,以及已经履行的商标转让或者使用许可合同,不具有追溯力;但是,因商标注册人恶意给他人造成的损失,应当给予赔偿。

专利代理人考试真题

某种由动物引发的疾病在我国迅速蔓延。外国甲公司在我国拥有预防、治疗该疾病的药物专利。位于华南的乙制药公司在具备生产该种药物的条件下,多次以合理条件请求甲公司给予实施许可,甲公司都予拒绝。基于以上事实,下列哪些说法是正确的?(2006 年卷一第75 题)

A. 如甲公司的专利权被授予已超过3 年,则乙公司可以请求国务院专利行政部门给予实施该项专利的强制许可

B. 国务院专利行政部门可以国家出现紧急状态或者非常情况为由,给予实施该项专利的强制许可

C. 乙公司有权以国家出现紧急状态或者非常情况为由,直接实施该项专利

D. 国务院卫生行政部门可以为了公共健康的目的,决定在疾病蔓延地区免费推广应用该项专利

【答案】 A B

【考点】 专利的强制许可的种类

【解析】 A项正确。《专利法》第48 条规定:"有下列情形之一的,国务院专利行政部门根据具备实施条件的单位或者个人的申请,可以给予实施发明专

利或者实用新型专利的强制许可:(一) 专利权人自专利权被授予之日起满3年,且自提出专利申请之日起满4年,无正当理由未实施或者未充分实施其专利的;(二) 专利权人行使专利权的行为被依法认定为垄断行为,为消除或者减少该行为对竞争产生的不利影响的。"

B 项正确。《专利法》第49条规定:"在国家出现紧急状态或者非常情况时,或者为了公共利益的目的,国务院专利行政部门可以给予实施发明专利或者实用新型专利的强制许可。"

C 项错误。公益性的强制许可由国务院专利行政部门决定,所以选国务院专利行政部门可以给予强制许可,公司无权直接实施该项专利。

D 项错误。有权决定是否强制许可的是国务院专利行政部门而不是卫生行政部门。

第五节　知识产权出资

知识产权资本化正逐步发展成为一种经济现象。知识产权资本化不仅是资本的革命,而且逐步演变成为知识产权行使的一种法律形式。知识产权资本化使知识产权的作用得到更加全面的发挥,意味着在公司法上知识财产获得了和"物"同样的法律对待。然而,知识财产毕竟不是物,它对资本维持原则带来的冲击是现实存在的。因此有必要对知识产权出资比例进行合理限制。这并不违背同等保护和同等对待原则,而是资本维持原则的必然要求。

一、知识产权出资的概念

出资是指出资人为设立一个经济组织体而依照法律的规定转移财产权利给新设立的经济组织体,以获得资产受益、重大决策和选择管理者的权利的行为。广义的出资泛指出资人为设立一切经济组织体而进行的出资,包括公司、合伙等。狭义的出资仅指出资人为设立公司而进行出资。为设立一个经济体,设立人可以货币、土地使用权等出资,还可以依法以知识产权进行出资。所谓知识产权出资是指出资人以知识产权作为出资设立经济体的投资行为,是知识产权行使的一个具体方式。在高科技经济体的设立方面,知识产权出资是惯常的出资方式。根据同等保护原则,所有财产应该同等对待、不受歧视,因此应该允许知识财产出资,并应该允许所有知识财产都可以进行出资,不受知识财产种类的限制。但鉴于公司设立的特殊性,公司法对出资人的出资往往给予必要限制。

二、知识产权许可与出资

知识产权出资属于知识产权行使行为,是知识产权人实现知识产权的重要方式。有学者认为出资的具体方式应当包括"转让"和"许可"两种方式,主张除了转让之外,知识产权的三种许可方式均可以用于出资。"以知识产权使用许可方式出资,是一种较为普遍的经济和法律现象。出资方以知识产权使用许可方式出资,如果是独占许可,则出资者不得再以该知识产权向第三人投资,也不得自己使用或许可他人使用该知识产权;如果是排他许可,则出资者可以与所投资的企业同时使用该知识产权,但不得再许可任何第三方使用,也不得以此知识产权向第三人投资;如果是普通许可,则投资者保留自己使用、许可他人使用、向第三人投资等权利。"[1]无论哪一种许可,经过登记,都获得知识产权实施权,均可以进行出资。

知识产权人以完全知识产权出资的行为的实质,是出资人丧失出资财产的绝对权,而公司获得出资财产的绝对权。即移转知识产权归新设立的公司享有。以移转知识产权的方式进行出资,符合《公司法》的规定,也符合公司法的基本原理,知识产权人通过移转知识产权而获得出资人的资格。值得说明的是,这里的知识产权移转仅指知识产权中的财产权移转,知识产权中的人身权不能转让。知识产权和物权同为财产权,知识产权移转的法律效果,与所有权移转的法律效果相同。出资人(原知识产权人)丧失知识产权,而新设立的公司取得知识产权。

知识产权人通过知识产权许可,在知识产权上设定的用益权(知识产权实施权),其性质为绝对权。出资人以知识产权实施权出资的,其并未丧失完全知识产权,新设立的公司取得了知识产权实施权而已。出资人以知识产权实施权方式出资的,则知识产权人再向第三人转让该知识产权的,就受到其设定的知识产权实施权的限制。有学者认为,除了我国《公司法》有关出资人转让出资须经其他出资人同意的限制外,还因为若"原知识产权权利人继续享有股东的权利,则知识产权实施权就脱离了知识产权主体,这与知识产权法的基本原则相悖"[2]。知识产权人(出资人)得以享有股东的权利,不是因为他是完全知识产权人,而是因为他把知识产权实施权转移给了公司,设定知识产权实施权之后,完全知识产权名为完全,实际上受到了限制。知识产权人只能转让设定了知识产权实施权的知识产权,也就是用以出资的知识产权实施权的效力不受知识产权

---

[1]　参见刘春霖:《论知识产权的出资方式》,载《河北经贸大学学报》2005 年第 3 期。

[2]　参见刘春霖:《根据公司资本制度和资本确定原则确定知识产权出资主体适格研究》,http://www.66wen.com/03fx/faxue/faxue/0849/53570.html,2013 年 7 月 5 日访问。

人转让行为的影响。要做到这一点,在实践中就必须坚持登记制度,以产生公信力。

三、知识产权出资的范围

(一)《中外合资经营企业法》的规定

我国 1979 年颁布的《中外合资经营企业法》第 5 条规定:"合营企业各方可以现金、实物、工业产权等进行投资。"1990 年 4 月 4 日,该法进行了修正,但是关于知识产权出资的内容没有变化。根据该规定,设立中外合资经营企业,出资人以知识产权出资的,其范围仅以工业产权为限。至于工业产权的范畴,有狭义和广义两种不同理解。狭义的工业产权仅指专利权和商标权;根据《保护工业产权巴黎公约》第 1 条规定,工业产权范围包括专利权、商业标记权(商标、厂商名称、货源标记、原产地名称等)以及反不正当竞争的权利等,这属于广义的工业产权。至于是否包括商业秘密,曾引起了广泛的争论,但从立法的演进看,1979 年《中外合资经营企业法》是把商业秘密排除在外的。

(二)《中外合资经营企业法实施条例》的规定

2001 年修订的《中外合资经营企业法实施条例》第 22 条第 1 款前句规定:"合营者可以用货币出资,也可以用建筑物、厂房、机器设备或者其他物料、工业产权、专有技术、场地使用权等作价出资。"可见,该实施条例将知识产权出资的范围由工业产权扩大到工业产权和专有技术。该条例第 25 条规定:"作为外国合营者出资的工业产权或者专有技术,必须符合下列条件之一:(一) 能显著改进现有产品的性能、质量,提高生产效率的;(二) 能显著节约原材料、燃料、动力的。"值得注意的是,该条例将"专有技术"和"工业产权"并列,虽然扩大了知识产权出资的范围,但从立法技术上讲,并不妥当。第一,"专有技术"和"工业产权"不是同位阶的概念。"专有技术"是权利客体,"工业产权"是权利。第二,从内容看,"专有技术"和"工业产权"都涵盖了专利技术,外延部分重叠。

(三)《公司法》的规定

我国《公司法》对知识产权出资的规定,也呈现一个逐步演化的过程,在这个过程中,知识产权出资的范围逐步扩大。直到经过 2005 年《公司法》的修订,全部知识产权均可用于出资。1993 年我国颁布《公司法》,将知识产权出资的范围限制在工业产权和非专利技术两项。该法第 24 条规定:"股东可以用货币出资,也可以用实物、工业产权、非专利技术、土地使用权作价出资。"该法以"非专利技术"取代了"专有技术"这一概念。专有技术是一个比非专利技术外延大很多的概念,专有技术包括专利技术和技术秘密,而非专利技术则主要是指技术秘密,当然还包括没有取得专利的公知技术。以"非专利技术"取代"专有技术",

是一种历史进步。2005 年修订后的《公司法》第 27 条规定:"股东可以用货币出资,也可以用实物、知识产权、土地使用权等可以用货币估价并可以依法转让的非货币财产作价出资;但是,法律、行政法规规定不得作为出资的财产除外。"至此,全部知识财产均可以作为出资财产,这对于著作权有着重大的突破意义,因为长期以来,我国的法律虽未禁止以著作权出资,但却于法无据。随着社会的发展,数字内容产业已经突显出来,这个产业的基础资源就是受著作权保护的作品,因此,著作权出资对于这个行业意义重大。

四、知识产权出资的比例限制

我国《公司法》曾采严格限制知识产权出资比例的立法范式,将知识产权出资比例明确限制在一定额度之内。1993 年《公司法》第 24 条规定:"以工业产权、非专利技术作价出资的金额不得超过有限责任公司注册资本的 20%,国家对采用高新技术成果有特别规定的除外。"根据国务院的有关规定,对高新技术公司知识产权出资比例放宽至 35%。[①] 我国立法对出资比例的限制,是出于降低知识产权价值"高估"对注册资本制度的影响,维持一个真实的注册资本总额、从而保障债权人的利益的目的。但比例限制却也带来了很大的负效果,它被人为是对知识财产构成一定的"立法歧视",不具备操作性和合理性,增加了知识产权出资的难度;而且还致使知识财产的价值偏大的无法进行出资,因为知识财产的价格超过了注册资本的 20%。2005 年修订后的《公司法》,并没有直接限制知识产权出资金额的条款,这无疑是出于对知识产权出资的鼓励。但考虑到公司经营问题,而是走了另外的限制路线,即规定货币出资的最低金额,这是比较合理的。该法第 27 条第 3 款规定:"全体股东的货币出资金额不得低于有限责任公司注册资本的 30%。"该条的规定既鼓励了知识产权出资,又能保障公司的正常运营。

五、知识产权出资的价格确定

知识产权出资不像货币出资和实物出资那样数额确定,往往需要通过一定的范式为(如商定或者评估)来确定价格。对知识财产的评估作价比货币和实物等困难得多,并且可能会发生"高估"或者"低估"现象。设立公司的强势一方往往利用自己的优势地位对自己一方的知识产权出资"高估",而对对方的知识产权出资"低估"。我国相关法律对知识产权出资的价格确定方式也历经了一

---

① 国家科学与技术委员会和国家工商管理局在 1997 年颁布了《关于以高新技术成果出资入股若干问题的规定》,比例限制被提高到 35%。1999 年,科技部和国家工商管理局颁发了《关于以高新技术成果作价入股若干问题的通知》,该通知规定:"高新技术成果作价金额在 500 万人民币以上,且超过公司注册资本 35% 时,由科技部认定。"这就为超过 35% 留有了余地,但需要得到科技部的认定。

个发展变化过程。《中外合资经营企业法》对知识产权出资的价格问题采取了双方评议商定的方式。该法第 5 条第 3 款规定:"上述各项投资应在合营企业的合同和章程中加以规定,其价格(场地除外)由合营各方评议商定。"《中外合资经营企业法实施条例》对知识产权出资的价格问题除采取了双方商定的方式外,还提出了第三者评定的方式。该条第 1 款后句规定:"以建筑物、厂房、机器设备或者其他物料、工业产权、专有技术作为出资的,其作价由合营各方按照公平合理的原则协商确定,或者聘请合营各方同意的第三者评定。"1993 年《公司法》对知识产权出资的价格问题采取了评估作价的方式。该法第 24 条同时规定:"对作为出资的实物、工业产权、非专利技术或者土地使用权,必须进行评估作价,核实财产,不得高估或者低估作价。"根据该法第 28 条的规定,"有限责任公司成立后,发现作为出资的工业产权、非专利技术的实际价额显著低于公司章程所定价额的,应当由交付该出资的股东补交其差额,公司设立时的其他股东对其承担连带责任。"2005 年修订后的《公司法》第 27 条第 2 款规定:"对作为出资的非货币财产应当评估作价,核实财产,不得高估或者低估作价。法律、行政法规对评估作价有规定的,从其规定。"最终,我国对知识产权出资选择了评估作价的方式。

六、知识产权的有效期和公司经营期

知识产权出资中,知识产权的有效期和公司经营期的冲突是一个十分棘手的问题。大陆法系的公司法以资本确定原则、资本维持原则、资本不变原则为基本原则。就有期限的知识产权而言,出资人以知识产权进行出资,往往容易导致和公司的经营期的冲突问题。若知识产权有效期小于公司经营期,则相当于出资人在实质上抽回了出资,这是公司法严格禁止的。我国《公司法》第 34 条规定:"股东在公司登记后,不得抽回出资。"关于知识产权许有效期和公司经营期冲突的解决,可遵循以下思路:若为商标权许可出资,可以要求商标权人尽续展义务的方式得以解决;若以专利权许可和著作权许可的方式出资,由于此二项权利本身存续期间就是固定而有限的,因此应由出资各方事先约定补救措施。当然,以知识产权实施权出资,许可期限的约定应根据公司设立的宗旨和资本维持原则的要求等因素来约定。工商行政管理机关应通过登记、年检等手段,加强对知识产权出资的监管。

七、知识产权出资登记

出资人以知识产权为设立公司时的出资行为,就是以知识产权来换取公司股权。因此,无论是以完全知识产权还是知识产权实施权出资,均必须完成财产权利的转移或者设定,也就是,进行登记。知识产权人以完全知识产权出资的,

应该进行知识产权移转登记;知识产权人以知识产权实施权出资的,应该进行设定知识产权实施权登记。《公司登记管理条例》第 14 条规定:"股东以货币、实物、知识产权、土地使用权以外的其他财产出资的,其登记办法由国家工商行政管理总局会同国务院有关部门规定。"

八、知识产权出资与公司债务承担

根据我国《公司法》的规定,公司以其全部资产对外独立承担责任。此规定有以下两层含义:第一,公司财产独立。第二,公司以其独立财产对外承担责任。出资人以知识产权使用许可的方式出资,当公司发生债务纠纷时,债权人可否得以对作为出资的该知识产权主张权利呢? 作为债务人的公司如何"以其全部资产对公司的债务承担责任"呢?① 在知识产权出资方面,公司以其全部资产对公司的债务承担责任时,债权人可以将公司拥有的知识产权或者知识产权实施权折价、拍卖或者变卖受偿。因此,在理论上,知识产权出资与公司债务承担不存在冲突。

案例分析

1.【案情】 (案例来源:2005 国家统一司法考试卷四,略有改动):甲公司指派员工唐某从事新型灯具的研制开发,唐某于 1999 年 3 月完成了一种新型灯具的开发。甲公司对该灯具的技术采取了保密措施,并于 2000 年 5 月 19 日申请发明专利。2001 年 12 月 1 日,国家专利局公布该发明专利申请,并于 2002 年 8 月 9 日授予甲公司专利权。2004 年 3 月,甲公司欲以 80 万元将该专利技术转让唐某。唐某购得专利后,拟以该灯具专利作价 80 万元作为出资,设立一家注册资本为 300 万元的有限责任公司。

【问题】 唐某拟以该专利作价 80 万元设立注册资本为 300 万元的有限责任公司,是否符合法律规定? 为什么?

【答案】 这取决于唐某拥有的技术是否属于高新技术,如果属于,唐某的出资符合法律规定;否则不符合法律规定。根据《公司法》规定,除高新技术成果外,以工业产权出资的金额不得超过有限责任公司注册资本的 20%。

【考点】 技术作为有限公司的出资方式

【解析】《公司法》第 24 条规定:股东可以用货币出资,也可以用实物、工业产权、非专利技术、土地使用权作价出资。对作为出资的实物、工业产权、非专利技术或者土地使用权,必须进行评估作价,核实财产,不得高估或者低估作价。土地使用权的评估作价,依照法律、行政法规的规定办理。以工业产权、非专利

---

① 参见刘春霖:《论知识产权的出资方式》,载《河北经贸大学学报》2005 年第 3 期。

技术作价出资的金额不得超过有限责任公司注册资本的 20%，国家对采用高新技术成果有特别规定的除外。据此，如果该技术不是高新技术，唐某的出资则不符合法律规定。根据法律规定，除高新技术成果外，以工业产权出资的金额不得超过有限责任公司注册资本的 20%。

第七章　知识产权变动模式

⦿⟩ **要点提示**

　　重点概念:(1) 知识产权变动;(2) 知识产权变动模式;(3) 知识产权行为;
(4) 知识产权行为的构成要件;(5) 知识产权意思表示;(6) 知识产权合意;
(7) 知识产权登记。

⦿⟩ **本章知识结构图**

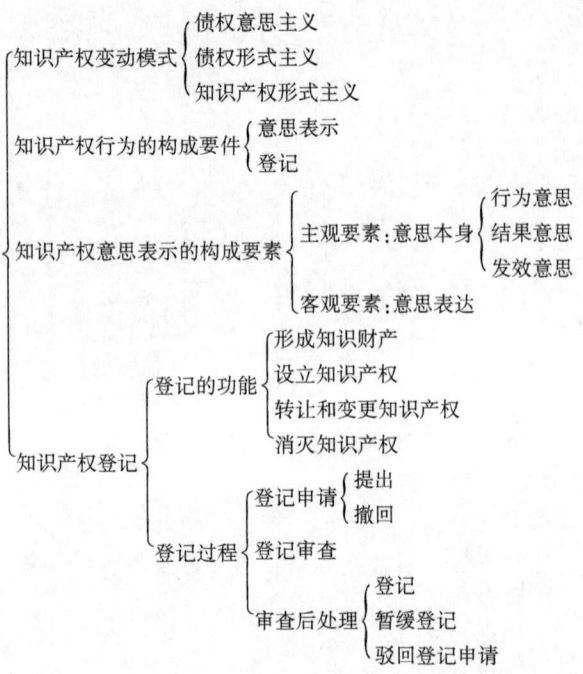

第一节　知识产权变动模式概说

　　知识产权变动由一系列行为构成。不同的学者和国家采取了不同的方案,
主张不同的变动模式。知识产权行为理论是知识产权变动模式理论的核心。知

识产权行为的目的是变动知识产权,而知识产权合同则是在当事人之间产生给付义务。从性质上看,债权法上的行为为负担行为,不能当然的发生财产权变动的效果;而物权法上的行为为处分行为,通过处分行为权利人可以实现物权的变动;这个规则对于知识产权照样适用:知识产权法上的行为为处分行为,通过知识产权行为,权利人可以完成知识产权的变动。

一、知识产权变动概述

(一) 知识产权变动的概念和种类

知识产权变动,是指知识产权的设立、移转变更和消灭。知识产权的设立,是指权利人创设一个本不存在的知识产权,如通过劳动创设著作权、通过设定抵押而创设知识财产抵押权、通过设定许可而创设知识产权实施权等。知识产权的移转,是指已经存在的知识产权在权利人之间的流转,如知识产权的转让、赠与和继承等。知识产权的变更,又称客体变更,是指在权利主体不变的情况下知识产权客体的部分改变。知识产权的消灭,即知识产权的存在效力的丧失,即知识产权终止。

(二) 知识产权变动与知识产权行为

知识产权行为乃为知识产权变动而设。根据知识产权行为理论,知识产权变动依独立于债权合同而存在的知识产权行为而发生。知识产权行为是当事人借以发生知识产权变动的主要法律途径。但发生知识产权变动的法律途径并不限于法律行为,还有各种事实行为,如创作。

二、知识产权变动模式之主要类型

纵览全球物权变动模式的规定,可供参考的主要知识产权变动模式为:债权意思主义、形式主义和债权形式主义。[①]

(一) 法国的债权意思主义模式

债权意思主义认为,当事人达成债权合意,知识产权即发生变动。在这种模式下,交付、登记只是一个事实。《法国民法典》1538 条:"当事人就标的物及其价金相互同意时,即使标的物尚未交付,价金尚未交付,买卖即告成立,而标的物的所有权亦于此时在法律上由出卖人移转给买受人。"第 1138 条:"自标的物应交付之日起,即使尚未显示交付,债权人即成为所有人,并负担该标的物的风险,但如交付人延迟交付,则标的物受损的风险由交付人承担。"按照该规定,类推于知识产权,知识产权自双方当事人达成债权债务合同时发生转移。这种模式虽然简化了交易,易于为普通老百姓所接受。但是交易风险过高,不宜为构建我

[①]　参见梁慧星:《中国物权法研究》,法律出版社 1998 年版,第 177—179 页。

国知识产权变动规则所采用。正是由于这个原因,在 1855 年,法国颁布了《不动产登记法》对上述规则进行了修补,重新规定了登记的效力:规定不动产物权依法律行为发生的各项变动,不经登记不得对抗第三人。这就使交付和登记具有了对抗效力,即已经成立的物权变动产生对抗第三人的效力。登记和对抗的这种效力被称为"公示对抗主义"。

（二）德国的物权形式主义模式

德国物权变动的形式主义模式认为,当事人达成债权合意,物权不发生变动,而是当事人在此基础上达成物权合意,才发生物权变动。在这种模式下,交付、登记就是物权合意的表现,因此,交付和登记也发挥着决定权利变动的效力的作用。德国法学家萨维尼力倡形式主义模式。萨维尼认为,物权行为和债权行为是相互区分的,唯有物权行为才是物权变动的理由和根据。这样一来,交付和登记就被赋予了物权变动的意义。《德国民法典》第 873 条第 1 款:"为转让土地的所有权,为以某项权利对土地设定负担,以及为转让此种权利或者对此种权利设定负担,权利人和相对人之间必须达成关于发生权利变更的合意,并且必须将权利的变更登记到土地登记簿中,但法律另有规定除外。"类推于知识产权法而言,在形式主义模式下,知识产权非因达成债权合同而发生变动,而是因实施知识产权行为而发生变动。

（三）债权形式主义模式

债权形式主义,是指物权因法律行为而变动时,除有债权的合意之外,还必须履行登记或交付的法定形式,才可生效。奥地利、瑞士和韩国民法典均采用债权形式主义。依此模式,物权因法律行为发生变动需要当事人之间的债权合意和登记或交付两个要件,在债权合同生效后,依法进行交付或者不动产登记方产生物权变动的效力;如果债权无效,那么即使移转的物权也无效。债权形式主义是建立在物权行为和债权行为相区分的基础之上的,是对债权意思主义和物权形式主义的折衷。

（四）我国现行法确立的物权变动模式

我国现行法,如《民法通则》《担保法》《合同法》等法律对物权变动模式的选择并不一致。我国《民法通则》采取了物权形式主义模式,其第 72 条规定:"按照合同或者其他合法方式取得财产的,财产所有权从财产交付时起转移,法律另有规定或当事人另有约定的除外。"而我国《担保法》采取的是债权意思主义,该法 41 条:"当事人依本法 42 条规定的财产抵押的,应当办理抵押物登记,抵押合同自登记之日起生效（该条由于和《物权法》第 187 条的规定相抵触,应适用《物权法》第 187 条的规定）。"而"抵押合同自登记之日起生效"的规定,为债权意思主义的模式体现,因为该法把抵押权生效要件,混同于合同生效要件。我国《物权法》采取了物权形式主义模式,该法第 6 条规定:"不动产物权的设立、变更、转让和消灭,应当依照法律规定登记。动产物权的设立和转让,应当依照法律规定交付。"该法第 9 条规定:"不动产物权的设立、变更、转让和消灭,经依法登记,发生效力;未经登记,不发生效力,但法律另有规定的除外。"第 23 条规定:"动产物权的设立和转让,自交付时发生效力,但法律另有规定的除外。"

三、我国知识产权变动模式之选择

在我国民事立法上,债权意思主义已被放弃,我国《物权法》采取的是物权形式主义,"依法登记,发生效力;未经登记,不发生效力"中的"效力"应该指成立效力,而不是对抗效力。类推我国《物权法》的规定,我国知识产权变动也应该采取知识产权形式主义模式,即当事人达成债权合意,知识产权不发生变动,而是当事人在此基础上达成知识产权变动合意,知识产权才发生变动。在这种模式下,交付、登记就是知识产权合意的表现。

根据德国民法,法律行为可以分为债权行为和物权行为。债权行为是负担行为,而物权行为在性质上为处分行为。知识产权行为理论,就是针对此种权利变动模式而提出的,它解决的是关于知识产权行为和知识产权合意的基本理论问题。区分知识产权行为和债权行为,有利于在合同生效而知识产权行为尚未发生的情况下,保护当事人的合同债权。另一方面,区分知识产权行为和债权行为,有利于保护知识产权人的权利。

拓展贴士

2007 年,法国达能公司欲强行以 40 亿元人民币的低价并购杭州娃哈哈集团有限公司的其他非合资公司 51% 的股权。2007 年 12 月,娃哈哈和达能之间在杭州进行的仲裁裁决已经做出。裁决书(〔2007〕杭仲字第 154 号)确认终止《商标转让协议》,商标权并未变动,仍由娃哈哈集团享有,驳回了达能要求对娃哈哈集团履行合资合同中的商标转让协议的请求。1996 年 2 月 29 日杭州娃哈哈集团与杭州娃哈哈食品有限公司签订的《娃哈哈商标转让协议》,该协议因未被商标局核准,因此商标权转让不能实现。根据商标法的规定,商标转让必须经过核准,未经核准登记不发生商标转让的效力。我国《商标法》第 25 条规定:"转让注册商标经核准后,予以公告。"核准登记与否与转让协议的效力无关,而是关乎商标权能否完成转让。转让协议的效力和权利转移本身是两个法律问题,不能混为一谈。从性质上看,商标转让的核准登记为知识产权行为,唯有通过登记公示才能转让商标权。因此,该仲裁裁决适用法律正确。

第二节　知识产权行为概述

从制度层面对知识产权行为理论进行研究,不仅影响着知识产权的体系化和法典化,而且影响着我国民法典的体系选择和制度设计。知识产权意思表示和合意制度是知识产权法上的基本制度,是知识产权总则的核心要素。

一、知识产权行为的概念与表现形式

(一) 知识产权行为的概念

知识产权行为是指以变动知识产权为目的,并引起知识产权法上的效果的法律行为。知识产权行为是法律行为的下位概念。民事法律行为是指以意思表示为要素并能引起民事法律关系的设立、变更和消灭的法律事实。[①] 法律行为的目的旨在引起法律效果的实现。民事法律行为作为法律事实的一种,可发生物权法上、债权法上、人身法上和知识产权法上的法律效果,如物权行为、债权行为、婚姻行为和知识产权行为。知识产权行为是这样一种民事法律行为,它具有民事性,是变动知识产权的意思表示,其目的十分明确,并且设立和变动知识产权的效果,是知识产权法上的一种主要法律事实。知识产权行为是以意思表示为要素的行为,属于民事法律行为。知识产权行为是知识产权变动的一种法律行为。知识产权行为以变动知识产权为目的,是当事人借以发生知识产权变动的主要法律途径。

拓 展 贴 士

知识产权行为理论是对物权行为理论的继承和发展。19 世纪初,德国学者萨维尼提出了物权行为理论。他以施舍为例,说明了物权行为的独立性和无因性。路人向乞丐施舍一枚硬币时,"交付"使这枚硬币的所有权发生移转,除此之外,没有任何的其他法律关系的存在,比如债权关系。于是,"交付"即为所有权发生转移的唯一依据。据此,萨维尼断言,"交付"是一个物权法上的契约。物权行为的独立性就这样被"发现"了。[②] 自那时起,物权行为的概念及其内涵就一直都处于激烈的争论之中。我国学界有代表性的界定为,物权行为是指以物权变动为目的的法律行为。该定义说明,物权行为的目的和效果在于发生物

[①]　马俊驹、余延满:《民法原论》,法律出版社 1998 年版,第 236 页。
[②]　王利民:《物权行为理论评析》,载《大连海事大学学报(社会科学版)》2004 年第 1 期。

权变动的法律后果。根据萨维尼的观点,私法上的契约存在于一切法律制度中,那么在知识产权法领域也应有立足之地。类推于物权行为,知识产权行为的目的和效果在于发生知识产权的变动为目的,这就与知识产权变动有关的债权合同区分开来。

我国《民法通则》第72条为知识产权行为的立法依据。该条规定:"财产所有权的取得,不得违反法律规定。按照合同或者其他合法方式取得财产的,财产所有权从财产交付时起转移,法律另有规定或者当事人另有约定的除外。"依据该条第2款关于"按照合同或者其他方式合法取得财产"的规定,取得财产的方式是合同方式或者其他方式,财产包括物和知识财产,发生转移的财产之上的权利,应包括物权和知识产权。因此,该规定既包括了物权行为,也应包括知识产权行为。

（二）知识产权行为的表现形式

法律行为可以通过口头形式、书面形式、数据电文形式等来表现,知识产权行为也是如此。值得注意的是,一般而言,知识产权行为是通过登记来表现出来的。也可以说,变动知识产权的合意是记载在当事人实施的登记行为中。无知识产权变动合意,即无登记行为的发生;而无登记行为的发生,则无知识产权变动合意的表现。

二、知识产权行为的构成要件

知识产权行为的构成要件,指构成知识产权行为的必备条件。满足知识产权行为构成要件的行为,才是知识产权行为,并能发生相应的法律效果。知识产权行为为要式行为,须符合两项要件:一是知识产权变动的意思表示要件,另一是登记要件。用一个直观的公式表示:

知识产权行为 = 知识产权意思表示 + 知识产权登记。

一般情况下,双方当事人变动知识产权的意思表示一致,也就是达成知识产权合意。但在知识产权抛弃中,仅有单方意思表示也可以构成知识产权行为。无论是意思表示一致,还是单方意思表示,均需要完成法律行为的形式要件——登记。在登记中,双方当事人变动知识产权的意思被明确记载下来。

三、知识产权行为的分类

（一）以债权行为是否存在为标准的分类

以是否有债权行为存在为标准,可以将知识产权行为划分为单独的知识产权行为和与债权行为并存的知识产权行为。

（1）单独的知识产权行为。单独存在的知识产权行为，即与债权行为无关的知识产权行为。单独存在的知识产权行为为无原因行为，不基于债权行为而发生。此种知识产权行为的独立性十分明显，如知识产权抛弃等。

（2）与债权行为并存的知识产权行为。与债权行为并存的知识产权行为，即以债权行为为原因行为的知识产权行为。与债权行为并存的知识产权行为中，设定知识产权担保权的行为，独立性和无因性基于法律的直接规定，而不受争议。但是，"一手交钱，一手交货"交易中，知识产权行为的独立性和无因性容易受到争议。

（二）以追求法律效果为标准的分类

按照法律行为所具体追求的法律效果分类，知识产权行为可分为知识产权的设立、转让、变更和抛弃等行为。

（1）知识产权的设立。所谓知识产权的设立，是指设立完全知识产权和定限知识产权的情形。知识产权的继受取得可以分为两类：一类是设定的继受取得；另一类是移转的继受取得。其中，设定的继受取得是指知识产权人对其享有的知识产权的内容加以一定的限制，从而产生新的知识产权，而知识产权人仍保有其权利，被称为"知识产权的设定"。这种形式可以具体分为通过许可合同设定知识产权实施权和通过的担保合同设定知识产权担保权两种方式。这种取得知识产权的方式常被称为"知识产权的设立"或者"知识产权的设定"。

拓 展 贴 士

当事人双方依据独占许可和排他许可合同进行登记后，被许可人便获得了知识产权实施权。而目前我国的情况是，由于知识产权法没有规定登记与不登记的效力区别，造成许多许可合同，包括专利许可、商标许可、著作权许可合同并未在相关登记机关进行登记，而未登记的被许可人在遇到侵权提起诉讼时，往往遭到被控侵权人以"许可合同仅具有合同法上的债权，无权对抗第三人"的抗辩。

（2）知识产权的转让。知识产权的转让是知识产权的取得方式之一。知识产权的原始取得，与知识产权行为无关，因此不在讨论之列。知识产权的继受取得中的"移转的继受取得"，包括知识产权的转让和赠与等情形。通过知识产权的转让，原知识产权人丧失知识产权，而新知识产权人获得知识产权，从而实现在当事人之间的知识产权的移转。

（3）知识产权的变更。知识产权客体的变更着重于知识财产的变化。在著作权法领域,典型的知识产权客体的变更是作品的修订。作品的原版和修订版是同一个知识财产,其上只有一个知识产权。当侵权人非法复制作品原版和修订版均有的内容时,只发生针对一个作品的侵权行为,而不能认定为侵犯了两个作品的著作权,也不得主张侵权人针对两个作品进行赔偿。在商标法领域,删减注册商标适用的商品或者服务项目也属于知识产权客体的变更。

拓展贴士

我国商标申请实行"一标一类"制度,其中的"类"可以包括多个项目,如一个申请人可以在同一类别上,如第 5 类包括医用化学药品、中成药、中药材、药酒、医用营养物品、空气净化制剂、兽药、农药、卫生巾、牙填料,申请注册商标。需要删减注册商标适用的商品或者服务项目时,可以申请商标变更。

拓展贴士

根据我国法律的规定,专利获得授权后,在法定情形下,说明书和权利要求书可以修改。发明专利权的保护范围以其权利要求的内容为准,说明书及附图可以用于解释权利要求。如果对说明书和权利要求书的修改导致了技术方案的实质变动,如删除一项或者几项权利要求,则构成专利权的客体变更。

拓展贴士

并非所有的知识产权的客体或客体的所有方面都能发生变更。如商标一旦获得注册,其商标图案/文字构成也不能申请变更。知识财产的改变,分两种情况:一种通过改变形成新的知识财产,而原知识财产仍然存在,如改编等。此时,就有两个作品出现了,而不是一个取代另一个,因此原知识产权不受影响。这种情况,不属于知识产权的变更,而是另一个知识产权的原始取得。另一种情况是通过改变形成了新的知识财产,但是原来的知识财产被取代了,如图书经过修订而得到一个修订版。这种情形才是知识产权的变更。

（4）知识产权的抛弃。知识产权的抛弃是指通过法律行为而使知识产权消灭。知识产权的抛弃与知识产权转让不同。从法律关系角度看,知识产权转让中,知识产权虽与原权利人分离,但又与其他主体结合;而知识产权的抛弃中,知识产权与原权利人分离后,并不与新的权利结合。一般而言,物权的抛弃以物权人对物的抛弃为外观表现,而知识产权抛弃并无具体的外观表现,因此法律对知识产权抛弃往往要求明确的意思表示。美国《统一计算机信息交易法》第207条规定:"抛弃是抛弃方同意的记录中记载的,例如通过表示同意而抛弃,并且该记录确认了对信息产权的抛弃。"由此可以看出,知识产权的抛弃必须是明确的意思表示,并且须经书面形式(包括纸面和数据电文)做出。

拓展贴士

知识产权抛弃是一个法律行为,而非事实行为。比如,知识产权人死亡不能被认定为知识产权抛弃。知识产权人死亡,发生继承;如果知识产权人无继承人的,则知识财产归国家享有。而知识产权人抛弃知识产权的,知识财产进入公共领域,成为公共资源。

第三节　知识产权意思表示与合意

法律行为的核心要素为意思表示。这一点既说明意思表示对于法律行为的重要性,同时也使我们注意到法律行为还有意思表示之外的其他因素。这正是意思表示和法律行为的区别。知识产权行为为要式行为,由知识产权意思表示和登记构成。也就是说,知识产权意思表示需要与其他法律事实(登记)相结合才能构成知识产权行为,这也是知识产权行为与知识产权意思表示的区别。

一、知识产权意思表示的概念与构成

(一) 知识产权意思表示的概念

民法上的意思表示,就是指要获得一定法律后果的意思的外部表达。[1] 知识产权意思表示,是指要获得知识产权变动的法律后果的意思的外部表达。知识产权意思表示是表意人变动知识产权的内心活动的外部表达。

(二) 知识产权意思表示的构成

按照意思表示的基本理论,知识产权意思表示应有两个最基本的要素:主观

---

[1]　米健:《意思表示分析》,载《中国法学》2004年第1期。

要素和客观要素。其中,主观要素是指表意人的"意思本身";而客观要素为表意人的"意思表达"。知识产权意思表示的主观要素又可以分为行为意思、表示意思和法效意思。知识产权行为意思是指表意人对于自己变动知识产权的行为,有着清醒的认识。

拓展贴士

有意识的沉默和无意识的沉默中,唯有前者可能被推定为同意或者拒绝变动知识产权的意思表示。再如,一个精神病人,无论做出的变动知识产权的意思表示的其他构成要素如何健全,均因缺乏行为意思而不成立。表示意思是指意思表意人将其举止,包括作为和不作为作为表达的意思。

简单地说,表示意思就是表意人确切地以某种特定方式传达意思表示的意识。无表示意思则无意思表示。对知识产权意思表示而言,由于其表现形式为登记,通过登记明确其变动知识产权的意思,因此,鲜有存在欠缺表示意思的情形。知识产权法效意思是指表意人变动知识产权的意思,获得一定法律效果的意思。法效意思是区分于儿戏和交易的直接基础。法效意思的实质在于一个人是否有获得特定法律后果的意思。[①]

知识产权意思表示的客观要素即表示要件。所谓表示要件即指意思表示的外部表达,其功能在于让他人了解。按照意思表示理论,每个可以被外部认识的举动,只要其是明确或隐含地与潜在的法律上的意思相关联,都构成表示要件。例如:说、写、举手、点头或摇头以及其他可以按照经验判断其所含意思的各种举止或举动。这些在理论上被划分为明示、推断表示和默示。[②] 对于知识产权意思表示的表示行为而言,仅为明示。因为知识产权登记中,明确记载了产生或者变动知识产权的原因,如转让、许可、设定担保等,因此,不存在推定或者默示的情形。

二、知识产权合意的概念和特征

（一）知识产权合意的概念

知识产权合意,是指当事人以变动知识产权为目的而达成的意思表示一致。在知识产权变动实践中,知识产权合意往往是通过登记行为而得以体现的。与物权合意一样,知识产权合意是对一定的生活事实的高度抽象。无论是理论上,

---

① 米健:《意思表示分析》,载《中国法学》2004 年第 1 期。
② 同上。

还是实践中,依双方法律行为而发生的知识产权变动,不仅需要知识产权人的
"意思"而且需要相对人的"同意"。当事人之间因变动知识产权而达成的意思
表示一致即为知识产权合意。知识产权合意是一种合同。德国民法专门创造
"合意"这一概念,目的在于区别于债权法上的"合同"。知识产权合意的内容旨
在直接对一项知识产权进行转让、变更或者消灭。

（二）知识产权合意的特征

从知识产权合意与债权合同存在的区别角度,我们可以看出知识产权合意
的法律特征:

第一,知识产权合意的目的和法律效果在于知识产权的变动;而债权合同的
目的和法律效果在于创设债权。一般情形下,知识产权合意(变动知识产权的
意思表示一致)为知识产权行为的基本要素,对此应没有疑义。在知识产权转
让过程中,知识产权人和受让人共同进行知识产权权利移转登记的行为,隐含了
知识产权人为转移知识产权的意思表示和受让人为接受转移的意思表示,双方
意思表示一致,才为登记行为。而债权合同的目的和法律效果在于创设债权。

第二,知识产权合意,非完整的法律行为,而是法律行为的构成要素,非法律
行为本身。知识产权合意,和登记一起构成了知识产权行为,即知识产权行为为
要式行为,须为登记才成立。而一般情况下,债权合同可以是一个完整的法律行
为,即债权合同为法律行为本身。

（三）知识产权合意理论的意义

根据萨维尼的物权行为理论,以履行买卖合同或其他以所有权转移的合同
为目的的"交付",并不仅仅是一个履行事实,而是一个导致所有权转移的"物权
合意"。这使得物权合意,从债权合同中解脱出来,成为独立的一类合同。与此
相同,知识产权合意也从债权合同中独立出来了。

拓 展 贴 士

知识产权合意概念的创立,使得知识产权法的诸多规定和制度,从债权法中
解脱出来,与之相适应,知识产权变动就有了知识产权法上的独特依据。知识产
权是私权,知识产权法本质上是私法。因而法律首先要肯认的是权利人的意思,
这也是意思自治原则的基本要求。现实生活中,人的意思表示是多样的,有债权
法上的意思表示,也有物权法上的意思表示,还有继承法上的意思表示、婚姻法
上的意思表示,当然也有知识产权法上的意思表示。通过意思自治原则,私法把
权利后果的产生最终和个人的意思相结合,从而实现个体的自治和社会的民主。

三、知识产权合意的具体规则

（一）知识产权合意的撤回与撤销

关于知识产权合意的具体规则,可比照适用法律关于物权合意的规定。根据《德国民法典》第 873 条的规定,由于物权合意不含有债法性因素,因此原则上不具有拘束力,可以被自由地撤回。但在以下情形下,物权合意不可撤回:"在登记前,当事人只有在意思表示作成公证书,或是向土地登记处作出的,或已向其提交时,或在权利人已向另一方当事人交付符合《土地登记法》规定的登记同意书时,才受合意的拘束。"①据此规定,在不动产物权变动中,当事人双方达成一定的形式要件时,合意具有拘束力。拘束力的后果是再也不能单方面撤回合意。

知识产权合意也不负有债法上的义务,因此知识产权合意可以自由地被撤回。在撤回的时间上,应在登记之前还是在提出登记申请之前,应有所分辨。我们以为,为了保障交易安全,遵守诚实信用原则,当事人依照知识产权合意,提出申请后,当事人所为的知识产权合意即为不可撤回。在提出登记申请之前,任何一方都可以单方面无理由地撤回知识产权合意。② 知识产权合意自登记之日起生效。生效后不得随意撤销,仅就法定事项,如登记错误才能申请撤销。

（二）知识产权合意的附条件和附期限

知识产权合意可以附条件和附期限,当条件和期限成就,当事人依约提出登记申请。登记是知识产权变动完成的标志。

（三）知识产权合意与登记

知识产权行为为要式行为,知识产权行为的构成要素为知识产权合意和登记。在知识产权上设定定限知识产权(如设定知识产权实施权和知识产权担保权)以及对知识产权进行转让均应进行登记。在知识产权变动中,知识产权合意与登记应该一致。实践中,知识产权合意与登记不一致的情形主要有两种:一种是内容的不一致,即合意内容与登记内容不一致;另一种是时间的不一致,即合意与登记之间存在的时间差。就内容不一致而言,未登记的合意内容不成立,仅登记的内容发生法律效力。若画家将自己的三幅作品用于知识财产质押,则仅登记的生效,未经登记的仅发生债权合同的效力。就时间不一致而言,又可以分为以下两种情况:

第一,合意达成后至登记前,当事人失去相应行为能力的情形。在知识产权

---

① 参见《德国民法典》第 873 条第 2 款。
② 知识产权合意被撤回的,意味着债权合同的无法履行。债权人可以主张违约责任。

合意与登记之间发生的此种情形,知识产权合意的有效性不受直接的影响,此时,当事人的财产监管人或者监护人取代了当事人的地位。在登记申请提出前,可决定是否撤回合意;在登记申请提出后,可决定是否撤回申请,但撤回申请应接受登记机关的审查。

第二,合意达成后至登记前,当事人死亡的情形。若当事人死亡,而死亡前尚未提出登记申请的,则知识产权合意消灭。如果财产监管人或者继承人仍然希望交易实现的,则须重新与相对人达成知识产权合意。因为如果已经死亡的当事人未提出登记申请,而任由其财产监管人或者继承人以死亡当事人的名义提出登记申请,则构成无权处分。若当事人死亡前已经提出登记申请的,则当事人的财产监管人或者继承人,可决定是否撤回申请,但撤回申请应接受登记机关的审查。因为尽管当事人已经死亡,但是登记申请由其提出,此处分为有权处分。

第四节　知识产权登记

知识财产具有无形性,波及面广;而知识产权是一种具有排他性的独占权,因此该权利对第三人影响巨大,需要一定的登记以便第三人知晓。登记制度是知识产权法上的一项重要制度。知识产权法主要调整有关知识产权的设立和变动所形成的民事关系,而知识产权的设立和变动大都需要通过登记进行公示而完成。没有登记,大多数知识产权不能有效的设立和变动。由于当事人变动知识产权,会涉及第三人的利益(尤其是专利权垄断性最高),因此应贯彻登记制度,将知识产权变动的事实通过登记这一公示方法向社会公开。目前,无论从理论研究方面,还是立法实践上,知识产权登记制度都不十分完善。完善登记制度,是我国知识产权立法所要面临的重要课题。

一、知识产权登记的概念与性质

(一) 知识产权登记的概念

"登记"是"登录、记载"的意思,也就是说要把一定的事实登记记载在簿册之上。知识产权登记是指登记申请人据法定的程序将知识产权的变动登录在登记机关的登记簿上的行为。我国知识产权法上,专利法和商标法对知识产权登记制度贯彻较为彻底,而著作权法则有很多问题值得进一步思索。总之,构建知识产权登记制度意义重大,下面以著作权为例进行阐释。由于我国著作权法并未实施强制登记制度,而是采取了自愿登记制度,著作权人按照自己的意思决定是否进行著作权登记。

拓 展 贴 士

在著作权领域,被称为"一女多嫁"或者"一权多卖"的交易行为十分突出。交易活动的安全成为人们关注的焦点。如歌曲《老鼠爱大米》的创作人杨臣刚先生先后对该歌曲的著作权进行了两次转让和一次专有实施许可,从法律规范的漏洞来看,主要是因为没有完善的登记制度。

物权的转移是以交付和登记为公示的,而著作权的转移只能以登记为公示。物权的转移往往具有直观性(动产以交付为公示方式),而著作权的转移却不具备。在交易中,进行著作权变动登记是十分必要的。著作权人获得著作权不必以登记为要件,但是其著作权的行使,尤其是转让或者设定定限著作权应该进行登记。

(二) 知识产权备案与知识产权登记

知识产权备案,是指双方当事人依照法律的要求和法定程序,将有关知识产权转让和许可的相关文书报送知识产权行政管理部门存档备查的法律制度。我国《著作权法实施条例》第 25 条规定:"与著作权人订立专有许可使用合同、转让合同的,可以向著作权行政管理部门备案。"此处规定的是"可以"备案,即备案只是一个自愿程序而已。而我国商标法对商标实施许可合同确立了强制备案制度。我国《商标法》第 40 条规定:"商标使用许可合同应当报商标局备案。"

知识产权备案和人民法院进行的驰名商标备案不同。根据 2006 年《最高人民法院关于建立驰名商标司法认定备案制度的通知》的规定,由人民法院认定的驰名商标,由各高级人民法院将一、二审法律文书连同认定驰名商标案件的统计表报送最高人民法院民三庭备案。该备案的主体为各高级人民法院和最高人民法院民三庭,非由当事人发动,亦非到知识产权行政管理部门登记。本书涉及的知识产权备案并不包括这种备案形式。知识产权备案制度和知识产权登记制度密切相关。至于"备案"与"登记"有何区别,不备案是否影响合同效力,专门法及行政法规中无明文规定。在许多外文中"备案"与"登记"是一个词。[①] 一般而言,备案仅适用于知识产权许可等对知识产权本身影响不大的处分,而登记的适用范围则为知识产权设立、变更和终止的全部环节。备案和登记的共同之处表现在:(1) 登记机关相同。知识产权备案和登记的机关是知识产权行政管

---

① 参见郑成思:《〈合同法〉与知识产权法的相互作用》,载《法律适用》2000 年第 1 期。

理机关。(2) 从行政管理角度看,知识产权备案制度和知识产权登记制度都是我国知识产权法上确立的有关知识产权变动的两种行政管理方式,都属于无须经过审批的一种行政管理方式,都是知识产权行政管理部门实施的知识产权管理活动。(3) 从私法效果看,二者都是知识产权行为的构成要素,均具有公示公信的法律效果。因为无论是登记还是备案,根据我国《政府信息公开条例》这些掌握在知识产权行政管理部门的政府信息均应向公众公开。但备案制度和登记制度并不相同,二者的主要区别在于审查方式不同。对于备案而言,唯有形式审查一种,而登记可以分为实质审查和形式审查两种。在本书中,就知识产权变动的公示而言,在无特别说明的情况下,为行文方便在使用"登记"一词时包含了"备案"。

二、知识产权登记的功能

登记制度的建立体现了国家对知识产权确权和权利变动的干预,通过登记将知识产权的设立、移转、变更的情况向社会公开。具体而言,登记的功能如下:

(一) 形成知识财产

知识产权登记制度促进了由智力成果到权利对象的转变进程。有学者认为,登记制度促进了知识产权对象的闭合,意味着知识产权的成熟。[①] 登记制度的重要意义在于无论治理成果是以何种形式存在,经过登记就转变为一种权利对象,一种财产。于是,知识产权的客体统一于权利对象。那么,权利对象的共性是什么? 权利对象,又称权利客体,可以分为行为、人身利益和财产(包括物、信息财产和知识财产),知识财产作为一种权利对象,其共性是财产。知识产权统一建立于"财产"这个共性之上。"知识产权之所以成为独立的权利群,其连接因素不在于权利产生的劳动过程,而是权利对象自身的共性。"[②]这个共性就是财产。

(二) 设立知识产权

在知识产权领域,著作权、商业秘密权和非物质文化遗产权利的设立不以登记为必要,但专利权和商标权以登记为取得的必要条件。我国《作品自愿登记办法》第 2 条规定:"作品实行自愿登记。作品不论是否登记,作者或其他著作权人依法取得的著作权不受影响。"但登记有利于为维护作者或其他著作权人和作品实施者的合法权益,有助于解决因著作权归属造成的著作权纠纷。

[①] 〔澳〕布拉德·谢尔曼、〔英〕莱昂内尔·本特利:《现代知识产权法的演进》,金海军译,北京大学出版社 2006 年版,第 230—242 页。

[②] 李琛:《对智力成果权范式的一种历史分析》,载《知识产权》2004 年第 2 期。

知识产权实施权和知识产权担保权的设立,应以登记为必要。无论是知识产权实施权,还是知识产权担保权,也无论是在何种具体知识产权之上设立何种知识产权实施权和知识产权担保权,均应进行登记,否则不产生设立知识产权的效力。根据《日本专利法》的规定,独占实施许可合同订立后,要在日本专利局进行登记和公示才能产生专利权变动的效力,而普通实施许可不必登记即可生效。这是因为,独占实施许可合同中,被许可人获得的是专利权,而专利权需要经过知识产权行为才能变动;在普通许可中,被许可人(实施人)不登记,仅能获得债权,而登记则可以获得知识产权实施权。

我国《著作权质押合同登记办法》第3条规定:"以著作权中的财产权出质的,出质人与质权人应当订立书面合同,并到登记机关进行登记。"我国《商标法》第26条规定:"商标使用许可合同应当报商标局备案。"根据该条的规定,通过商标独占许可和排他许可设立知识产权实施权,需要进行备案。我国1996年实施的《专利权质押合同登记管理暂行办法》第3条规定:"以专利权出质的,出质人与质权人应当订立书面合同,并向中国专利局办理出质登记,质押合同自登记之日起生效。"该规定中,设立担保权应进行登记的要求是值得肯定的,但是"质押合同自登记之日起生效"的规定则是明确错误的,因为该规定将登记作为了合同的生效要件,而不是专利权质押权的成立要件。《专利使用许可合同备案管理办法》第5条规定,当事人应当自专利使用许可合同生效之日起3个月内办理备案手续。第20条规定,专利合同备案的有关内容由国家知识产权局在专利登记簿上登记,并在专利公报上公告以下内容:合同案号、让与人、受让人、主分类号、专利号、专利申请日、授权公告日、合同性质、备案日期、合同履行期限、合同变更等。以上规定中,对于独占许可和排他许可应予以登记,而对于普通许可,备案为已足,无需登记。因为登记是绝对权的设立和变动方式,而与债权无关。

设立知识产权为什么必须公示? 一方面,知识产权的设立对社会经济影响甚大,这种影响尤以专利权和商标权为最。因此不能允许当事人随意创设知识产权。另一方面,知识产权是一种绝对权,具有排他效力,直接关系到第三人的利益和交易安全。通过登记设立知识产权,可以确定知识产权归属,定纷止争。

拓展贴士

甲为乙公司技术人员,在乙公司负责申请专利事宜。在由甲负责开发的专利技术申请专利过程中,甲将自己登记为专利权人。后来甲从乙公司辞职,并将专利权转让与丙。丙在查阅专利权证书和登记簿时，均发现专利权人为甲，于是和甲签订了专利转让合同，并支付了全部价款，甲和丙办理了专利权人变更登记。问：乙公司能否向丙主张自己为专利权人？因为登记是专利权设立的标志，在登记簿上记载的专利权人，为法律上的专利权人，因此乙公司的主张不能得到法院支持。

（三）转让和变更知识产权

从法律效果来看，经过公示的知识产权要发生变动，必须经过同样的公示方式才能产生期望的法律效果。我国《商标法》第 25 条规定："转让商标的，转让人和受让人应当共同向商标局提出申请。受让人应当保证使用该注册商标的商品质量。转让注册商标经核准后，予以公告。"商标实施许可合同应当报商标局备案。我国《专利法》第 10 条规定："转让专利申请权或者专利权的，当事人应当订立书面合同，并向国务院专利行政部门登记，由国务院专利行政部门予以公告。专利申请权或者专利权的转让自登记之日起生效。"也就是说，未经登记，知识产权视为未变动。相反，如果登记已经变动，但知识产权事实上并未变动，则在法律效果上被认为知识产权已经变动。

拓展贴士

1. 甲乙双方在订立了知识产权转让合同后，受让人并未交付价款，但已经办理了知识产权登记过户手续的，知识产权发生移转。通过登记变动知识产权，可以防止欺诈行为的发生，保护交易安全，维护交易秩序。

2. 甲乙为某专利的共有人。后来，甲对乙提出来放弃专利共有权，以感谢乙对自己的帮助，并留有书面合同。但尚未来得及进行登记，乙去世。后来甲在该专利的许可中，获得了 12 万元的许可费。乙的继承人要求分割许可费，甲则以乙放弃专利权为由予以抗辩。问，乙的继承人索要许可费的请求能否被法院支持？因为乙虽然表示放弃专利共有权，但是却没有进行登记，因此，其专利共有权不消灭，甲也不能经由合同而取得乙享有的专利权。在这个案例中，登记起到了界定知识产权的作用，而非合同。

3. 甲男为科技人员，研制出了一项技术并申请了专利。在申请专利时，发明人为甲，而专利权人为记载为其女友乙女。后来通过审查取得了专利权。甲欲实施该专利时，乙女提出异议，称自己为专利权人，甲无权实施该专利。甲男诉至人民法院。最后，法院判决该专利权归甲男享有。判决生效后，甲男对该专利实施许可。乙女起诉,认为虽法院判决专利权人为甲男,但甲男并未进行专利权人变更登记,因此,甲男尚不是专利权人,而不应为实施许可的行为。甲男为讨好乙女,把专利权人登记为乙女之名,如果不存在错误登记,则专利权人应为乙女。在本案中,法院判决专利权人为甲男,理由并不充分。判决生效后,甲应该依据生效判决到专利局变更专利权人,进行专利权人变更登记。但在变更登记之前,登记记载的专利权人为法律上的权利人。因此,乙女的行为应该获得法院支持。该案例中,法院的判决不是知识产权的权利凭证,并且不能径行改变登记的效力。欲实现判决内容,必须依据判决进行变更登记。在这个案例中,登记起到了界定知识产权的作用,而非判决。

(四) 消灭知识产权

消灭知识产权的登记分为两种情形:第一,经登记而设立的知识产权消灭时,应当进行注销登记;第二,虽然其产生未经登记,但如果在权利行使过程中已经进行登记的,则其权利消灭时,应当进行注销登记。注销登记分为依申请而登记和依职权而登记。无论何种登记,其效力都是知识产权消灭。

三、知识产权登记的法律特征和分类

(一) 知识产权登记的法律特征

知识产权登记具有以下法律特征:

第一,登记的效力在于知识产权的设立和变动。知识产权登记仅限于知识产权,而不包括物权法上的不动产登记与动产登记。

第二,登记是当事人实施的民事行为。登记是当事人为了设立和变动知识产权而实施的民事行为。

第三,登记机关完成登录行为,登记完成。当事人已经提出登记申请,登记机关也已经接受该申请,但是仅凭当事人的申请行为并不能获得登记的效力。只有有关登记部门完成登录、记载等手续,登记行为才告成就,才能发生登记的法律效力。

拓展贴士

某甲申请办理作品质押登记,登记申请符合法定条件,已经被领导批准。但因工作人员的疏忽,该被批准的申请,没有及时办理完成。在此情形下,担保债

务到期,问某甲是否得以知识财产质押权清偿债权?因为登记行为尚未完成,因此,知识财产质押权未成立,某甲尚不是知识财产质押权人,因此不能主张优先受偿。

第四,登记是一种公示方式。登记是知识产权设立和变动的公示方法,因此应向社会公示、公开。不能仅将登记理解成"登录与记载",而应将"登记"作为一种公示方法,向社会公开,供不特定人进行查询,这样才能起到公示作用。我国《专利权质押合同登记管理暂行办法》第12条规定:"中国专利局设立《专利权质押合同登记簿》,供公众查阅。"

（二）知识产权登记的分类

依照不同的标准可以将知识产权登记分为不同的类型。

（1）依据知识产权变动的不同方式,可以将知识产权登记分为确权登记、变更登记和注销登记。确权登记,又称初始登记,是指申请人依法定程序提出的,请求知识产权行政管理部门确认其知识产权的登记。变更登记,是指当事人依法定程序提出的,请求知识产权行政管理部门确认其知识产权变更的登记。注销登记,是指当事人依法定程序提出的,请求知识产权行政管理部门注销其知识产权的登记。

（2）以行政部门审查的内容为标准,可以将知识产权登记分为实质审查登记和形式审查登记。实质审查登记,是指知识产权行政管理部门对当事人提出的申请予以实质性审查以决定是否核准的登记。根据我国《商标法》第34条和《中华人民共和国专利法实施细则》第54条的规定,注册商标的登记和发明专利的专利权登记为典型的实质审查登记。形式审查登记,是指知识产权行政管理部门对当事人提出的申请予以形式审查就可以决定是否核准的登记。知识产权行政管理部门进行的形式审查,主要看递交的材料是否齐全和真实,并不对备案和登记的事由进行实质审查。我国《专利权质押合同登记管理暂行办法》第9条规定的登记为典型的形式审查登记。该条规定:"中国专利局在受理专利权质押合同登记申请之后,依照国家法律、法规的规定,审查下列内容:(1)质押合同条款是否齐全;(2)是否出现第八条所列的不予登记的情况;(3)是否按要求补正;(4)其他有必要审查的内容。"

（3）以行政部门是依据当事人申请还是依职权进行登记为标准,将登记分为依申请而登记和依职权而登记两种。依申请而登记,是指知识产权行政管理部门基于当事人提出的申请而进行的登记。一般情况下,知识产权行政管理部门进行的登记多为依申请而登记。依职权而登记,是指知识产权行政管理部门基于自己的职权而主动进行的登记。依职权而登记是为了更好地实现知识产权行政管理部门的只能,也是为了弥补依申请而登记的制度不足。在法律有明文规定的情况下,知识产权行政管理部门可以依职权主动进行知识产权登记,如商标到期未续展,工商管理总局依职权进行的注销登记。

四、知识产权登记的阶段与过程

(一) 概述

根据知识产权登记的实际运作过程,可以将知识产权登记分为申请人的登记行为和登记机关的登记行为。申请人的登记行为是基础,登记机关的登记行为是对申请人登记行为的审查和确认。没有申请人的申请,登记机关的登记行为无从开始。登记的程序包括申请、受理、审查、簿记四个环节。[①] 簿记的完成,即登记簿的记载是判断登记是否完成的唯一依据,登记完成时才能发生登记的法律效力。

(二) 登记申请

登记申请是指申请人向登记机关递交的,旨在引起登记启动机制的书面请求。登记申请是最常见的登记启动机制,一般应采书面形式。书面形式包括数据电文形式,根据我国《电子签名法》第4条的规定,"能够有形地表现所载内容,并可以随时调取查用的数据电文,视为符合法律、法规要求的书面形式"。以引发登记的因素为标准,登记启动机制大致可以分为两类:一为受动机制,即登记机关必须在外界因素的引致下,才能依据职权从事登记行为;一为主动机制,即登记机关无需外部因素的介入,依法直接从事登记行为。[②] 而从知识产权登记角度来看,以受动机制为原则,必须在当事人的申请的前提下,登记机关才能启动登记程序;以主动机制为例外,在商标未经续展而注销登记、专利权等超过法定期限的登记等事项采取主动机制。

(三) 登记申请的提出和撤回

(1) 登记申请的提出。登记申请的提出,是指当事人向登记机关提交书面申请的行为。当事人向登记机关提出申请,是登记程序开始的标志。当事人提出知识产权登记申请,应采书面形式,并遵照登记机关的"申请文件"形式要求。我国《著作权质押合同登记办法》第17条规定:"登记机关实施的《著作权质押合同登记证》、著作权质押合同登记申请表、著作权质押合同变更登记申请表、著作权质押合同撤销、注销通知书由国家版权局统一制订。"当事人提出登记申请,首先应递交申请书,其次应递交相关证明文件,如权利人的权利证书,以及债权合同等。

申请的方式一般为共同申请,即当事人双方共同向登记机关申请登记。对于确权登记,如知识产权设立的登记而言,则为单方申请,如发明人申请发明专

---

① 许明月、胡光志等:《财产权登记法律制度研究》,中国社会科学出版社2002年版,第79页。

② 常鹏翱:《不动产物权登记程序的法律构造(上)》,http://www.civillaw.cn/article/default.asp? id=27714,2013年8月2日访问。

利权,商标实施者申请注册商标登记等。对于当事人的申请,符合形式条件的,登记机关应予受理。

拓展贴士

我国《专利权质押合同登记管理暂行办法》第 6 条规定,申请办理专利权质押合同登记的,当事人应当向中国专利局寄交或面交下列文件:

(1) 专利权质押合同登记申请表;

(2) 主合同和专利权质押合同;

(3) 出质人的合法身份证明;

(4) 委托书及代理人的身份证明;

(5) 专利权的有效证明;

(6) 专利权出质前的实施及许可情况;

(7) 上级主管部门或国务院有关主管部门的批准文件;

(8) 其他需要提供的材料。

---

(2) 登记申请的撤回。根据意思自治原则,登记申请的提出和撤回均是申请人自己的事务,由当事人自主决定。申请人在登记机关完成登记之前,当事人可以撤回登记申请。但登记一旦完成,该登记就不可撤回。撤回申请的形式应采书面,仅需明确表示撤回申请的意思,而无需撤回理由。共同申请的,应该由申请人共同撤回;单方申请的,单方可提出撤回。

拓展贴士

甲将专利权转让给乙和丙。申请已经提出,丙反悔,向登记机关单方提出撤回登记。问丙的撤回是否有效? 因为该登记申请为共同申请,而共同申请的一方,又有多个申请人,因此,撤回的申请须共同申请的多数人乙和丙应协商一致,再与对方当事人协商取得一致,共同向登记机关提出,方为有效。否则,不产生撤回的效力。若乙和丙协商一致,但专利权人甲不同意撤回的,该申请不得准许撤回。但应做出中止登记程序的决定,在当事人协商一致后,或者法院以及仲裁机关确认法律关系后,再做出同意撤回申请或者完成登记的决定。若登记机关要求申请人及时做出补足材料等行为的,申请人过期未完成的,视为撤回申请。

（四）先申请原则

若有多个申请存在,则登记机关应贯彻"先申请原则"。针对同一知识财产,如果有数人提出知识产权变动的申请,应该根据申请时间的先后,决定是否进行登记。对最先提出申请的,予以登记。登记后,知识产权变动已经发生,具有排斥在后登记的要求的效力。登记申请的受理以日为计算单位,以登记机关收到申请文件之日为受理日。我国《专利权质押合同登记管理暂行办法》第6条规定,中国专利局以收到上述文件之日为登记申请受理日。

（五）登记的审查

登记机关对登记的审查,应本着尊重意思自治的原则,尊重私人利益,除非为了维护国家利益或者社会公共利益,不得过多干预私人生活。然而,知识产权不仅涉及个人利益,往往还涉及他人和社会公共利益,因此在初始审查方面,往往十分严格。登记审查应当采用何种方式,向来有争议。较为典型的代表主张可以分为形式审查和实质审查。一般而言,形式审查是指登记机关仅就登记申请是否符合形式规定进行的审查;而实质审查则相反,是指既审查形式上的合法性,又审查实质上的合法性的一种综合审查。我国知识产权法上的登记审查,应采用实质审查与形式审查相结合的方式。对于初始登记,如知识产权设立的登记而言,需要进行实质审查,如专利法和商标法的规定;对于知识产权变动的登记而言,应以形式审查为必要。

（六）登记审查后的处理

登记机关经过登记审查,应分别不同情况,做出登记、暂缓登记和拒绝登记的处理。

（1）登记。登记申请完全符合法律的规定的,则登记机关应该予以登记,将知识产权的设立和变动记载于登记簿中。我国《专利法实施细则》第54条规定:"国务院专利行政部门发出授予专利权的通知后,申请人应当自收到通知之日起2个月内办理登记手续。申请人按期办理登记手续的,国务院专利行政部门应当授予专利权,颁发专利证书,并予以公告。期满未办理登记手续的,视为放弃取得专利权的权利。"我国《专利权质押合同登记管理暂行办法》第11条规定:"经审查合格的专利权质押合同准予登记,并向当事人发送《专利权质押合同登记通知书》。"

（2）暂缓登记。登记机关经过审查,认为登记申请不符合法律规定的要件(包括形式要件和实质要件),登记机关可以中止登记程序暂缓登记,要求当事人进行补正。暂缓登记并不是对登记申请的否定,而是给予当事人改正登记申请的瑕疵的机会,登记申请并不丧失法律效力。

（3）驳回登记申请。登记机关经过审查,认为登记申请存在根本性缺陷而不能补救,或者在法定期限内登记申请的瑕疵没有得到补正时,登记机关应该拒绝登记,驳回登记申请。登记机关的驳回登记的通知,应该以书面形式做出,并写明理由、法律依据以及当事人的救济途径。

拓展贴士

1. 根据我国《专利权质押合同登记管理暂行办法》第8条的规定,有下列情况之一的专利权质押合同,中国专利局不予登记:

(1) 出质人非专利文档所记载的专利权人或者非全部专利权人的;

(2) 专利权被宣告无效、被撤销或者已经终止的;

(3) 假冒他人专利或冒充专利的;

(4) 专利申请未获授权的;

(5) 专利权被提出撤销请求或被启动无效宣告程序的;

(6) 存在专利权属纠纷的;

(7) 质押期超过专利权有效期的;

(8) 合同约定在债务履行期届满质权人未受清偿时,质物的所有权归质权人所有的;

(9) 其他不符合出质条件的。

2. 我国《专利权质押合同登记管理暂行办法》第11条规定:"经审查不合格或逾期不补正的,不予登记,并向当事人发送《专利权质押合同不予登记通知书》。"我国《著作权质押合同登记办法》第10条规定,有下列情形之一的,登记机关不予登记:

(1) 著作权质押合同内容需要补正,申请人拒绝补正或补正不合格的;

(2) 出质人不是著作权人的;

(3) 质押合同涉及的作品不受保护或者保护期已经届满的;

(4) 著作权归属有争议的;

(5) 质押合同中约定在债务履行期届满质权人未受清偿时,出质的著作权中的财产权转移为质权人所有的;

(6) 申请人拒绝交纳登记费的。

当事人不服登记机关驳回申请决定的,有权在法律规定的期限内,请求登记机关复审,或者向法院提起诉讼。

五、知识产权登记的效力

(一) 登记要件主义

就登记的效力而言,在不同的法律制度背景下,不同的国家立法有不同的主张。总的来看,我国知识产权法采登记要件主义。但是,我国知识产权法并未明确规定登记的法律效力,这导致了司法实践上的不一致。

拓展贴士

专利权人蒋某与南京希科集团有限公司签订专利独占许可合同,但未登记。随后,专利权人蒋某又将该专利权转让给珠海汇贤有限公司,后者又与安信纳米生物科技(深圳)有限公司签订专利独占许可实施合同,该专利许可合同进行了登记备案。珠海汇贤有限公司起诉南京希科集团有限公司,未经其同意生产、销售被控侵犯专利的产品。一审法院认为,专利权人蒋某与南京希科集团有限公司签订的专利许可合同无效,主要原因是合同主体存在问题,并且未办理备案登记,因此南京希科集团有限公司构成侵权。二审法院认为,南京希科集团有限公司与专利权人蒋某签订的专利许可合同合法有效,并可以对抗在后的专利权人珠海汇贤有限公司,因此不构成侵权,遂撤销原判,驳回珠海汇贤公司的诉讼请求。① 上述案件一、二审法院截然相反的判决,其实质就在于司法过程中人们对登记的理解并不一致,对登记的效力也缺乏统一的认识。

在登记的效力方面,有要件主义和对抗主义的区别。登记要件说认为,登记是知识产权变动的生效要件,未经登记,知识产权不发生变动;登记对抗说认为,未经登记,知识产权的变动只能在当事人之间发生效力,但不能对抗第三人。在商标许可方面,最高人民法院《关于审理商标民事纠纷案件适用法律若干问题解释》第19条就登记的效力作出了规定。该条规定:"商标许可合同未经备案的,不影响合同的效力,但当事人另有约定的除外。商标实施许可合同未在商标局备案的,不得对抗善意第三人。"可以看出,最高人民法院在商标许可合同中的登记效力采取的是登记对抗主义。我国知识产权法应采取登记生效要件模式,也就是登记发生设立和变动知识产权的法律效力。知识产权登记要件主义也是和我国《物权法》相一致的。我国《物权法》采取了登记要件主义,该法第14条规定:"不动产物权的设立、变更、转让和消灭,依照法律规定应当登记的,自记载于不动产登记簿时发生效力。"

---

① 邱永清:《专利许可合同登记制度之型构——以登记功能为基点的分析》,载《法律适用》2007年第9期。

拓展贴士

甲为专利权人,通过合同约定将专利权转让给乙。乙支付了价款,但尚未办理登记。甲又将该专利转让给第三人丙,并办理了转让登记。在上述两种模式下,区别如下:在登记要件主义的模式下,甲、乙未办理登记,乙不能取得专利权。在登记对抗主义模式下,是否登记当事人可自愿选择,虽未办理登记,乙仍可取得专利权,但是不登记不可以对抗第三人丙。在本案中,甲和丙办理了登记,因此,在登记对抗主义模式下,丙仍然取得专利权。根据我国《商标法》第 39 条:"转让注册商标经核准后,予以公告。受让人自公告之日起享有商标专用权。"这说明我国在商标法领域采取的是登记要件主义。

（二）登记的公信力

登记的公信力,是指登记记载的权利人,应被推定为法律上的权利人的效力。尽管事实证明登记记载的知识产权不存在或存在瑕疵、错误,但对于信赖该知识产权登记的人,法律仍然承认登记的法律效果。具体来说,知识产权登记的公信力表现在以下两个方面:第一,登记记载的权利人为法律上的权利人。当事人是否为权利人,以登记记载为准。第二,公示记载的效力高于其他事实。根据权利推定性规则,登记对任何第三人来讲都是正确的。因此,在实际权利人与登记权利发生不一致的情况下,对第三人而言,登记权利人为法律上的权利人。法律确认登记公信力的目的在于维护交易安全,即对信赖登记的第三人加以保护。因此,如果在实际权利人和登记权利人发生权利纷争,则不能适用公信力规则。

专利代理人考试真题

下列哪些法院文书可以作为当事人请求国家知识产权局变更专利权人的依据?（2002 年卷一第 5 题）

A. 法院作出并已生效的判决书

B. 法院作出并已生效的调解书

C. 法院发出的协助执行通知书

D. 法院发出的普通来函

【答案】 A B

【考点】 变更专利权人

【解析】 A 项、B 项正确。《专利法实施细则》第 14 条第 1 款规定:"除依照专利法第 10 条规定转让专利权外,专利权因其他事由发生转移的,当事人应当凭有关证明文件或者法律文书向国务院专利行政部门办理专利权转移手续。"

C 项、D 项错误。法院作出并已生效的判决书、调解书均为可以变更专利权人的法律文书,所以协助执行通知书必须以生效的法律文书为前提,不能单独变更专利权人,法院发出的普通来函没有法律效力,显然不能变更专利权人。

第八章　知识产权合同

)) **要点提示**

　　重点概念:(1) 知识产权合同;(2) 违约责任;(3) 严格责任原则;(4) 免责事由;(5) 违约责任的承担方式;(6) 知识产权开发合同;(7) 知识产权转让合同;(8) 知识产权许可合同;(9) 许可期限;(10) 许可费。

)) **本章知识结构图**

```
                  ┌ 促进科学技术进步原则
知识产权合同的订立原则 ┤ 利润分享原则
                  │ 合理原则
                  └ 禁止反悔原则

              ┌ 不得限制技术竞争和技术发展
当事人的法定义务 ┤ 知识产权人的技术指导义务
              └ 相对人的保密义务

                  ┌ 违反法律、法规或者损害国家利益和社会公共利益
知识产权合同的无效情形 ┤ 非法垄断技术,妨碍技术进步
                  └ 侵害他人合法权益

                  ┌ 恢复原状
                  │ 赔偿损失
知识产权合同的无效后果 ┤ 追缴知识财产
                  │ 追缴财产
                  └ 互负保密义务

              ┌ 不可抗力
违约责任的免责事由 ┤ 债权人的原因
              └ 约定的免责条款

              ┌ 继续履行
              │ 采取补救措施
违约责任的承担方式 ┤ 违约金
              │ 定金
              └ 赔偿损失

              ┌ 委托开发合同
知识产权开发合同 ┤
              └ 合作开发合同

                  ┌ 定额支付 ┌ 一次付清方式
                  │         └ 分期付清方式
知识产权许可费支付方式 ┤
                  │ 提成支付方式 ┌ 单纯提成方式
                  └            └ 提成 + 入门费
```

第一节　知识产权合同概述

一、知识产权合同的概念和特点

（一）知识产权合同的概念

我国尚未对知识产权合同进行专门立法。在三大合同法并行的时代，《技术合同法》以及相关的实施条例和细则成为规范专利等技术许可合同的专门法律。随着 1999 年我国《合同法》的颁布，合同法实现了统一。但《技术合同法》以及相关的解释被废止，《合同法》单设"技术合同"一章。由此看来，就知识产权合同的立法而言，不但没有得到加强，反而被削弱了。郑成思先生在《〈合同法〉与知识产权法的相互作用》①一文中明确使用了"知识产权合同"这一概念。知识产权合同是指自然人之间、法人之间以及自然人与法人之间，就知识财产的创造或者知识产权的转让和许可而达成的债权债务关系的协议。这一点与知识产权合意有明确的不同，知识产权合意是当事人变动知识产权的行为，属于知识产权行为，而知识产权合同则是债权行为。

（二）知识产权合同的特点

第一，知识产权合同的主体。知识产权合同的主体具有广泛性，凡是一切法人、自然人、其他组织都可以成为知识产权合同的主体。知识产权合同的一方主体应为知识财产的权利人，或者有能力从事知识财产开发的人。

第二，知识产权合同的客体为知识财产。知识产权合同是围绕知识财产进行的，是关于知识财产的开发或者知识产权的转让和许可的合同。具体讲，知识产权合同涉及所有具体知识产权和一般知识产权，包括著作、专利、商标和注册商标、商业秘密和非物质文化遗产等。这说明知识产权合同和一般民事合同不同，其涉及的客体为知识财产，权利为知识产权。

第三，知识产权合同的内容。知识产权合同的内容涉及知识产权开发、知识产权转让和知识产权许可三大类。因此，知识产权合同又可以分为知识产权开发合同、知识产权转让合同、知识产权许可合同。

第四，知识产权合同是双务有偿合同。知识产权合同是一种双务合同，当事人双方互负义务。同时，知识产权合同为有偿合同，当事人获得一方的知识财产，是以支付对价为条件。

第五，知识产权合同是双方当事人达成的债权债务关系的协议。在知识产权合同的定义上，我们把知识产权合同界定为"债权债务关系"。而我国《合同

---

① 　参见郑成思：《〈合同法〉与知识产权法的相互作用》，载《法律适用》2000 年第 1 期。

法》在起草过程中,是把合同界定在"债权债务关系"之内,还是界定在"民事权利义务关系"之内,一直存在争论。① 《合同法》最终选择了"民事权利义务关系"。这为物权行为和知识产权行为的存在在《合同法》上留有了空间。这里的知识产权合同仅属于债权债务关系,而不包括知识产权合意和登记等知识产权行为。因此,依据知识产权合同仅能设定债权,而不能发生知识产权变动的直接效果。

拓展贴士

　　某甲拥有"内燃火道采暖炊事两用炉"实用新型专利权,与某乙订立合作开发合同,谋求开发专利产品。合作开发合同约定:(1)双方组建联合体,生产专利产品。(2)某甲的专利权由某甲和某乙在北京实施。(3)某甲提供专利权以及配套技术;某乙提供场地、设备和资金。随后产品进行了生产,但双方因利润分配发生纠纷,某甲遂提出终止合同,某乙不同意。某甲遂以某乙未完全履行合同为由,诉至人民法院,要求确认合作开发合同无效,并判令某乙禁止实施该技术,并赔偿经济损失20万元。一审法院经审理判决,某甲和某乙签订的合作开发合同终止履行;某乙向某甲支付专利实施费,并停止实施某甲提供的专利技术与配套技术。一审法院判决后,某乙上诉。二审法院经审理判决,撤销一审判决,并驳回某甲之诉讼请求。理由是,某甲与某乙签订的合同名为合作开发合同,实为合伙合同,是关于合作开发专利产品的个人合伙合同。一审法院以专利技术实施许可法律关系来处理欠妥,故按照个人合伙合同的规定依法改判。② 我们认为,该案的关键是区分合伙合同,还是知识产权合同。首先要厘清该案的法律关系,区分知识产权合同和一般民事合同(合伙合同)。某甲和某乙订立合同的目的是开发专利产品,某乙的出资形式为场地、设备和资金,而某甲的出资形式为专利权许可(知识产权实施权)。可见双方订立合同的目的并不是知识产权许可合同,而是设立个人合伙的合同。因此,某甲和某乙二人之间的关系为个人合伙合同关系,双方纠纷应当按个人合伙合同处理。

二、知识产权合同与《合同法》

(一)知识产权合同与技术合同的比较

　　知识产权合同和技术合同是两个交叉概念。我国《合同法》分则第18章对

---

① 参见郑成思:《〈合同法〉与知识产权法的相互作用》,载《法律适用》2000年第1期。
② 案例来自罗东川:《技术合同法条文释义与案例评析》,http://www.chinaiprlaw.com/flfg/flfg1. htm,2013年8月8日访问。

我国原《技术合同法》的内容进行了修正和补充,对"技术合同"作出了较为详尽的规定。《合同法》第18章内容涉及技术合同的概念、内容、职务技术成果的归属、技术合同的无效具体规则,并对技术开发合同、技术转让合同、技术咨询合同和技术服务合同以及当事人的权利义务、违约责任等内容作了具体规定。根据《合同法》第322条的规定,技术合同是当事人就技术开发、转让、咨询或者服务订立的确立相互之间权利和义务的合同。

关于商业秘密和专利技术的开发、转让和许可合同,既可以称为知识产权合同,也可以称为技术合同。但是知识产权合同和技术合同有着明显的区别:

第一,标的性质不同。知识产权合同的标的为知识财产,是一种和"物"一样,独立于人之外的财产;而技术合同的标的,既可以是独立于人之外的"技术",又可以是人的行为。在技术咨询和技术服务合同中,标的即为行为,是咨询行为。在这种咨询中,往往提供的是公知技术,而不是"新技术"或者"私有技术"。① 技术合同的标的技术,并不必然受到知识产权法的承认,也就是说,技术和知识财产是两个不同性质和范畴的概念。技术这个概念无论是从内涵上还是外延上都涵盖了公有技术,而知识产权的客体是无论如何都排除公有技术的,因为公有技术不能成为技术合同的客体。

第二,标的范围不同。知识产权合同的标的为知识财产,分为作品、专利、商标、商业秘密和非物质文化遗产;而技术合同的标的仅涉及受专利法保护的客体和商业秘密法保护的部分客体,不能涵盖著作权许可和商标权许可合同。另一方面,技术合同还包括了对公知技术的提供,如技术咨询合同。

第三,宗旨不同。知识产权合同的概念,明确体现了国家知识产权战略加强知识产权开发和实施的宗旨;而技术合同的概念,则属于中性,它不带有明显的价值判断,但凡关于技术的合同就可以称之为技术合同。而技术属性和范围上都涵盖了公知技术,所以,与技术合同相比,知识产权合同是一个鼓励创新的法律概念,并且和知识产权战略相吻合,我们主张应广泛使用知识产权合同概念。

(二) 知识产权合同应类推适用《合同法》有关规定

我国1999年颁布的《合同法》在"分则"部分中,除规定了技术合同之外,几乎排除了其他所有知识产权合同。我国九届人大二次会议关于《合同法》的说明中,这样解释这个原因:《合同法》中第123条规定:"其他法律对合同另有规定的,依照其规定。"这条规定几乎等于将知识产权合同交还给了知识产权法。但由于种种原因,《合同法》还是保留了"技术合同"。但是,《合同法》第355条

① 如果将技术咨询合同的标的认为是技术,而不是行为,则会导致诸多技术咨询合同因标的,提供的是公知技术,而构成了"欺诈",并导致合同无效。但事实并非如此,技术咨询合同有着十分有用的积极作用,没有人会真的怀疑它的效力。只是技术咨询合同的标的是行为,是信息提供行为,而不是技术。如果一味认为凡是技术合同的标的都是技术,则可能导致技术咨询合同无效的荒谬结论。

规定:"法律、行政法规对技术进出口合同或者专利、专利申请合同另有规定的,依照其规定。"根据该规定,不仅其他法律有规定的,即便是行政法规另有规定的,技术合同也适用其他规定。这被认为,在实质上把专利合同从分则中"摘"了出去,比其他知识产权合同更彻底。①

拓展贴士

鉴于知识产权合同的特殊性,除涉及技术的知识产权合同外,其他所有知识产权合同都被排除在《合同法》之外。知识产权合同应优先适用知识产权法的规定,包括部分技术合同。但知识产权合同毕竟为合同的一种,在知识产权法没有规定的情况下,应类推适用《合同法》的规定,尤其是《合同法》总则的规定。"《合同法》中虽未包含多数知识产权合同(而且将来即使补充分则,也未必补入),但《合同法》总则中的大多数原则(即除去显然只适用于有形物交易或服务贸易的外),仍然适用于知识产权合同。"②我国《合同法》第 124 条规定:"本法分则或者其他法律没有明文规定的合同,适用本法总则的规定,并可以参照本法分则或者其他法律最相类似的规定。"

三、知识产权合同的订立原则

知识产权合同的订立,应遵守民法的基本原则、财产法的共有原则和知识产权法的特有原则。除此之外,还应该遵守在订立阶段的特有原则:促进科学技术进步原则、合理原则和禁止反悔原则。

(一) 促进科学技术进步原则

促进科学技术进步原则是当事人知识产权合同的订立原则。我国《合同法》确立了订立技术合同的促进科学技术进步原则。《合同法》第 323 条规定:"订立技术合同,应当有利于科学技术的进步,加速科学技术成果的转化、应用和推广。"这个规定与我国《科学技术进步法》确立的促进科技进步的宗旨相吻合。《科学技术进步法》第 5 条规定:"国家鼓励科学研究和技术开发,推广应用科学技术成果,改造传统产业,发展高技术产业,以及应用科学技术为经济建设和社会发展服务的活动。"我国 2008 年通过的《国家知识产权战略纲要》也重申了促进科学技术进步的理念。技术进步原则是指当事人订立知识产权合同应遵

---

① 参见郑成思:《〈合同法〉与知识产权法的相互作用》,载《法律适用》2000 年第 1 期。
② 参见同上。

循有利于科学技术的进步,加速科学技术成果的转化、应用和推广的原则。知识产权合同的直接目的在于知识财产的取得、变动和许可,国家建立知识产权合同制度的目的之一即是在于:在一定程度上推动由技术向知识产权的转变。因此,当事人在订立知识产权合同时,应当有利于推动科学和技术的进步,促进科学和技术与产业的结合,有利于新的知识产权的形成。《合同法》确立这一原则的基本目的,在于鼓励和引导开创新的知识财产,并在科学技术创造和产业之间架起一座桥梁,促使科学和技术成果转化为生产力。

在知识产权合同中,贯彻促进科学和技术进步原则的重要作用还在于,避免以公知技术实施转让或者许可的欺诈行为的发生。作为知识产权合同的基本原则,但凡与此违背的合同无效。

拓展贴士

某厂与某研究所就"柴油添加剂生产技术"订立技术转让合同。某厂向某研究所支付技术转让费 15 万元。某研究所也向某厂交付了技术资料等,并派有关技术人员到有关处进行指导。但在合同实施过程中,购买者产品反映不良,并造成产品大量退货和积压,给该厂造成经济损失。经查,某研究所提供的技术被有关部门鉴定为淘汰技术,在产业上禁止实施。某厂遂以诉至人民法院:请求法院确认技术转让合同无效;判令被告返还技术转让费和赔偿经济损失。法院判决该技术转让合同无效,某研究所应将 15 万元技术转让费退回某厂,并赔偿某厂经济损失 10 万元。[1] 本案中,某研究所提供的技术,不是专利技术,而是公知技术,并且是被禁止实施的淘汰技术。从合同标的上看,转让或者许可公知技术的合同,因涉嫌合同欺诈而无效;而转让或者许可淘汰技术的合同,因标的违法而无效。

(二) 利润分享原则

在确定转让费和许可费方面,应遵从利润分享原则。知识产权人处于事实垄断地位,知识产权的转让费和许可费往往是由知识产权人确定的。因此,法律有必要规定知识产权许可费的确定原则。利润分享原则为确定知识产权转让费和许可费的确定原则。麻省理工学院的马丁·魏茨曼曾提出分享工资理论,以促进工人工作积极性,从而实现企业和工人的双赢。分享工资,是指工人的工资

---

① 案例来自罗东川:《技术合同法条文释义与案例评析》,http://www.chinaiprlaw.com/flfg/flfgl. htm,2013 年 8 月 8 日访问。

与企业的经济效益指标挂钩、随经济效益水平而同比例增减的劳动报酬制度。分享经济增长的红利、分享企业发展的好处,已经成为西方民众的基本共识。目前,分享工资理论已经发展成为主流的工资理论。在知识产权许可中,保障知识产权的实现,促进他人利用知识产权的积极性和工人的工资与企业的效益一样,是可以调和的一组矛盾。这个调和的工具就是利润分享。所谓利润分享是指在知识产权转让和许可中,知识产权人应该和相对人共享知识财产实施所获得的利润。所谓利润分享原则是指在知识产权许可中,转让费和许可费的确定应坚持知识产权人和被许可人共享知识财产实施所获得的利润的原则。1987年颁布的《上海市专利许可合同管理办法》第15条规定:“使用费的支付应本着利润分享的原则,根据研制成本、技术难易程度、合同种类、使用后预计产生的经济效益等因素,由当事人双方协商议定。”值得注意的是,这里的“利润”不应该是被许可人从事生产的全部净利润,而应该是被许可人实施知识产权人的知识财产从事生产的全部净利润减去被许可人没有实施知识产权人的知识财产从事生产的全部净利润得到的数额。知识产权人应该在这个数额范围内,实现和被许可人的利润分享,否则将产生过高的许可费用,可能受到反垄断法的规制。

(三) 合理原则

对知识产权合同的条款,应符合合理原则,禁止不合理的限制条款出现。1995年,美国司法部和联邦委员会联合发布了《知识产权许可的反托拉斯指南》,针对知识产权许可行为可能引起的反垄断行为,表明了鲜明的规制态度。首先,应将限制行为分为“本身非法”和“可能违法”。其次,应根据“合理原则”对限制行为进行分析,是否合理的判断标准为:(1) 专利许可中的有关规定必须使依附于专利许可协议中的合理的主要目标,(2) 限制范围不能超过为达到一定目的所必需的合理范围。[①] 根据合理原则,“限制出口地区”“限制出口价格”或者“限制原料来源”等做法被认为是“不合理的”,是反垄断法规制的对象。根据我国法的精神和知识产权实践的具体情况,知识产权许可中,不合理的限制条款主要有:

(1) 要求被许可方接受同实施知识财产无关的附带条件,如搭配销售;

(2) 在法律许可以及与被许可知识财产不相冲突的情况下,限制被许可方对许可实施的知识财产进行发展和改进;

(3) 双方交换改进知识财产的条件不对等;

(4) 限制被许可方销售实施知识财产制造的产品的渠道、数量及价格;

(5) 要求被许可方在知识产权失效后,继续支付许可费。

---

① 王先林:《若干国家和地区对知识产权滥用的反垄断控制》,载《武汉大学学报(社会科学版)》,2003年第2期。

上述不合理限制条款,在知识产权许可合同中属于无效条款,但是,其无效一般不影响合同其他内容的效力。

(四) 禁止反悔原则

允诺禁反言原则是英美法系衡平法上发展出来的一个合同法原则,其目的在于弥补传统合同法的不足,确立没有约因的允诺以法律效力。允诺禁反言原则(Promissory Estoppel)是指合同当事人应该坚守诺言,不得反悔。该原则是1947年,英国大法官丹宁(Lord Denning)所确立。在一个判决中,丹宁在判决书中阐述了"允诺禁止反言"制度的基本要求,判断是否应该贯彻该原则,应该看以下几个方面的情况:允诺、信赖、损害、正义。美国《第二次合同法重述》第90条规定,允诺禁反言的构成要件为:第一,允诺人能够合理预测到允诺能引起受允诺人或第三人的行为或负担;第二,受允诺人或者第三人切实地实施了此种行为或负担;第三,允诺人不履行允诺将导致不公。满足以上三个条件的允诺,均应得到履行。[①]

知识财产的本质为知识,因此,在知识产权许可合同中,知识产权人一旦履行了合同,提供了知识财产,并进行了必要的技术指导,被许可人就掌握了该知识财产。此时,如果被许可人反悔,知识产权人实施许可的目的则落空。在知识产权合同中,不允许允诺人对已使受诺人产生信赖的诺言进行反悔。一般适用于以下两种情形:一种是当事人签订知识产权合同,但签订后不进行知识产权转让或者许可登记。按照知识产权行为理论,在上述情形中,知识产权转让合同虽成立有效,但由于没有知识产权行为,知识产权转让不发生;而在知识产权许可中,学理认为,唯有普通许可可以生效,不以登记为要件,而实践中,即便是普通许可,也往往被要求履行备案登记手续。

拓展贴士

《上海市专利许可合同管理办法》第18条规定:"专利许可合同的许可方应在合同生效后3个月内,向上海市专利管理局提交合同文本一式两份,并填写专利许可合同备案登记表,由上海市专利管理局报送中国专利局备案。已申请专利技术的许可合同,按前款规定,办理临时备案登记手续,专利申请被批准后再另行补办备案手续。"

无论是何种形式的许可,均应履行登记备案。如果存在两个内容相同的知

---

① 付春明、李晓琳:《英美合同法上的"允诺禁反言"原则及其对我国的借鉴》,http://www.soulw.com/Html/jingjifa/165840898.html,2013年8月20日访问。

识产权许可合同,如果根据合同内容判断两个合同构成矛盾的,那么履行登记备案的效力高于没有履行手续的。

另一种是被许可人实际掌握知识财产后,即提出解除合同。被许可人可能处于自己的利益,在实际掌握知识财产之后,要求解除合同,这样可以免除嗣后的知识产权许可费用。这种情形也是禁止反悔原则加以限制的。

根据禁止反悔原则,知识产权当事人签订知识产权合同后,应该主动履行备案登记手续,即履行备案登记手续、完成"允诺"是当事人的法定义务。我国《合同法》仅在赠与合同中规定了禁止反悔原则,范围十分有限。作为一个法律制度,禁止反悔原则应明确在合同法总则加以规定,适用于一切类似合同关系,如知识产权合同。但这并不意味着知识产权合同的所有内容都当然有效,并应该得到贯彻和执行,如果被许可人对许可合同提出合理质疑,也可以通过协商或者法定程序解除合同,或者撤销合同,或者宣告合同无效。

四、当事人的法定义务

(一) 不得限制技术竞争和技术发展

知识产权合同的内容不得限制技术竞争和技术发展,这是促进科学与技术进步原则的要求,是知识产权合同当事人的一项法定义务。我国《合同法》第343条规定:"技术转让合同可以约定让与人和受让人使用专利或者使用技术秘密的范围,但不得限制技术竞争和技术发展。"从知识产权合同看,往往涉及对知识财产实施范围和方式的限制,尤其是知识产权许可合同,但是,这种限制不得限制技术竞争和技术发展,否则合同无效。

拓展贴士

某化工公司向某农药厂转让一种高效氯氰菊酯制备技术秘密。在化工公司的一再要求下,双方在技术转让合同中规定了在农药厂不得对该项技术秘密做任何技术改进。农药厂在实施过程中,对技术进行了改进。化工公司以农药厂违约为由向法院提起诉讼,要求赔偿损失,被法院依法驳回诉讼请求。理由是该约定妨碍了技术进步,属于违反法定义务而无效的条款。①

---

① 蒋志培:《技术合同法条文释义与案例评析》,http://www.chinaiprlaw.com/flfg/flfg1.htm,2013年8月18日访问。

（二）知识产权人的技术指导义务

知识产权合同中的知识产权人应该对相对人进行必要的技术指导,提供必要的技术资料等,帮助被相对人(如被许可人)实施知识财产。知识产权人的技术指导义务,为法定义务,不需要合同约定便成为知识产权许可关系中的内容之一。我国《合同法》第345条规定:"专利使用许可合同的让与人应当按照约定许可受让人使用专利,交付使用专利有关的技术资料,提供必要的技术指导。"

（三）相对人的保密义务

知识产权人与相对人订立知识产权合同,往往涉及未公开的秘密。有的知识财产本身就是技术秘密或者营业秘密,如商业秘密;有的知识财产的开发过程中的阶段性东西,如创意、研究计划等为秘密性财产。如果相对人随意公开这些秘密,将给知识产权人的开发以及权益带来重大影响。因此,知识产权合同的当事人在订立合同中可以约定相对人承担保密义务。保密义务也是知识产权合同中当事人的法定义务。我国《合同法》第350条规定:"技术转让合同的受让人应当按照约定的范围和期限,对让与人提供的技术中尚未公开的秘密部分,承担保密义务。"《最高人民法院关于印发全国法院知识产权审判工作会议关于审理技术合同纠纷案件若干问题的纪要的通知》(以下简称《知识产权审判工作纪要通知》)第18规定:"技术合同无效或者被撤销后,当事人因合同取得的技术资料、样品、样机等技术载体应当返还权利人,并不得保留复制品;涉及技术秘密的,当事人依法负有保密义务。"

五、知识产权合同的无效

（一）知识产权合同无效的概念

知识产权合同无效,是指知识产权合同因违背国家法律、法规和政策的规定,而不发生法律约束力。但凡不具备知识产权合同有效要件的,均为无效知识产权合同。知识产权合同被确认全部无效的,自订立之时起,就不发生法律效力。知识产权合同部分无效的,如果不影响其余部分的效力,则其余部分仍然有效。

（二）知识产权合同无效的主要情形

知识产权合同无效的主要情形:

1. 因违反法律、法规或者损害国家利益和社会公共利益而无效

根据我国《合同法》第52条的规定,双方当事人签订的合同因违法或者损害国家利益、公共利益而无效。就知识产权合同而言,违法性和损害国家利益以及社会公共利益的情形主要有:

（1）知识产权合同项下的知识财产,违反宪法等其他法律法规的规定,或者是内容淫秽,有害公序良俗的;

（2）就知识产权合同项下的知识财产，就技术特征和实施后果而言，违反国家法律法规规定或者损害国家利益和社会公共利益的；

（3）知识产权合同项下的知识财产涉及国家安全或者重大经济利益的而需要国家有关部门批准，而未取得批准的。

2．因非法垄断技术，妨碍技术进步而无效

我国《合同法》第 329 条规定："非法垄断技术、妨碍技术进步或者侵害他人技术成果的技术合同无效。"判断知识产权合同是否有效，除了一般合同的无效情形外，还应当遵循知识产权合同特有的原则，即促进科学和技术进步原则。滥用技术和竞争优势，妨碍科学和技术进步的知识产权合同，属于损害国家和社会公共利益的合同，为无效知识产权合同。

2004 年颁布的《最高人民法院关于审理技术合同纠纷案件适用法律若干问题的解释》第 10 条规定：下列情形，属于合同法第 329 条所称的"非法垄断技术、妨碍技术进步"：（1）限制当事人一方在合同标的技术基础上进行新的研究开发或者限制其实施所改进的技术，或者双方交换改进技术的条件不对等，包括要求一方将其自行改进的技术无偿提供给对方、非互惠性转让给对方、无偿独占或者共享该改进技术的知识产权；（2）限制当事人一方从其他来源获得与技术提供方类似技术或者与其竞争的技术；（3）阻碍当事人一方根据市场需求，按照合理方式充分实施合同标的技术，包括明显不合理地限制技术接受方实施合同标的技术生产产品或者提供服务的数量、品种、价格、销售渠道和出口市场；（4）要求技术接受方接受并非实施技术必不可少的附带条件，包括购买非必需的技术、原材料、产品、设备、服务以及接收非必需的人员等；（5）不合理地限制技术接受方购买原材料、零部件、产品或者设备等的渠道或者来源；（6）禁止技术接受方对合同标的技术知识产权的有效性提出异议或者对提出异议附加条件。

3．因侵害他人合法权益而无效

我国《合同法》第 52 条的规定，双方当事人签订的合同因损害第三人利益而无效。所谓侵害他人合法权益，是指侵害另一方或者第三方的知识产权。当事人一方侵害他人知识产权的情形主要有：

（1）当事人非权利人，并且未经授权而与他人订立知识产权转让或者许可合同；

（2）单位职工未经单位同意而私自实施、转让其利用工作关系取得的职务知识财产的；

（3）单位未经职工个人同意而实施、转让职工的非职务知识财产的；

（4）约定将自己知识财产以他人名义申报发明奖、自然科学奖、科学进步奖、合理化建议奖和技术改造奖，或者向科学技术行政部门申请科技成果登记的。

拓展贴士

GW-540 技术为原告北京助剂研究所开发的技术成果。被告张亚红利用工作之便,私自复印了助剂所 GW-540 技术的全部技术资料,并于 1992 年与某企业签订"技术转让合同",转让费 10 万元。1994 年,原告北京助剂研究所向人民法院起诉。法院经审理认为,被告和他人所订立的"技术转让合同"无效,并赔偿原告全部经济损失。①

（三）知识产权合同无效的法律后果

一般而言,知识产权合同被确认无效后,合同尚未履行的,不再履行;正在履行的,应停止履行。对于已经履行的知识产权合同,被确认无效后,发生以下法律后果:

（1）恢复原状。恢复原状是指将当事人的关系恢复到履行合同以前的状态。知识产权合同有其特殊性:第一,一方当事人返还另一方当事人所交付的技术资料或样品,并不得存留复制品;第二,知识产权合同被确认无效后,当事人一方不得继续实施对方的知识产权。

（2）赔偿损失。如果知识产权合同的无效是由一方或者双方当事人的过错引起的,应各自根据过错,向对方承担赔偿责任。

（3）追缴知识财产。对于故意损害国家利益和社会公共利益,后果严重的知识产权合同,被宣布无效的,有关机关应对知识产权合同项下的知识财产予以追缴,由国家依法取得该知识财产的知识产权。

（4）追缴财产。对于已经实施并取得财产的因违反国家利益和社会公共利益而无效的知识产权合同,已经取得的财产应全部收缴。

（5）互负保密义务。知识产权合同被确认无效后,一方或双方在一定期限内负有对对方的技术秘密进行保护的义务。

第二节　知识产权合同的违约责任

一、知识产权合同的违约责任的概念

知识产权合同的违约责任是指知识产权合同当事人违反知识产权合同的约

---

① 案例来自罗东川:《技术合同法条文释义与案例评析》,http://www.chinaiprlaw.com/flfg/flfg1.htm,2013 年 8 月 8 日访问。

定而依法应承担的责任。违反知识产权合同的责任,是一种违约责任,是当事人之间承担的一种财产责任,目的在于使相对人的经济损失得到补偿。违反知识产权合同的责任,和人身利益无关,因此,不适用赔礼道歉等责任承担方式。知识产权合同的违约责任和知识产权合同责任不同。合同责任为根据合同而产生的民事责任,包括范围较广,通说认为主要包括违约责任、保证责任、非违约方未尽到防止或减轻损害的义务而承担的民事责任、因非可归责于当事人的原则导致合同的变更或解除而产生的民事责任等。①

二、违反知识产权合同的行为

违约责任存在的前提是违反知识产权合同的行为。违反知识产权合同的行为是指知识产权合同当事人违反知识产权合同约定的行为。违反知识产权合同的行为的构成要件如下:

第一,知识产权合同有效。知识产权合同有效,是当事人承担违约责任的前提;知识产权合同成立后,当事人反悔的,则发生缔约过失责任;而知识产权合同无效,则自始无效,对当事人不发生法律效力。

第二,当事人实施违反合同的行为。当事人违反合同的行为,包括作为和不作为。不履行合同的行为,包括不履行、不能履行、不适当履行和迟延履行等行为,以及擅自变更和解除合同的行为。这个条件还要求,实施不履行知识产权合同的人应为合同的当事人,否则不构成违反知识产权合同的行为。当事人违反合同的行为包括:(1) 不履行合同义务。不履行知识产权合同约定的义务,包括主观的不愿意履行,还包括客观的不能履行。客观的不能履行还包括不可抗力情况下的合同不能履行。无论是哪种不履行合同的行为,都是对合同的违反,都是违反知识产权合同的行为。(2) 履行合同义务不符合约定条件,如不履行、不能履行、不适当履行和迟延履行等。(3) 擅自变更、解除合同的行为。

三、违约责任的归责原则

知识产权合同的违约责任的归责原则是指基于一定的归责事由而确定知识产权合同违约方是否承担违约责任的准则。"违约责任的归责原则"决定着行为人承担违约责任的行为的构成要件、免责事由和损失赔偿的范围,因此是一个十分重要的概念。从各国立法实践上看,违约责任的归责原则可以分为两类:过错责任原则和严格责任原则。过错责任原则是指以行为人的过错为承担违约责任的要件的归责原则;严格责任原则是指无论行为人是否存在主观过错,只要违反合同则应承担违约责任的归责原则。

---

① 参见马俊驹、余延满:《民法原论》,法律出版社 1998 年版,第 651—652 页。

我国《合同法》确立了严格责任的归责原则。《合同法》第107条规定:"当事人一方不履行合同义务或者履行合同不符合约定的,应当承担继续履行,采取补救措施或者赔偿损失等违约责任。"该规定采取了严格责任的归责原则[①],以"不履行合同义务或者履行合同不符合约定"的客观行为为归责要件,而不论行为人是否有过错。该规定为我国《合同法》关于"违约责任归责原则"的总括性规定,适用于知识产权合同。有学者认为我国《合同法》确认的是无过错责任原则。我们并不赞同。这个观点在理论上是站不住的。无过错责任是针对特殊侵权行为的一种归责原则。侵权行为分为一般侵权行为和特殊侵权行为,过错责任是行为人就其一般侵权行为而承担侵权责任的归责原则,而无过错责任是行为人就其特殊侵权行为承担侵权责任的归责原则。可以说,无过错责任原则是针对特殊侵权行为而生成的一项归责原则,并不具有普适性。而严格责任是与过错责任相对立的一种归责形式。一般认为,大陆法系沿袭了罗马法后期的传统过错原则,强调要有债务不履行的归责事由(即过错)才承担合同责任,因不可归责于债务人的事由导致债务不履行时,债务人可免除责任;而英美法系则奉行严格责任原则,认为只要没有法定的免责事由,当事人违约后即要负损害赔偿责任,主观上无过错并不能成为抗辩事由。[②]

四、严格责任原则下的免责事由

根据我国合同法的规定,严格责任下的免责事由应以以下情形为限:

(一) 不可抗力

不可抗力作为法定的免责事由,是指不能预见、不能避免并不能克服的客观情况,通常包括自然灾害、战争等。此种情形虽导致当时人一方违反知识产权合同,但可以主张免责。根据我国《合同法》的规定,当事人因不可抗力不能履行合同的,应当及时通知对方,以减轻可能给对方造成的损失,并应在合理期限内提供证明。

(二) 债权人的原因

由债权人原因引起的债务人违约,债务人可主张免责或者减轻责任。《合同法》第120条规定:"当事人双方都违反合同的,应当各自承担相应的责任。"由于违约责任均为财产责任,因此双方承担的违约责任是可以抵消的,也就是债务人因债权人的原因违约而承担的责任得到减免。

(三) 约定的免责条款

知识产权合同约定的免责条款,为知识产权合同的一部分,发生法律效力。

---

① 参见梁慧星:《从过错责任到严格责任》,载《民商法论丛》第8卷,法律出版社1997年版,第4—5页。

② 田韶华:《论我国合同法上的严格责任原则》,载《河北法学》2000年第3期。

我国《合同法》对此从否定不合理免责条款的角度进行了肯定。① 根据我国《合同法》第 53 条的规定,合同中的下列免责条款无效:第一,造成对方人身伤害的;第二,因故意或者重大过失造成对方财产损失的。

五、违约责任的承担方式

知识产权合同违约责任的承担方式,是指知识产权合同当事人承担违约责任的形式。根据我国《合同法》的规定,当事人承担知识产权合同违约责任的方式主要有:

(一) 继续履行

当事人一方不履行知识产权合同义务或者履行合同义务不符合约定条件时,当事人另一方在违约方有履行能力的情况下,可以要求违约方继续履行。

(二) 采取补救措施

当事人一方不履行知识产权合同,或者合同义务不符合约定的,当事人另一方有权要求违约方采取补救措施。这种情况在英美法系被称为违约补救。我国《合同法》第 112 条规定:"当事人一方不履行合同义务或者履行合同义务不符合约定的,在履行义务或者采取补救措施后,对方还有其他损失的,应当赔偿损失。"

(三) 违约金

违约金是指由于当事人一方不履行或者不完全履行合同义务,依照法律规定或者双方的约定,应向对方当事人支付的一定数量的金钱作为补偿。根据我国《合同法》第 114 条的规定,当事人可以约定一方违约时应当根据违约情况向对方支付一定数额的违约金,也可以约定因违约产生的损失赔偿额的计算方法。约定的违约金低于造成的损失的,当事人可以请求人民法院或者仲裁机构予以增加;约定的违约金过分高于造成的损失的,当事人可以请求人民法院或者仲裁机构予以适当减少。当事人就迟延履行约定违约金的,违约方支付违约金后,还应当履行债务。

(四) 定金

所谓定金,是指合同当事人为了确保合同的履行,依据法律和合同的规定,由一方按照合同标的额的一定比例预先给付给对方的一定数量的金钱。我国《担保法》第 89 条规定:"当事人可以约定一方向对方给付定金作为债权的担保。债务人履行债务后,定金应当抵作价款或者收回。给付定金的一方不履行约定的债务的,无权要求返还定金;收受定金的一方不履行约定的债务的,应当双倍返还定金。" 我国《合同法》第 116 条规定,当事人既约定违约金,又约定定

---

① 参见我国《合同法》第 53 条。

金的,一方违约时,对方可以选择适用违约金或者定金条款。

（五）赔偿损失

赔偿损失,是指知识产权合同当事人一方违约应该赔偿由于违约而给对方造成的经济损失。根据我国《合同法》第107条的规定,当事人一方不履行合同义务或者履行合同义务不符合约定的,应当承担继续履行、采取补救措施或者赔偿损失等违约责任。我国《合同法》第113条规定:"当事人一方不履行合同义务或者履行合同义务不符合约定,给对方造成损失的,损失赔偿额应当相当于因违约所造成的损失,包括合同履行后可以获得的利益,但不得超过违反合同一方订立合同时预见到或者应当预见到的因违反合同可能造成的损失。"

承担赔偿损失的责任,必须符合下列条件:

（1）损失必须是违反合同约定而引起的损失;

（2）必须有违反合同的行为;

（3）必须有损失事实存在。

第三节　知识产权开发合同

一、知识产权开发合同概述

（一）知识产权开发合同的概念和特征

知识产权开发合同是指当事人之间就知识财产的研究与创造所订立的合同。知识产权开发合同包括委托开发合同和合作开发合同。知识产权开发合同的标的物为知识财产。但是在合同签订之时,合同项下的知识财产并不存在,因此该合同风险必然存在,在合同条款中,应该对合同风险进行约定。知识产权开发合同的主要合同目的是为了获得新的知识财产,因此,应该在合同中对获得的知识财产的权属进行约定。知识产权开发合同项下的新的知识财产,包括作品、商标、商业秘密和可以申请专利的专利技术。就可以申请专利的专利技术达成的开发合同在我国《合同法》上被称为"技术开发合同",它旨在开发新技术、新产品、新工艺或者新材料及其系统。① 知识产权开发合同项下的知识财产,仅以创造性知识财产为限,继承性知识财产,如非物质文化遗产不存在研究与创造问题,也不是研究与创造能够获得的。知识产权开发合同可以分为委托开发合同和合作开发合同两大类。

（二）知识产权开发合同与加工承揽合同的比较

开发合同与加工承揽合同不同。加工承揽合同表现为重复性劳动,是对重

---

① 参见我国《合同法》第330条。

复的技术或成果的再现;而知识产权开发合同为创造性劳动,是对新知识财产的追求。

拓展贴士

　　1990 年 7 月,某研究所与某机械厂签订了"XB 型砂磨机研制合同",合同约定:研究所负责提供设计参数,如达到验收要求,机械厂继续改进,研究所不再另付研制费用;机械厂应于 1991 年 1 月完成研制任务,届时向研究所提供样机两台,样机保修一年。研究所如约付预付款 14 万元。但鉴于机械厂的样机未达到约定的要求而拒收。研究所向法院起诉,要求机械厂退回预付的 14 万元,并赔偿损失 2 万元。法院受理后,一种意见认为该案属于技术开发合同纠纷;另一种意见认为属于加工承揽合同纠纷。①

　　按照《合同法》第 251 条的规定,加工承揽合同是指承揽人按照定做人的要求完成工作,交付工作成果,定作人给付报酬的合同。承揽包括加工、定作、修理、复制、测试、检验等工作。承揽合同具有以下几个特征:第一,合同标的物是"物",而知识产权开发合同的"标的物"为知识财产。这是知识产权开发合同和加工承揽合同的最大不同。第二,加工承揽合同的标的物往往具备特殊的属性,以满足定作人的特殊需要,如定制一把超大的水壶等。一般情况下,该特殊属性,加工承揽合同的标的物的特殊属性,不足以形成一种新的技术成果,更不能成为一项知识财产。第三,承揽人工作具有独立性,不受定作人的指挥管理,但不得随意交由他人进行。第四,承揽人自担风险。承揽人应以自己的风险独立完成工作,对工作成果的完成和交付负全部责任。而知识产权开发合同中,尤其是合作开发合同中的开发风险则由双方当事人约定,或者合理分担。

　　具体讲,知识产权开发合同是就研究开发新知识财产所签订的合同,它的目标是知识财产,因此必然在成果上要求"新";而加工承揽合同是为了满足特殊的生产和生活需要而订立的合同,目标是产品的某方面的特殊属性,如超大、超长和超重等,但这些属性并不能产生新的技术,属于重复性劳动。在本案中,研究所需要的一台新机器是当时国内市场所没有的,因此,属于开发"新技术","样机"实为新技术的载体,不是新技术本身。因此,合同约定由研究所提供开发经费和设计参数,并按照设计参数验收,并接受样机;而机械厂的主要义务按

---

　　① 中林:《技术合同法条文释义与案例评析》,http://www.chinaiprlaw.com/flfg/flfg1.htm,2013 年 8 月 8 日访问。

期完成研究开发工作,并交付研究开发成果——两台样机。由此认定,本案合同应为知识产权开发合同,并且属于委托开发合同,而不是加工承揽合同。

(三) 知识财产创造人的人身权

鼓励创新和发明创造是知识产权法的基本宗旨之一,对于知识财产的创造人员,应当给予精神和物质的奖励。在有关知识财产的文件上,知识财产的创造人员有署名的权利,并且有获得荣誉和接受奖励的权利。上述权利是法定权利,不以约定为限,是知识创造者的人权。我国《合同法》第321条规定:"完成技术成果的个人有在有关技术成果文件上写明自己是技术成果完成者的权利和取得荣誉证书、奖励的权利。"但知识财产的创造者享有的上述人身权,但并不享有对知识财产的财产权。

二、委托开发合同

(一) 委托开发合同概述

委托开发合同,是指当事人一方委托另一方进行研究与创造从而获得新的知识财产而签订的合同。在委托开发合同中,研究开发人以自己的名义、技术和劳务独立完成研究开发工作,并提供研究成果。除有合同约定,委托人不得干涉开发人的研发过程。委托人向研究开发方提供研究开发经费,并支付报酬,验收研究开发人提供的研究成果。该研究成果就是可能的知识财产。经验收鉴定,该研究成果为适用的、达到生产要求的新成果,则为一项独立的知识财产;如果不能形成一项独立的新成果,则多处于公有领域,属于公有技术,不能成为知识财产。知识产权开发合同失败。

(二) 委托人的主要义务

第一,委托人应按照合同的约定,支付研究开发经费和报酬。委托方支付的研究开发经费仅用于研究创造工作;委托方向研究开发方支付的报酬,是研究开发方的收入。

第二,委托方按照合同的约定,提供技术资料、原始数据、完成协作事项。知识产权开发合同约定由委托人提供技术资料、原始数据、完成协作事项的,委托人应完成上述事项。委托合同未约定上述事项的,当事人可以补充约定;不能达成一致的,按照合同项下的知识财产的本质特点以及惯例以及有利于合同完成的方法来确定;按照以上方法仍然无法确定的,由研究开发人承担。

第三,按照约定接受研究开发成果。对于研究开发人提供的研究成果,委托人经过验收后,应该按照合同的约定接受,不得延迟,否则发生的开发人的损失和知识财产灭失的意外均由委托人承担。

（三）研究开发人的主要义务

第一，按照约定制定和实施研究开发计划。委托开发合同约定了研究开发计划的，研究开发人应该按照约定实施研究计划。

第二，合理使用研究开发经费。研究开发经费是研究开发工作实施的专项经费，开发人应当按照合同约定的方式和用途实施。在合同无具体约定的情况下，应根据开发项目的实际需要，尽到善意注意义务，专款专用。研究开发经费不得挪作他用。

第三，按期完成研究开发工作，提供研究成果。开发人应按期完成研究开发工作，并提供研究开发成果。开发人不得在向委托人提供研究开发成果前，将研究开发成果公开、转让或者许可给第三人。在提供研究开发成果的同时，应提供与该成果有关的技术资料，并进行必要的技术指导，帮助委托人掌握研究开发成果。

（四）委托开发合同中的违约责任

除了一般的知识产权合同的违约责任外，委托开发合同中开发人的违约责任还有其特殊性。首先，委托人违反约定造成研究开发工作停滞、延误或者失败的，应当承担违约责任。委托人违反约定造成此情况的具体情形主要有：

（1）委托人迟延支付研究开发经费或者报酬，造成研究开发工作停滞、延误的，开发人不承担责任。委托人逾期不支付研究开发经费或者报酬的，开发人有权解除合同。合同解除后，委托人应当返还开发人提供的阶段性技术成果或者资料，支付逾期的经费和报酬，并赔偿因此给开发人造成的经济损失。

（2）委托人逾期不提供技术资料、原始数据或者完成协作事项的，研究开发人有权解除合同，委托人应当赔偿因此给研究开发人造成的损失。

（3）委托人提供的技术资料、原始数据或者完成的协作事项有重大缺陷，而导致研究开发工作停滞、延误、失败的，委托人应当承担责任。

（4）委托人逾期不接受研究开发成果的，研究开发人有权处分研究开发成果。所获得的收益在扣除约定的报酬、违约金和保管费后，退还委托人。所得收益不足以抵偿有关报酬、违约金和保管费的，有权请求委托人赔偿损失。

开发人违反约定造成研究开发工作停滞、延误或者失败的，同样应承担违约责任。开发人违反约定造成此情况的具体情形主要有：

（1）采取补救措施。研究开发人未按计划实施研究开发工作的，委托人有权要求其实施研究开发计划并采取补救措施。研究开发人逾期不实施研究开发计划的，委托人有权解除合同。开发人应当返还研究开发经费，赔偿因此给委托人造成的损失。

（2）开发经费的目的外实施。研究开发人将研究开发经费用于履行合同以外的目的的，委托人有权制止并要求其退还相应的经费用于研究开发工作。因此造成研究开发工作停滞、延误或者失败的,研究开发人承担责任。经委托人催告后,研究开发人逾期未退还经费用于研究开发工作的,委托人有权解除合同。研究开发人应当返还研究开发经费,赔偿因此给委托人造成的损失。

(3)开发人过错。于研究开发人的过错,造成研究开发成果不符合合同约定条件的,研究开发人应当支付违约金或者赔偿损失;造成研究开发工作失败的,开发人应当返还部分或者全部研究开发经费,支付违约金或者赔偿损失。

国家统一司法考试真题

公司在报纸上向社会征集广告用语,声明被采用的应征者将获得奖金 2000 元。乙设计的独特广告语应征后被选中,获得 2000 元奖金。甲公司使用该广告语 3 年以后,乙对广告语的著作权提出主张,要求甲公司停止使用。下列哪一选项是正确的?(2008 年卷三第 19 题)

A. 广告语属于商务用语,不受著作权法保护

B. 甲公司享有广告语的著作权

C. 乙享有广告语的著作权,但其主张已超过诉讼时效

D. 乙享有广告语的著作权,但甲公司可以在其商业活动中使用该广告语

【答案】 D

【考点】 委托合同中被许可人的权利

【解析】 A 项错误。《著作权法》第 2 条第 1 款规定,中国公民、法人或者其他组织的作品,不论是否发表,依照本法享有著作权。《著作权法实施条例》第 2 条规定,著作权法所称作品,是指文学、艺术和科学领域内具有独创性并能以某种有形形式复制的智力成果。乙设计的广告语因独特性而入选,符合我国著作权法规定的作品构成要件。

B 项错误。《著作权法》第 17 条规定,受委托创作的作品,著作权的归属由委托人和受托人通过合同约定。合同未作明确约定或者没有订立合同的,著作权属于受托人。

C 项错误。2002 年施行的《最高人民法院关于审理著作权民事纠纷案件适用法律若干问题的解释》第 28 条规定,侵犯著作权的诉讼时效为 2 年,自著作权人知道或者应当知道侵权行为之日起计算。本题中,甲公司使用该广告语 3 年的行为并不是侵权行为,因此侵犯著作权的诉讼时效并未开始计算,故不存在超过的问题;另外,如果构成侵权,则因该行为一直在持续,也不存在诉讼时效问题。

D 项正确。《最高人民法院关于审理著作权民事纠纷案件适用法律若干问题的解释》第 12 条规定,按照著作权法第 17 条规定委托作品著作权属于受托人的情形,委托人在约定的使用范围内享有使用作品的权利;双方没有约定使用作

品范围的,委托人可以在委托创作的特定目的范围内免费使用该作品。甲乙双方没有签订书面委托创作合同,未约定作品(广告语)的使用范围,甲公司作为委托人可以在委托创作的特定目的范围内,即在其商业活动中使用该广告语。

国家统一司法考试真题

甲公司与乙公司签订一份技术开发合同,未约定技术秘密成果的归属。甲公司按约支付了研究开发经费和报酬后,乙公司交付了全部技术成果资料。后甲公司在未告知乙公司的情况下,以普通使用许可的方式许可丙公司使用该技术,乙公司在未告知甲公司的情况下,以独占使用许可的方式许可丁公司使用该技术。下列哪一说法是正确的?(2011 卷三单选 15 题)

A. 该技术成果的使用权仅属于甲公司

B. 该技术成果的转让权仅属于乙公司

C. 甲公司与丙公司签订的许可使用合同无效

D. 乙公司与丁公司签订的许可使用合同无效

【答案】　D

【考点】　技术开发合同

【解析】　A 项、B 项错误。甲公司委托乙公司开发技术秘密但并未约定该技术秘密成果的归属和利用及其相关利益分配办法。根据《合同法》第 341 条规定,委托开发或者合作开发完成的技术秘密成果的使用权、转让权以及利益的分配办法,由当事人约定。没有约定或者约定不明确,依照本法第 61 条的规定仍不能确定的,当事人均有使用和转让的权利,但委托开发的研究开发人不得在向委托人交付研究开发成果之前,将研究开发成果转让给第三人。本题中,依照《合同法》第 61 条规定,合同生效后,当事人就质量、价款或者报酬、履行地点等内容没有约定或者约定不明确的,可以协议补充;不能达成补充协议的,按照合同有关条款或者交易习惯确定。因此应该无法最终确定,甲公司与乙公司均享有该技术秘密的使用权和转让权。

选项 C 错误,选项 D 正确。《最高人民法院关于审理技术合同纠纷案件适用法律若干问题的解释》第 20 条规定,合同法第 341 条所称"当事人均有使用和转让的权利",包括当事人均有不经对方同意而自己使用或者以普通使用许可的方式许可他人使用技术秘密,并独占由此所获利益的权利。当事人一方将技术秘密成果的转让权让与他人,或者以独占或者排他使用许可的方式许可他人使用技术秘密,未经对方当事人同意或者追认的,应当认定该让与或者许可行为无效。

专利代理人考试真题

关于委托开发及由此完成的发明创造,以下哪些说法是正确的?(2004 年卷一第 68 题)

A. 在当事人没有约定的情况下,申请专利的权利属于研究开发人

B. 研究开发人取得专利权的,委托人可以实施该专利,但需要支付适当的费用

C. 研究开发人转让专利申请权的,委托人享有以同等条件优先受让的权利

D. 委托人违反约定造成研究开发工作停滞、延误或者失败的,应当承担违约责任

【答案】　ACD

【解析】　A 项、C 项和 D 项正确。B 项委托人可以实施专利正确,但无需再支付费用。

三、合作开发合同

(一)合作开发合同概述

合作开发合同,是指当事人各方就共同出资进行研究与创造工作,共担风险,共享开发成果而订立的合作合同。在合作开发合同中,当事人共同出资进行研发活动,并共享成果。我们认为,当事人各方是否均需要直接参与研究开发活动,不是合作开发合同的充分条件,只要各方共同出资,共担风险、共享研究开发成果,就构成合作开发。但当事人一方仅提供资金、设备、材料等物质条件或者承担辅助协作工作,而由另一方进行研究开发的合同,开发成果归一方所有的合同,不是合作开发合同,而是委托开发合同。

(二)合作方的主要义务

(1)合作各方均应按照合同的约定进行投资,包括以知识财产出资。合作方采取知识财产进行出资的,应该明确约定出资形式,并应折算成相应的金额,明确当事人在投资中所占的比例。

(2)合作各方均应负担开发风险。合作方共担开发风险,当开发工作不成功,损失由各方分担,而不能由直接负责开发工作的一方承担,除非开发方有明显过错。

(3)协作配合研究开发工作。合作开发的直接目的在于通过合作,共同努力获得新的知识财产,因此,合作各方应协作配合开展研究工作。

(三)违约责任

合作开发合同的当事人违反约定造成研究开发工作停滞、延误或者失败的,应当承担违约责任。合作方一方逾期不履行约定义务,另一方有权解除合同,并要求赔偿损失。我国《合同法》第 93 条和第 94 条规定了解除合同的条件,但鉴

于合作开发合同的特点,因知识产权开发合同项下的知识财产已经由他人公开,致使知识产权开发合同的履行没有意义的,当事人可以解除合同。当事人解除合同的,应当按照约定承担因解除合同产生的赔偿责任。没有约定或者约定不明确的,由过错方承担责任。双方都没有过错的,由当事人合理分担。

(五) 开发风险的承担

在知识产权开发合同履行过程中,因出现无法克服的技术困难,致使研究开发失败或者部分失败的,该风险责任由当事人分担。当事人一方发现有可能致使研究开发失败或者部分失败的情形时,应当及时通知另一方并采取适当措施减少损失。没有及时通知并采取适当措施,致使损失扩大的,应当就扩大的损失承担责任。我国民法理论至今未对"风险"的概念界定并不一致,我国《合同法》在不同意义上使用了风险这一概念。所谓风险,是指因不可归责于双方当事人的原因而发生的或者可能发生的财产损失。从这个概念可以看出,风险的实质是由于不可归责于双方当事人的原因而引发的财产损失。所谓合作开发合同中的开发风险就是指在合作开发合同中,因为不可归责于双方当事人的原因,致使合作开发失败或者部分失败而造成的损失。知识产权开发的失败或者部分失败构成风险的,应具备以下条件:第一,按照国内行业标准和参照国际标准,研究工作本身具有相当难度;第二,开发人积极履行合同,并尽注意义务;第三,相关领域专家认为研究开发工作失败属于合理范围之内。[①]

合作开发合同中的开发风险的负担,是指在合作开发合同中,因为不可归责于双方当事人的原因,致使合作开发失败或者部分失败而造成的损失由谁承担。根据我国《合同法》第 338 条的规定,在技术开发合同履行过程中,因出现无法克服的技术困难,致使研究开发失败或者部分失败的,该风险责任由当事人约定。没有约定或者约定不明确,依照《合同法》第 61 条的规定仍不能确定的,风险责任由当事人合理分担。当事人一方发现可能致使研究开发失败或者部分失败的情形时,应当及时通知另一方并采取适当措施减少损失。没有及时通知并采取适当措施,致使损失扩大的,应当就扩大的损失承担责任。

第四节　知识产权转让合同

一、知识产权转让合同的概念和分类

(一) 知识产权转让合同的概念

所谓知识产权转让合同,是指知识产权人为将自己的知识产权转移给他人

---

① 中林:《技术合同法条文释义与案例评析》,http://www.chinaiprlaw.com/flfg/flfg1.htm,2013 年 8 月 18 日访问。

而签订债权债务关系的协议。知识产权转让合同是一项债权债务关系协议,该合同的签订并不意味着知识产权转让的完成,而是转让的开始;知识产权的转让以登记为标志。我国《合同法》第342条规定:"技术转让合同包括专利权转让、专利申请权转让、技术秘密转让、专利使用许可合同。"我国《合同法》上的技术转让概念失之过宽,容易引起实践中的混乱和混淆。从转让和许可区分角度看,该条的规定,既包括了知识产权转让,又包括了知识产权许可。从其后的具体规范角度看,合同法上的知识产权转让不仅包括了债权行为规范而且还包括了知识产权行为规范。关于知识产权转让和知识产权许可的规范有着巨大的差别,不可能适用一样的调整规范,而债权行为和知识产权行为更是不能同日而语,因此技术合同这个概念将上述行为囫囵吞入,是不科学的。我们所称的知识产权转让合同仅指知识产权的完全转移而签订的债权合同,而不包括许可。

（二）知识产权转让合同的分类

（1）从知识产权的种类角度划分的分类。知识产权可以划分为专利权、商标权、著作权、商业秘密权和非物质文化遗产权利等,因此知识产权转让包括专利权转让合同、商标权转让合同、著作权转让合同、商业秘密权转让合同等形式。由于非物质文化遗产不能转让,因此也就无所谓非物质文化遗产转让合同。

专利权转让合同有广义和狭义之分,广义的专利权转让合同包括专利申请权转让合同,而狭义的专利权转让合同不包括专利申请权转让合同。专利权转让合同,是指专利权人将自己所享有或者持有的专利权转移给受让人,而受让人支付约定价款的合同。专利申请权转让合同,是指对发明创造享有专利申请权的人,将该项权利转移给受让人,而受让人支付约定价款的合同。专利权转让合同和专利申请权转让合同,受专利法和合同法总则以及技术合同的规定调整。商标权转让合同,是指商标权人将自己所享有的商标权转移给受让人,而受让人支付约定价款的合同。商标权转让合同,受商标法和合同法总则的调整。著作权转让合同,是指著作权人将自己所享有著作权转移给受让人,而受让人支付约定价款的合同。著作权转让合同的签订,受著作权法和合同法总则的调整。商业秘密权转让合同,是指商业秘密权利人将其享有的商业秘密权转移给受让人,而受让人支付约定的价款的合同。商业秘密权转让合同,受商业秘密保护法和合同法总则的调整。由于我国没有颁布商业秘密保护法,有关商业秘密的转让遵从《合同法》的有关规定。由于非物质文化遗产不具有可让与性,因此不能转让。

（2）从知识产权的体系角度划分的分类。从体系化的角度看,知识产权可以分为完全知识产权、知识产权实施权和知识产权担保权。因此,知识产权转让合同可以分为完全知识产权转让合同和知识产权实施权转让合同以及知识产权担保权转让合同。知识产权担保权具有从属性,不能单独转让,因此不存在单独的知识产权担保权转让合同。

二、知识产权转让合同的特征

(一) 知识产权转让合同的主体

知识产权人为出让人,包括专利权、商标权和著作权等享有知识产权的一切权利人。知识产权转让中的受让人可以是自然人,也可以是法人或者其他组织。

(二) 当事人双方就知识产权转让达成意思表示一致

知识产权转让合同的目标是实现知识产权的转移:知识产权人转让知识产权,受让人接受该知识产权。有人主张根据知识产权的具体权能,将知识产权转让划分为全部权利的转让和部分权利的转让。知识产权转让仅指全部权利转让,部分权利转让名为"转让",实为"许可"。因此,本书中的知识产权转让仅指财产权的全部转移。也有人主张知识产权的转让可以分为合同转让和其他转让。其他转让形式主要有因继承、继受等方式下的知识产权转让。因继承、继受等方式下发生的知识产权变动,属于知识产权转移[①],而非转让。

(三) 知识产权转让合同为有偿合同

知识产权人转让知识产权给受让人,理论上讲可以有偿,也可以无偿。但一般情况下,均是有偿转让。知识产权权利人通过转让,获得转让利益,实现知识产权的价值,这是知识产权转让的目的。

(四) 知识产权转让合同为要式合同

根据合同的成立是否需要特定的法律形式,可以将合同分为要式合同和不要式合同。要式合同是指必须采用特定形式才能成立的合同。不要式合同是指当事人无需采取特定形式就可以成立的合同。知识产权转让合同应为要式合同,因为知识产权转让关系重大,而不要式合同不易举证,日后形成纠纷将难以举证。国外许多立法考虑到知识产权客体的特殊性,都将知识产权的转让合同采要式行为主义,要求必须签订书面知识产权转让合同。我国《著作权法》规定著作权的转让"应当订立书面合同"[②],我国《专利法》和《商标法》均有转让相关权利采书面形式的规定。[③] 此外,许多国家立法还进一步规定了著作权转让合同的登记制度,并采取了登记对抗主义的立法模式,如日本。我们认为较为合理,一方面由于著作权可以在不同地方、不同时间被多次、重复转让;另一方面受

---

① 因继承和继受而发生的知识产权移转,不属于知识产权的行使,不在本章讨论之列。
② 参见我国《著作权法》第25条。
③ 参见我国《专利法》第10条、《商标法》第39条。

让方享有的著作权并不像受让财产所有权可以基于对所有物的占有来表明自己权利,如果不以某种方式将这种转让行为公示,受让方在受让著作权之后其权利将易受侵犯,且使著作权转让的法律关系处于不稳定的境地。我国著作权法中并没有明确规定著作权转让登记制度,仅在《著作权法实施条例》中规定著作权转让合同"可以向著作权行政管理部门备案"。

三、知识产权转让合同的有效

登记是知识产权转让的有效要件,但是却非知识产权转让合同的有效要件。这一点,曾在我国立法上出现了偏差。我国1995年《担保法》规定:"以依法可以转让的商标专用权,专利权、著作权中的财产权出质的,出质人与质权人应当订立书面合同,并向其管理部门办理出质登记。质押合同自登记之日起生效。"这个偏差被我国《物权法》所纠正。《物权法》第227条规定:"以注册商标专用权、专利权、著作权等知识产权中的财产权出质的,当事人应当订立书面合同。质权自有关主管部门办理出质登记时设立。"AIPPI的相关文件专门明确了登记和转让合同之间的关系,规定"任何双方签订的合同不应以此合同在任何登记部门的登记作为生效条件。"①

专利代理人考试真题

美国甲公司欲将其一项中国专利权转让给中国乙公司。下列说法哪些是正确?(2012年卷一第36题)

A. 双方应当签订书面的专利权转让合同

B. 专利权转让合同自国家知识产权局登记之日起生效

C. 专利权的转让自国家知识产权局登记之日起生效

D. 该转让应当经商务主管部门批准或登记

【答案】　AC

【考点】　知识产权合同的签订效力和知识产权转让的效力

【解析】　A项、C项正确。专利权的转让需签订书面合同,合同自签字盖章生效;但是专利权的转让自在国家知识产权局登记之日起生效。《专利法》第10条:专利申请权和专利权可以转让。中国单位或者个人向外国人、外国企业或者外国其他组织转让专利申请权或者专利权的,应当依照有关法律、行政法规的规定办理手续。转让专利申请权或者专利权的,当事人应当订立书面合同,并向国务院专利行政部门登记,由国务院专利行政部门予以公告。专利申请权或者专

---

① 参见国际保护知识产权协会(AIPPI):Q190决议《与第三方签订的关于知识产权(转让,许可)的合同》,http://www.aippi-china.org/pdf/jyQ190.doc,2013年7月13日访问。

利权的转让自登记之日起生效。

B 项错误。知识产权合同无须登记,自签字盖章之日起生效。《合同法》第 44 条:依法成立的合同,自成立时生效。法律、行政法规规定应当办理批准、登记等手续生效的,依照其规定。

D 项错误。该转让涉及的知识产权为中国专利权,因此不属于进口技术,因此无须经商务主管部门批准或登记。《技术进出口管理条例》第 11 条:进口属于限制进口的技术,应当向国务院外经贸主管部门提出技术进口申请并附有关文件。技术进口项目需经有关部门批准的,还应当提交有关部门的批准文件。《技术进出口管理条例》第 18 条:进口属于自由进口的技术,应当向国务院外经贸主管部门办理登记,并提交下列文件:

(一) 技术进口合同登记申请书;

(二) 技术进口合同副本;

(三) 签约双方法律地位的证明文件。

第五节　知识产权许可合同

一、知识产权许可合同的概念和分类

(一) 知识产权许可合同的概念

所谓知识产权许可合同,是指知识产权人为将自己的知识产权许可给他人实施而签订的债权债务协议。知识产权许可合同是一项债权债务关系协议,该合同的签订并不意味着知识产权许可的完成,一般而言,知识产权许可合同均须登记备案。尤其是在办理了登记备案手续后,被许可人才能获得知识产权实施权,否则仅能获取债权。在合同有效期内,知识产权人负有维持知识产权有效的义务以及积极应对他人提出的知识产权无效请求的义务。这是知识产权人权利瑕疵担保义务的一个体现。从全球范围看,知识产权法制度成熟的国家往往是制定知识产权许可合同的单行法,而不是放在合同法之中,如德国于 2002 年制定了专门的著作权合同法,名称为《加强作者和表演者合同地位的法律》[①]。

(二) 知识产权许可合同的分类

第一,根据具体知识产权形态的分类。知识产权可以划分为专利权、商标权、著作权、商业秘密权和非物质文化遗产权利等,因此知识产权许可包括专利权许可合同、商标权许可合同、著作权许可合同、商业秘密权许可合同和非物质文化遗产权利许可合同等形式。

---

① 李明德:《"知识产权滥用"是一个模糊命题》,载《电子知识产权》2007 年第 10 期。

专利权许可合同有广义和狭义之分,广义的专利权许可合同包括专利申请技术许可合同,而狭义的专利权许可合同不包括专利申请技术许可合同。专利权许可合同,是指专利权人依法将自己享有专利权的发明、实用新型或者外观设计技术方案许可被许可人在一定时间和地域范围内实施,而被许可人向专利权人支付约定价款的合同。专利申请技术许可合同,是指专利申请权人就已经提出申请并被国家专利局受理的专利技术,许可给被许可人在一定时间和地域范围内实施,而被许可人支付约定价款的合同。商标权许可合同,是指商标权人依法将自己所享有的商标权的注册商标许可给被许可人人在一定时间和地域范围内实施,而被许可人支付约定价款的合同。著作权许可合同,是指著作权人依法将自己享有著作权的作品许可给被许可人被许可人在一定时间和地域范围内实施,而被许可人支付约定价款的合同。商业秘密权许可合同,是指商业秘密权利人依法将其享有的商业秘密权利的商业秘密许可给被许可人在一定时间和地域范围内实施,而被许可人支付约定的价款的合同。非物质文化遗产权利许可合同,是指非物质文化遗产权利人依法将其享有的非物质文化遗产在许可给被许可人在一定实践和地域范围内实施,而被许可人支付约定的价款的合同。

第二,按照被许可人获得的权利和所处的地位的分类。按照被许可人获得的权利和所处的地位可以将知识产权许可合同分为独占许可合同、排他许可合同和普通许可合同。(1)独占许可合同。所谓独占许可合同,又称为独家许可合同,是指在一定期限和一定的区域内,被许可方对许可实施的知识财产享有独占实施权,许可人不得许可第三人在该时间、地区实施此知识财产,也不得将此知识财产转让,并且许可人自己也不得实施知识产权的许可合同。(2)排他许可合同。所谓排他许可合同,是指在一定期限和一定的区域内,被许可方对许可实施的知识财产享有排他实施权,仅许可人和被许可人可以在该时间、地区实施此知识财产的许可合同。(3)普通许可合同。所谓普通许可合同,是指在一定期限和一定区域内,许可人除许可给被许可人实施外,还可以自己继续实施,并且可以将知识财产许可给其他人实施的许可合同。

二、知识产权许可合同的特征

第一,许可人为知识产权人。知识产权人为许可人,包括专利权、商标权和著作权等享有知识产权的一切权利人。

第二,知识产权许可合同是当事人双方就知识产权许可达成的意思表示一致的债权合同。

第三,知识产权许可合同为有偿合同。一般情形下,知识产权人许可合同为有偿合同。

第四,知识产权许可合同为要式合同。知识产权许可合同应为要式合同,需要书面形式(包括数据电文形式)才能成立。

三、许可期限

知识产权许可合同的许可期限由当事人确定,但是除了非物质文化遗产和商业秘密之外,其他的知识财产都是有期限的。因此一般情况下,知识产权许可合同的期限受到知识产权的有效存在期限的限制。

(一) 存续期间届满或者被宣告无效

如果知识产权有效期届满或者被宣布无效的,知识产权人不得就该知识财产与他人订立知识产权许可合同。已经订立的许可合同,为无效合同,并发生无效合同的法律后果。我国《合同法》第344条规定:"专利使用许可合同只在该专利权的存续期间内有效。专利权有效期限届满或者专利权被宣布无效的,专利权人不得就该专利与他人订立专利使用许可合同。"这个规定可类推适用于所有有期限的知识产权许可,我国著作权法和商标法有类似规定。

(二) 知识产权嗣后无效无溯及力

在签订知识产权许可合同之后,知识产权被确认无效的,分以下具体情况来处理:第一,被确认和宣告无效的知识产权,为自始不存在。第二,对在确认之前,已经履行的知识产权许可合同或者转让合同,不具有追溯力。但是因知识产权人存在主观恶意给他人造成损失的,应当给予赔偿。《知识产权审判工作纪要通知》第15条规定:"技术转让合同中既有专利权转让或者专利使用许可内容,又有技术秘密转让内容,专利权被宣告无效或者技术秘密被他人公开的,不影响合同中另一部分内容的效力。但当事人另有约定的除外。"

(三) 超出知识产权存续期间的许可无效

超过知识产权存在有效期限的,超过的部分无效。如果知识产权是有效的,但是知识产权许可的期限超过了知识产权的存续期间,那么,超过部分无效。超过知识产权存续期间的合同为部分无效的合同,并不影响其他未超过部分的效力。

四、许可费

(一) 许可费的合理性与合法性

知识产权是权利人依法获得的一种垄断效力的权利。在知识财产的创造过程中,本身就包含了创造和投资。因此,要求他人支付许可费才能实施知识财产是合理的;我国《专利法》第12条规定:"任何单位或者个人使用他人专利的,应当与专利权人订立使用许可合同,向专利权人支付专利使用费。被许可人无权允许合同规定以外的任何单位或者个人使用该专利。"我国著作权法和商标法等知识产权法律也有相同规定。

毋庸置疑,知识产权人也在市场上处于一种垄断地位,他要求的许可费也是一种垄断价格。然而,目前国际社会一致认为虽然知识产权许可费是一种垄断,但这种垄断非但没有妨碍社会的进步,反而促进了社会的进程。法律应对此加以容忍并确认合法性。因此,作为经济宪法的反垄断法并不把知识产权许可作为垄断的情形对待,反垄断法也不适用于知识产权许可实施费。知识产权人收取知识产权许可费是合法的。但是,在没有监督和制约的情况下,权利人往往就会越过合理的界限,要求过高的许可实施费。而知识产权法的目的固然在于保护权利人的知识产权,但更深层次的目的则在于促进知识的传播和共享。过高的许可实施费,则会和这个根本目的背道而驰。在美国 Deere & Co . V. Int'l Harvester Co 案中,美国联邦巡回上诉法院认可了地方法院提出的评价实施费份额和理性的因素包括:销售率、市场份额,费用节余以及出售相关产品的附带受益,至少有一个法院认为:"过度的令人难以忍受的使用费构成专利权滥用"。但我们是否就能因此认为专利许可使用费也必须适用反垄断法呢?[①] 过高的专利许可费是一种滥用市场支配地位的行为,需要反垄断法予以规制。

可见,制约机制仍是需要的。比如说,权利穷竭原则就在一定程度上制约和限制了这种垄断价格。权利穷竭原则的目标在于保障商品的自由流通,而商品自由流通必然对垄断价格构成威胁,这反过来促使知识产权人积极行使权利,并积极寻求市场价格实施许可。

(二) 许可费的支付方式

知识产权许可实施费的确定往往比较复杂,一般由当事人根据知识财产的经济效益和社会效益、产业化程度等因素协商确定。我国《合同法》第 325 条规定:"技术合同价款、报酬和使用费的支付方式由当事人约定,可以采取一次总算、一次总付或者一次总算、分期支付,也可以采取提成支付或者提成支付附加预付入门费的方式。约定提成支付的,可以按照产品价格、使用专利和使用技术秘密后新增的产值、利润或者产品销售额的一定比例提成,也可以按照约定的其他方式计算。提成支付的比例可以采取固定比例、逐年递增比例或者逐年递减比例。约定提成支付的,当事人应当在合同中约定查阅有关会计账目的办法。"

定额支付方式是指在订立知识产权许可合同时就明确约定知识产权许可费用的方式。定额支付方式既可采取一次付清方式,又可选择分期付清的方式。提成支付方式是指根据知识产权许可履行后产生的经济效益,按照约定比例支付许可费的方式。知识产权许可费按比例提成的,被许可人应如实向许可人提

---

① 郝明军:《论专利许可实施费与反垄断》,http://www. studa. net/jingjifa/070725/11082911. html,2013 年 8 月 20 日访问。

供计算许可费所需的资料和数据。并且,许可人享有查阅被许可人与合同有关的财务账册的权利。《上海市专利许可合同管理办法》第 17 条规定:"专利使用费按比例提成时,被许可方应如实地向许可方提供计算使用费所需的数据。必要时,许可方可以查阅被许可方与合同有关的财务账册。"提成支付方式可以分为单纯提成支付和提成附加入门费的方式。单纯提成支付是指知识产权合同的许可费在被许可人实施知识财产并获得经济效益后,按照约定比例向知识产权人支付。提成附加入门费方式是指在约定知识产权许可费提成支付的基础上,当事人同时约定被许可人向知识产权人在合同生效后一段时间内支付一定数额的实施费,作为入门费的方式。提成附加入门费的方式是实践中实施比较普遍的一种方式,既保障了知识产权人的基本利益,又不至于在知识产权许可之初就设定过高的门槛。

国家统一司法考试真题

甲公司与乙公司签订一份专利实施许可合同,约定乙公司在专利有效期限内独占实施甲公司的专利技术,并特别约定乙公司不得擅自改进该专利技术。后乙公司根据消费者的反馈意见,在未经甲公司许可的情形下对专利技术做了改进,并对改进技术采取了保密措施。下列哪一说法是正确的?(2012 卷三单选 16 题)

A. 甲公司有权自己实施该专利技术

B. 甲公司无权要求分享改进技术

C. 乙公司改进技术侵犯了甲公司的专利权

D. 乙公司改进技术属于违约行为

【答案】 B

【考点】 限制技术进步条款、被许可人对专利技术改进取得的成果

【解析】 A 项错误。根据《技术合同司法解释》,独占实施许可,是指让与人在约定许可实施专利的范围内,将该专利仅许可一个受让人实施,让与人依约定不得实施该专利,本案甲公司无权实施该专利技术。

B 项正确。《合同法》第 354 条规定,"当事人可以按照互利的原则,在技术转让合同中约定实施专利、使用技术秘密后续改进的技术成果的分享办法。没有约定或者约定不明确,依照本法第 61 条的规定仍不能确定的,一方后续改进的技术成果,其他各方无权分享。"

C 项和 D 项错误。《合同法》第 329 条规定,"非法垄断技术、妨碍技术进步或者侵害他人技术成果的技术合同无效。"本题中的约定情形属于妨碍技术进步,因此相关约定无效;乙公司改进技术的权利受法律保障。

案例分析

1.【案情】　（案例来源:2005 年国家统一司法考试卷四,略有改动）:甲公司指派员工唐某从事新型灯具的研制开发,唐某于 1999 年 3 月完成了一种新型灯具的开发。甲公司对该灯具的技术采取了保密措施,并于 2000 年 5 月 19 日申请发明专利。2001 年 12 月 1 日,国家专利局公布该发明专利申请,并于 2002 年 8 月 9 日授予甲公司专利权。此前,甲公司与乙公司于 2000 年 7 月签订专利实施许可合同,约定乙公司使用该灯具专利技术 4 年,每年许可使用费 10 万元。

【问题】　甲公司在未获得专利前,与乙公司签订的专利实施许可合同是否有效? 如甲乙双方因此合同发生纠纷,应如何适用有关法律?

【答案】　有效。专利申请公布以前,适用技术秘密转让合同的有关规定;专利申请公开以后、授权之前,参照适用专利实施许可合同的有关规定;授权以后,适用专利实施许可合同的有关规定。

【考点】　专利实施许可合同

【解析】　《最高人民法院关于审理技术合同纠纷案件适用法律若干问题的解释》第 29 条规定:"合同法第 347 条规定技术秘密转让合同让与人承担的'保密义务',不限制其申请专利,但当事人约定让与人不得申请专利的除外。当事人之间就申请专利的技术成果所订立的许可使用合同,专利申请公开以前,适用技术秘密转让合同的有关规定;发明专利申请公开以后、授权以前,参照适用专利实施许可合同的有关规定;授权以后,原合同即为专利实施许可合同,适用专利实施许可合同的有关规定。人民法院不以当事人就已经申请专利但尚未授权的技术订立专利实施许可合同为由,认定合同无效。"因此,甲公司在未获得专利前,与乙公司订立的合同为有效合同,可适用技术秘密转让合同的有关规定。专利申请公开以后、授权之前,参照适用专利实施许可合同的有关规定;授权之后,适用专利实施许可合同的有关规定。

第九章　权利限制与知识产权滥用

●)) 要点提示

重点概念:(1) 知识产权权利限制;(2) 知识产权的内容限制;(3) 知识产权的行使限制;(4) 知识产权滥用。

●)) 本章知识结构图

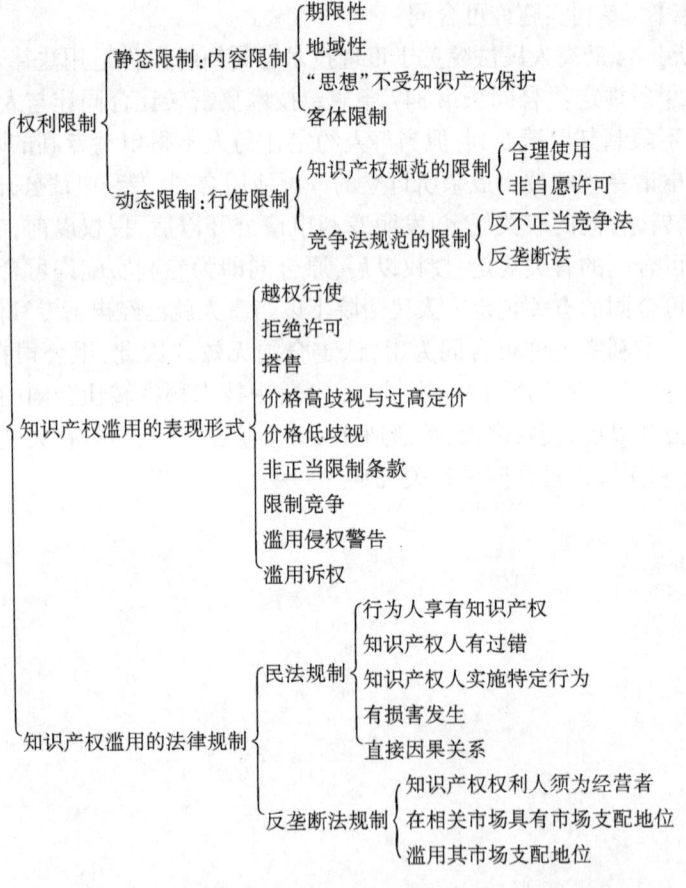

第一节 知识产权权利限制概述

有权利必有限制。对权利进行限制,就是在利益平衡理念的指导下采取的避免一种"合法"侵害他人权益的事件发生。表面上显然与权利的本旨诉求背道而驰,但权利并非存在于一个真空之中,而是无数权利的交织关系之中,只有对权利人的权利进行正当的限制,才能保护权利人免受他人权利的伤害,也才能使权利成为利益之舟,而不至于沦为伤害之剑。首先,宪法会对基本权利进行必要的限制,如公益限制、法律保留、比例原则等。公民的基本权利受限制是 20 世纪以来宪法的重要特征。其次,民法对民事权利皆有限制,如诚实信用原则和禁止权利滥用原则的限制。最后,知识产权法在赋予知识产权人以财产权的同时,也对这种财产权的范围和行使方式给予了一定的限制。

一、知识产权权利限制的概念和特征

所谓权利限制是指法律在确立权利的同时,对权利进行约束和制约的制度。有学者认为,"权利限制即是指权利诸方面受到的来自权利人以外的约束,既有来自公法上的约束,也有来自私法上的约束"。① 这个概念界定存在两方面的问题:第一,"权利人以外"和"公法、私法"不是对应概念,"权利人以外"对应的应该是"其他人或者组织";第二,"公法、私法"上的约束和"权利限制"不对称。并不是公法和私法上的"约束"都是权利限制,比如说对滥用的禁止也是"约束"但不是限制,对义务的规定也属"约束",也并非限制。而知识产权权利限制是指为了实现知识产权的宗旨,法律对知识产权人享有的知识产权的权利内容以及权利行使进行的约束。知识产权权利限制制度的创设,旨在维护权利人与社会公众之间的利益平衡,即权利人的知识产权与社会大众对知识传播的需要之间的平衡。对权利之限制,根本之道在于社会的和谐。每个人都生活在社会关系之中,每个人都享有这样那样的权利,如果对权利不给予必要限制,权利就可能沦为伤害之剑,危及社会和谐。《德国基本法》第 19 条规定:"基本权利可由法律或依法予以限制。"日本知识产权法学界认为知识产权和物权最大的区别在于物权是绝对权,而知识产权则是有限的权利。这种有限性就表现为知识产权范围的限制,如期限性。我国《专利法》第 62 条和《著作权法》(设立了"权利限制"专节)均明确规定了权利的限制。

(二) 知识产权权利限制的特征

这个概念有以下几方面特征:

---

① 刘明江:《论知识产权的权利限制》,载《河南工业大学学报(社会科学版)》2007 年第 4 期。

第一，权利限制必须法定。法律限制原则是权利限制的基本原则之一，根据该原则，知识产权的限制必须由法律明定。

第二，从内容上看，知识产权的权利限制可以分为权利内容的限制和权利行使的限制两个基本方面。

第三，知识产权限制制度的目的在于实现知识产权法的宗旨，即实现利益平衡。通过对权利人的权利给予限制，而达到保护社会公共利益和传播思想的目的，从而平衡知识产权和社会公益之间的关系。

二、知识产权权利限制的分类

对权利限制有不同的认识主张，总体上可以分为外部限制说和内部限制说。所谓外部限制说是指主张权利限制为社会公益等外部因素对权利施加的影响的学说。外部限制说有利于我们明晰"权利"与"权利限制"之间的关系。内部限制说是指主张权利限制是权利本身具备的制约性因素对权利施加的影响的学说。内部限制说可以使我们明晰权利自身本就存在界限的理念。就权利限制这个命题而言，应该是内部限制说所界定的范畴，而外部限制说着眼的应该是权利滥用机制。我们主张将知识产权的权利限制分为动态限制和静态限制两种基本类型。所谓静态限制，又称狭义知识产权限制，是指法律对知识产权的权利内容给予的限制。所谓动态限制，又称行使限制，是指法律对知识产权行使给予的限制。

第二节　知识产权的内容限制

一、知识产权内容限制的概念

知识产权权利内容限制，是指法律对知识产权的权利内容给予的限制。知识产权人对知识财产的控制与社会公众对知识传播和分享的需求构成一对矛盾，这对矛盾对知识产权人来说利益攸关，对于大众而言，更可能是生命攸关，比如非洲国家以百万计的艾滋病患者因不能得到专利药品的治疗而濒临死亡。建立知识产权权利限制制度的基本目的，在于根据公共利益原则的要求，限制知识产权人的权利，保护公众利益。如果说理想中的权利是一个光滑圆线，那么现实中的权利就是由于权利限制的存在，而呈现的锯齿型圆线，很多部分被切割了。这些被切割的部分就是限制所在。

二、知识产权内容限制的表现

对于权利内容限制的表现，有不同的认识和主张。有学者把"权能的限制"

列为知识产权权利限制之首。① 我国《专利法》第 11 条对外观设计专利权的内容规定上,没有许诺销售权,属于权利内容的限制。② 上述事项,如允诺销售,仅为行为,而非权能。因此不能以此证明知识产权的权能受到限制。无论何种知识产权,其权能仅为占有、使用、收益和处分四项。知识产权的四项基本权能是法律赋予的,并不受限制。从思维角度看,这和知识产权是否受限制,受何种限制不是一个层面上的问题。我们主张,权利内容限制主要体现在时间限制、地域限制和思想不受保护以及客体限制四个方面。

第一,期限性。期限性是知识产权的基本特征之一,是指知识产权的效力受法律规定的期间的限制,超过这个期间,知识产权绝对消灭。知识产权的有效期届满后,知识财产进入公有领域,任何人都可以自由利用。正是从知识产权有一定的期限性,知识财产最终将永久性地进入公有领域的特点,日本学者将知识产权称为有限的权利,以区别于所有权。对于知识产权保护期限的设定,并非任意,而是平衡个人权利与社会利益之间关系的结果,如果期限太长,则公共利益受限;如果期限太短,则知识产权人的开发成本可能都不能收回。从这个角度看,知识产权的期限是主观确定的,但却是有客观依据的。

第二,地域性。地域性是知识产权的另外一个特征,是指知识产权的效力受颁布确认该知识产权的法律的主权国家或者地区的地域限制。超过这个法域范围,知识产权无效,或者说不存在。知识财产不存在,不等于说知识不存在,只是这种情况下,知识就是人人得以实施的处于公有领域的资源,而不是财产而已。

第三,"思想"不受知识产权保护。思想与表达相区分是知识产权法的基本原则之一。知识财产的本质是思想,但是单纯的思想是不受知识产权法保护的。知识产权法保护的"知识"是被权利人固定化并表达出来的知识,是思想的功能化表达,而非思想本身。就知识产权法的立足基础而言,思想是不受保护的,任何人不能控制,无论是谁发现或者发明都被认为是处于公有领域的资源。知识产权法保护由思想决定的被表达出的知识,而不保护思想本身。亦如在物权领域,物权法保护"物"但不能说物权法保护"物质"。

发明或者发现某种思想的人,可以就思想在某个方面或者某几个方面的特殊用途——知识,主张知识产权保护。但任何人都不能控制和垄断思想。就是说,某人在事实上享有对思想的控制和处置的能力,并不等于他享有法律上的权利。他在事实上可以公开,可以保密,也可以将其广泛地传播,但依照法律的精神,他仅有广泛传播和应用的权利。因为法律是带有明确的人类价值维度的,一

---

① 　参见刘明江:《论知识产权的权利限制》,载《河南工业大学学报(社会科学版)》2007 年第 4 期。

② 　在我国第三次专利法修订草案中,我们遗憾地看到增加了外观设计专利权的"允诺销售"。

切和人类发展根本抵触或者不相符的,都是法律所反对的。从思想和知识的关系看,知识是思想的功能性表达。知识产权法保护的恰恰是对思想的功能性表达,而不是思想本身,无论是专利、商标、著作等领域均是如此。一种思想可有诸多功能性表达。比如,中国画的思想是不受控制的,但是画家遵从该思想进行的创作而完成的作品才是画家的知识产权的客体。以此类推,在整个知识产权法领域,思想都是不受保护的,受保护的是思想的特定表达——知识。一个思想之上可以形成无数的知识,这些知识中能够被控制的知识是知识产权的客体。思想与表达的区分,即是从客体的角度对知识产权进行了限制。

第四,客体限制。知识产权法为了公益等目的,往往把一些本能获得知识产权保护的"知识"排除在知识产权的客体之外,这是从根本上对知识产权的限制,表现为权利的拒绝。我国《著作权法》第 4 条规定:"依法禁止出版、传播的作品,不受本法保护。"根据该条规定,被法律禁止出版和传播的作品,不得享有著作权保护。从另一个角度看,就是因与公共秩序相冲突,作品的著作权被彻底限制。我国《专利法》第 25 条规定:"对下列各项,不授予专利权:(1) 科学发现;(2) 智力活动的规则和方法;(3) 疾病的诊断和治疗方法;(4) 动物和植物品种;(5) 用原子核变换方法获得的物质。(6) 对平面印刷品的图案、色彩或者二者的结合作出的主要起标识作用的设计。"我国《商标法》第 10 条和第 11 条分别规定了不得作为商标实施和不得作为商标注册的标志。权利内容限制,即知识产权自身限制的确立依据是公共利益原则,在保护知识产权的基础之上,对知识在公众中的传播予以保障。体现了知识产权法促进知识创造与传播,并最终促进经济发展、科学和文化事业进步的宗旨。①

第三节　知识产权的行使限制

一、知识产权行使限制的概念

知识产权行使的限制是指法律对知识产权人行使知识产权的行为进行的限制。权利的行使限制是权利限制的重要方面,在知识产权限制制度中,权利行使的限制往往更为人们所关注。有学者认为:"知识产权的限制一般是对知识产权人的专有权行使的限制。"②对知识产权的权利行使的正面规范的构建,是把一系列的法律原则在知识产权施行中加以应用,但由于这些原则的抽象性和概括性,使得在很多情况下,知识产权的行使仍然缺少可操作的规则。于是,就形成了限制权利行使的具体制度,如合理使用、法定许可等。知识产权的行使还

---

① 冯晓青:《论知识产权的若干限制》,载《中国人民大学学报》2004 年第 1 期。
② 同上。

受到反不正当竞争法和反垄断法的规制,因为竞争法是被作为知识产权法的"兜底条款"①而纳入知识产权法律体系之内的。

有两个问题需要特别注意:第一,知识产权的行使限制,限制的是知识产权的行使,而非一切和知识财产有关的实施行为。如对作品的阅读和欣赏不是著作权的"行使",因此它不受知识产权的权利限制制度的限制。第二,对权利的确认和行使进行限制均须依法进行。唯有如此,才能在权利人与社会公众之间维持利益平衡。对权利行使的限制,是基于特定目的对权利人的行为给予限制,此种限制表面上看是和权利人拥有的权利相悖的,只有法律明文规定的情况下,才能对权利的行使进行限制,否则将威胁权利存在的价值和意义。

二、知识产权行使限制的一般规则

对知识产权的限制主要是通过知识产权法(包括专利法、版权法、商标法等)自身的规范来完成的。一方面,知识产权法明确规定了专利权、版权和商标权等具体知识产权的权利内容,另一方面,又构建了合理的行使制度,对知识产权的行使予以限制。这样,既为知识产权划定了边界,又对权利的行使提供了具体的规范,最为核心的权利限制制度是合理使用和非自愿许可制度。

知识产权的行使,往往和商业活动有关,因此竞争法从反不正当竞争和反垄断两个方面对知识产权的行使予以关注和限制。从反不正当竞争法角度看,它既给知识产权提供兜底保护,也对知识产权的行使加以限制。知识产权人行使知识产权,故意损害竞争对手利益的,构成不正当竞争行为,为反不正当竞争法所禁止。② 知识产权行使的一个非常重要的形式就是许可,在知识产权许可关系中,权利人往往为了高额利益而实施垄断行为,从而受到反垄断法的规制。限制知识产权的不正当行使是反垄断法的主要目标之一,一些国家和地区采取了以反垄断法为主的控制措施。其中具有代表性的有美国司法部和联邦贸易委员会于1995年联合发布的《知识产权许可的反托拉斯指南》、欧共体委员会于1996年颁布的《技术转让规章》、日本公正交易委员会1999年重新颁布的《专利和技术秘密许可协议中的反垄断法指导方针》。③ 竞争法对于知识产权行使的限制,仅仅着眼于竞争法的目的,即禁止不正当竞争和垄断行为。知识产权人行使知识产权,只要触及到不正当竞争和垄断这条警戒线,无论其行使是否有权利依据,均为非法。对于没有达到不正当竞争和垄断的知识产权的不当行为,竞争法不予关注。

---

① 参见郑成思:《反不正当竞争与知识产权》,载《法学》1997年第6期。
② 参见江帆:《竞争法对知识产权的保护与限制》,载《现代法学》2007年第2期。
③ 参见王先林:《若干国家和地区对知识产权滥用的反垄断控制》,载《武汉大学学报》2003年第2期。

拓 展 贴 士

　　有学者主张物权法也对知识产权的行使构成限制，认为"知识产权都要借助一定的载体表现出来，因而必定会存在知识产权与物权的冲突，所以，物中知识产权的行使，必然受到物的所有权的限制。例如，美术作品的展览权依法由物权人来行使，而著作权人则无法行使"①。物权法并不能限制知识产权的行使，倒是知识产权法限制了物权的行使，比如物权人不能大量"复制"作品进行商业性利用，否则构成对知识产权的侵害。而就展览行为而言，著作权人可以通过拍照等方式来实现，因而不发生物权法限制知识产权的问题。

　　知识产权的行使应当遵守知识产权行使的原则，并受到适当的限制，但任何人不得妨害知识产权的正当行使。若妨害知识产权人行使权利的，则在实体法上，产生了知识产权请求权，知识产权人可以行使知识产权请求权而要求排除妨碍。本书主要从著作权、专利权和商标权三项具体知识产权阐明知识产权的行使限制。

第四节　知识产权滥用

一、知识产权滥用的概念

（一）知识产权滥用的概念

　　有权利，就有权利之滥用。"权利之行使，必有一定界限，超过正当之界限而行使权利，即为权利之滥用。"②知识产权权利滥用是指知识产权人违背正当方式，而以不公平、不适当的方式行使知识产权，并给相对人造成损害的行为。在知识产权许可过程中，知识产权人往往利用许可合同，扩张其权利、限制被许可人的正常经营行为或者谋求垄断地位，知识产权滥用行为不断发生。

拓 展 贴 士

　　近年来，美国的微软垄断案，以及微软在欧盟和我国台湾地区受到的垄断指

---

①　参见刘明江：《论知识产权的权利限制》，载《河南工业大学学报（社会科学版）》2007 年第 4 期。
②　参见梁慧星：《民法总论》，法律出版社 1998 年版，第 260 页。

控、美国思科公司与中国华为公司之间的知识产权诉讼等一系列案件,隐藏在其后的是知识产权滥用向普遍化和严重化方向发展。

从严格意义上讲,权利滥用中的权利本身应是合法获得的,但是知识产权滥用则含义更广,包括权利人通过不正当行为获得的专利权、商标权的,权利人据此行使知识产权,妨碍他人的正常经营的行为也属于知识产权滥用。从行为角度看,知识产权滥用不仅表现为积极的行为,而且也包含不作为,如专利领域的拒绝许可就是不作为构成的知识产权滥用。[①]

（二）知识产权滥用的起源

无论是英美法系还是大陆法系都曾孕育出禁止权利滥用的法律原则和制度。一般认为,大陆法系的权利滥用禁止,起源于古罗马的自然法理念,在1804年《法国民法典》中首次成为用益权人的法律义务。1900年《德国民法典》使权利不得滥用义务成为权利人行使权利都必须承担的义务。其第226条规定:"权利行使不得专以损害他人为目的。"自此禁止权利滥用成为大陆法系权利行使的基本原则。可以说,无论是1804年的《法国民法典》还是1900年《德国民法典》针对的权利主要是物权,而不包括知识产权。但是,随着社会的发展,当知识产权逐渐取代物权的核心财产权地位,人们发现知识产权的滥用比物权更为普遍,并且危害更严重。知识产权滥用与禁止也逐步发展成为重要的知识产权法理论。

我国历来注重对权利滥用的限制。我国《著作权法》第4条第2款规定:"著作权人行使著作权,不得违反宪法和法律,不得损害公共利益。"我国《国家知识产权战略纲要》将滥用知识产权现象得到有效遏制列为我国知识产权战略的近五年目标。该纲要第14条明确指出:"制定相关法律法规,合理界定知识产权的界限,防止知识产权滥用,维护公平竞争的市场秩序和公众合法权益。"这个规定既涉及知识霸权,又涉及知识产权权利滥用。其中,"合理界定知识产权的界限"是反对知识霸权的任务(详见本书第十一章)。2007年颁布的《最高人民法院关于全面加强知识产权审判工作为建设创新型国家提供司法保障的意见》提出"既要切实保护知识产权,也要制止权利滥用和非法垄断"。知识产权滥用同样为WTO所高度注意。TRIPS第8条确立了两项知识产权基本原则,第一项是公共利益原则,第二项是禁止知识产权滥用原则。该条第2项规定:"为了防止权利所有者对知识产权的滥用,防止不合理地限制贸易或反过来影响技术的国际性转让的使用行为,可以采取适当的措施,其条件是这些措施与本协议的规定相一致。"

（三）知识产权滥用与知识产权行使

知识产权的正当行使不构成知识产权滥用这个命题似乎并不足以道。但

---

①　参见我国《专利法》第48条。

是,往往有人会有意无意地去搭这条船,故意制造知识产权滥用和知识产权的正当行使的混淆。在实践中,并不是每一项具体的知识产权都容易产生滥用行为。中国《著作权法》在著作权的归属上倾向于创作作品的作者,而非作者的雇主或者委托人。在知识产权许可中,作为个体著作权人和作为占有市场优势地位的被许可人相比,往往处于弱势地位,需要法律加以别特关照。从著作权的角度看,著作权保护的是对于思想观念的表达,而非思想观念本身。由于这种保护方式,使得在市场上往往对任何一个主题或者创意的作品来说,都可能存在着很多的替代品,这就消除了著作权人滥用著作权的可能性。就商标权而言,世界贸易组织《知识产权协议》第21条即规定,成员可以确定商标转让和许可的条件,但不得采用商标强制许可的制度。这表明,即使商标所有人拒绝许可并不会构成商标权的滥用。就商业秘密而言,因其本身处于保密状态,不容易发生滥用,或者说即便存在滥用,也不易被发现。并且,目前从全球看,商业秘密的保护尚处于弱保护阶段,许多国家并未直接建立商业秘密权制度,而是通过反不正当竞争法提供保护。而反不正当竞争法并非赋予商业秘密以某种专有权利,而是赋予其所有人以制止不正当竞争的权利。按照这种保护方式,很难造成权利的滥用。而非物质文化遗产的权利尚未真正进入知识产权领域,处于权利保护的萌芽时期,尚谈不上权利滥用问题。因此所谓的知识产权滥用主要发生于专利权领域。专利权人对于技术方案享有的权利是一种排他性的权利,专利权人获得授权以后,他人即使独立开发了同样的技术,也不得进行商业性的使用。甚至是那些在先做出发明但没有申请专利的人,也会在使用该项技术时受到种种限制。这种权利本身就容易导致滥用行为的形成。[①]

(四)知识产权滥用与知识产权限制

知识产权滥用与知识产权限制是有明显区别的一对概念。具体讲,二者区别如下:

第一,从行为角度看,知识产权滥用表现为超出权利而为一定行为或者不为一定行为,而知识产权限制表现为被剥夺了某部分权利或者对权利的行使给予了谋方面的限制。

第二,从法定角度看,根据法律限制原则,所有知识产权的限制的具体方式都是法定的;而知识产权滥用的具体方式则不必由法律规定,而可以根据构成要件进行判断。

第三,从主被动角度看,知识产权滥用往往是知识产权人实施主动的行为(包括拒绝许可行为);而知识产权限制却是知识产权人不实施某种行为即可实现,主要表现为对表面"侵权"行为的容忍。

① 李明德:《"知识产权滥用"是一个模糊命题》,载《电子知识产权》2007年第10期。

第四，从受侵害的权益看，知识产权滥用受到侵害的是相对人的权益；而权利限制中受限的是知识产权人的权利。

第五，从基本原则角度看，知识产权滥用由禁止权利滥用原则和诚实信用原则规制，而知识产权的权利限制的基本原则为公共利益原则、法律限制原则和比例原则。

二、知识产权滥用的表现形式

滥用知识产权的行为表现多种多样，但可以分为两大类：一是越权行为。越权行为即指知识产权人行使知识产权时超出了权利范围；二是限制竞争行为。知识产权人行使其知识产权时虽然没有超出法定权利范围，但不合理地限制了市场竞争的，该行为构成知识产权滥用。其中，越权行为是民商法规范予以禁止的，而限制竞争行为则是竞争法予以规范的。知识产权的权利人在实施许可的时候，附加了不合理的条件或者进行了不正当的限制，便会构成滥用。尤其是在知识产权的国际贸易中，知识产权许可带有欺骗性（落后技术或者淘汰技术的许可）或者技术欺压性（太多不平等条款）的事例并不在少数。在国际关系上，知识产权人在进行知识产权许可的同时，兜售西方文化及西方价值观；利用专利技术加紧对外层空间的利用、公海资源的开发，并把环境污染分享给发展中国家，等等。从知识产权的国际贸易和国内贸易的实践看，知识产权滥用在法律上主要有以下具体表现形式：

第一，越权行使。知识产权人超越法律规定的知识产权权限而行使知识产权。对于此类行为，一般比照民法侵权行为规范进行处理，符合侵权行为构成要件的，一般承担民事法律责任。

第二，拒绝许可。所谓拒绝许可，是指知识产权人拒绝对其知识产权实施许可，从而排斥竞争而垄断市场或者谋求不正当高价的行为。一般情况下的就某个具体企业的拒绝许可并不直接导致权利滥用，但是如果这种行为是为了排除竞争保持垄断地位，则是一种滥用行为。与拒绝许可常在一起发生的是，知识产权人常常刻意把污染型、耗能型、劳动密集型产业技术让渡给被许可方。在欧盟看来，拒绝许可的性质和拒绝提供产品的义务并无二致，均属于法律应该明令禁止的。

拓展贴士

面对我国 DVD 企业的快速发展，外国 DVD 专利技术的知识产权人相继组成联盟，最具影响力的是 6C、3C、1C（汤姆逊公司）和 MPEG-LA（16 个专利人组成的专利收费公司）等几个专利收费组织。其中由飞利浦、索尼、先锋三公司组成的 3C 联盟对四川鼎天集团公司按照《3C 专利全球许可协议》购买相关许可证的请求一直置之不理,最后导致鼎天集团被迫关闭了全部生产线,造成高达 3 亿元的创业投资的损失。

第三,搭售。所谓搭售,是指知识产权人将两种或两种以上的知识财产或者将其他财产与知识财产进行捆绑搭售,以致被许可人要想得到一种知识财产的许可就不得不购买其他财产的许可。具有市场支配地位的企业从事知识财产搭售的危害是十分明显的。它限制了被许可人的选择自由,并且排挤了被捆绑的知识财产的知识产权人的市场竞争。

拓展贴士

6C 联盟(由东芝、三菱、日立、松下、JVC、时代华纳六公司组成)给中国 DVD 企业的收费清单上列出了 1000 多项专利,而实际上它仅仅拥有 6 项中国专利。并且要求我国企业购买"全球统一许可证",其实质上就是强制性的一揽子许可协议。这是典型的搭售知识财产。

在美国微软垄断案中,对微软在其 Windows 操作系统中捆绑销售 IE 浏览器的行为,美国司法部和联邦地区法院均认为它构成搭售。在欧盟微软垄断案中,2004 年 3 月,欧盟委员会裁定微软滥用垄断地位,将媒体播放器和 Windows 操作系统捆绑销售,构成搭售,妨碍了市场竞争。我们也认为上述行为构成搭售,但必须在理论上予以澄清的是,上述微软的上述行为构成搭售产品,而非搭售知识财产,与知识产权无直接关联。无论美国司法部和联邦地区法院之所以认定为微软进行搭售,还是欧盟委员会裁定微软搞搭售,不是因为微软是知识产权人,而是因为微软是这些信息产品的制造人。试想,如果微软将上述两项知识财产均许可给某公司,而该公司进行了信息产品的捆绑销售,则无论在哪里进行诉讼,该公司的搭售都与微软无关。[1]

第四,价格高歧视与过高定价。价格高歧视,是指知识产权人在进行知识产权许可时,对被许可人实行与成本等无关的过高价格。过高定价,是指知识产权人在正常竞争条件下所不可能获得的远远超出公平标准的价格。根据我国《中外合资经营企业法实施条例》(2001 年修订)第 43 条的规定,合资企业订立的技

---

① 关于信息产品、信息财产、信息财产权及其与知识财产和知识产权的区别详见本书第五章。

术转让协议技术使用费应当公平合理。在国际贸易中,知识产权人实行不等价交换的事例屡见不鲜。价格差距本身是允许存在的,但如果它们是不正常的、与成本无关的,则构成价格高歧视,至少是过高定价。

拓展贴士

在 6C 联盟的一揽子许可协议中,我国企业每生产一台 DVD 就要缴纳 15～20 美元的专利费,而当前国际市场上 DVD 的销售价格已经跌至 30～40 美元。这是典型的高价格歧视,属于知识产权滥用行为。而在谈到知识产权滥用时,人们往往以"微软的 Office2000 测试版在中国标价 200 元左右,在国外为免费赠送"为例,实际上,这是产品的价格歧视,而不是知识财产的价格歧视。因为作为产品制造人的微软,同时也是知识产权人,故导致了混淆。

第五,价格低歧视。价格低歧视,又称掠夺性定价,是指知识产权人为了掠夺市场,在进行知识产权许可时,对被许可人实行与低于成本的过低价格以占领市场排挤竞争对手的行为。对产品的价格低歧视,在我国被称为倾销,是《反垄断法》《反不正当竞争法》和《价格法》所明确禁止的滥用行为。

拓展贴士

微软在 1998 年开始故意在中国推广盗版软件,以此垄断中国市场的行为构成不正当竞争行为。面临为微软的此种不正当竞争行为,中国在长达 10 年的时间内未能形成计算机操作系统和相应的办公软件产业的民族化,曾经的金山 WPS 办公软件产品也因无力与微软对抗而消失。对知识产权的价格低歧视也应该是法律所不允许的,因为它不仅直接排挤作为竞争对手的知识产权人,而且破坏正当竞争。

第六,非正当限制条款。非正当限制条款是指知识产权人在实施许可时,强迫要求被许可人接受与许可无关的、非正当的限制条款。这些非正当的限制条款包括固定价格、限制产量、划分市场等。根据国务院 2001 年发布的《技术进出口管理条例》第 29 条的规定,技术进口合同中,不得含有下列限制性条款:(1) 要求受让人接受并非技术进口必不可少的附带条件,包括购买非必需的技术、原材料、产品、设备或者服务;(2) 要求受让人为专利权有效期限届满或者专利权被宣布无效的技术支付实施费或者承担相关义务;(3) 限制受让人改进让与人提供的技术或者限制受让人实施所改进的技术;(4) 限制受让人从其他来源获得与让与人提供的技术类似的技术或者与其竞争的技术;(5) 不合理地限制受让人购买原材料、零部件、产品或者设备的渠道或者来源;(6) 不合理地限制受让人产品的生产数量、品种或者销售价格;(7) 不合理地限制受让人利用进口的技术生产产品的出口渠道。

拓展贴士

2007 年的《最高人民法院关于全面加强知识产权审判工作为建设创新型国家提供司法保障的意见》第 16 条规定:"制止非法垄断技术、妨碍技术进步的行为,依法认定限制研发、强制回授、阻碍使用、搭售、限购和禁止有效性质疑等技术合同无效事由,维护技术市场的公平竞争。"

第七,限制竞争。限制竞争是指知识产权人相互联合形成市场垄断地位,谋求非正当利润的行为。以 DVD 专利技术为例,6C 或 3C 各自的不同成员之间拥有的某些专利存在替代关系,据此可以认定其成员之间具有竞争关系。所以,无论是 6C 联盟还是 3C 联盟的协议本身就构成限制竞争协议。2004年,我国无锡两家 DVD 生产商于美国起诉 3C 联盟违反了美国的法律,构成限制竞争。

第八,滥用侵权警告。滥用侵权警告是指知识产权人为了排斥竞争,而故意制造借口发出侵权警告的行为。由于知识产权的特殊性,侵权警告往往给对方造成商誉和经济上的重大损失,因此,提起侵权警告已经成为"知识产权人"的一个"法宝"。构成滥用侵权警告,须满足以下要件:

(1) 知识产权人实施侵权警告的行为。

(2) 知识产权人实施侵权警告行为的方式是通过媒体等公开手段或者其他类似手段。这个要件说明滥用侵权警告的行为须满足公开性或者重大影响性条件,比如通过互联网提出侵权警告,或者向对方的客户发送侵权警告或者副本。一般情况下,仅仅是向对方发出的侵权警告,该警告并没有扩散到对方的客户、媒体和社会,不构成滥用侵权警告。

(3) 知识产权人具有主观加害故意。知识产权人明知或者应当知道对方的行为并不侵犯其知识产权,而因为出于不正当竞争的不当目的而故意为侵权警告。知识产权人发出侵权警告的目的不是为了对自己的知识产权进行保护,而是为了给竞争对手造成商誉和经济上的损失,从而实现排斥竞争的目的。

知识产权人对其滥用侵权警告的行为应承担停止侵害和损害赔偿责任。在滥用侵权警告中,并不要求对方已经遭受了现实的损失。只要知识产权人的侵权警告行为符合上述三个要件,就应认定构成滥用侵权警告。知识产权人对滥用知识产权警告行为承担的赔偿范围包括直接损失和间接损失。针对滥用侵权警告已经成为知识产权人滥用知识产权的主要形式之一,我国应构建不侵权确认之诉制度,防止权利人滥用侵权警告。

第九,滥用诉权。诉权是公民的一项法定权利,滥用也可导致法律责任的产生。就知识产权领域而言,滥用诉权是指知识产权人为了排斥竞争而故意制造诉讼的行为。在侵权警告不灵的情况下,知识产权人滥用知识产权的另一个表现就是滥用诉权。

拓展贴士

1. LG、Philips 曾经控告我国台湾地区华映侵犯其多项美国专利。被告在惊讶之余发现,其中大多数专利实际上已经属于被告所有,于是据此以滥用诉权为名反诉 LG、Philips 滥诉,构成不正当竞争,要求赔偿 10 亿美元。[①]

2003 年,我国商人陈伍胜听说美国政府强制推行接地故障漏电保护装置(GFCI),便开始利用我国自行研制的技术投资生产。由于产品在诸多方面均优于美国标准,引起美国莱伏顿公司的恐慌。2004 年 4 月至 7 月,莱伏顿公司以侵犯其"558"专利权为由,分别在美国新墨西哥州、佛罗里达州和加州三地法院,先后起诉了通领科技集团(陈伍胜的企业)的 4 家重要客户。2007 年,陈伍胜获得胜诉,该案被誉为中国在美国赢得胜利的"知识产权第一案"。陈伍胜诉讼历时 3 年,为赢得诉讼聘请了一个强大的律师团,首席律师为前美国总统克林顿的同窗海森博士,其每月费用约 10 万美元。这场旷日持久的马拉松诉讼,使陈伍胜的企业通领科技一度陷入绝境。莱伏顿正是希望通过漫长的诉讼,消耗陈伍胜的时间和财力、延缓其产品进入美国市场,从而达到排除竞争的目的。在赢得诉讼后,被判决认定的赔偿数额也并不能当即获得。如果不是陈伍胜,我们看到的或许是莱伏顿的美国式微笑。

---

① 魏衍亮:《知识产权评估问题研究》,http://www.sipo.gov.cn/sipo2008/yl/2007/200804/t20080402_365942.html,2013 年 8 月 24 日访问。

2. 2003 年,全球最大的网络设备制造商思科系统公司和思科技术公司在美国德州马歇尔的联邦地区法院向我国最大的电信设备制造商华为技术有限公司及其在美国的两家子公司提起诉讼。思科在长达 77 页的起诉书中指控华为侵犯了其 5 项专利技术,并就此提出了 21 项诉讼请求,涵盖了从版权、专利、商标到不正当竞争等知识产权的几乎所有范畴。华为顶住了强大压力积极应诉,该案很快和解。因为思科的本意并不在权利的保护,而在于遏制华为的发展。

构成滥用诉权,须满足以下要件:

(1) 知识产权人实施起诉行为。客观上讲,知识产权诉讼往往给被告的商誉等诸多方面将造成重大损失,严重妨碍和破坏被告的正常经营活动和参与市场竞争的能力。而一个诉讼的结束,往往需要几年时间,这个时间往往将大企业拖垮,小企业拖死。因此,知识产权人任意提起知识产权诉讼,可能构成知识产权滥用。

(2) 知识产权人具有主观加害的故意。知识产权人明知或者应当知道对方的行为并不侵犯其知识产权,而因为处于不正当竞争的不当目的而故意提起诉讼。知识产权人提起诉讼的目的,并不是为保护知识产权,而是为了给竞争对手造成商誉和经济上的损失,从而实现排斥竞争的目的。我国企业遇到的最离谱的诉讼是前脚刚获得知识产权许可,后脚就被诉侵犯知识产权。这类情况属于典型的明知而为诉讼。

知识产权人对其滥用侵权警告的行为应承担停止侵害和损害赔偿责任。根据 2001 年颁布的《最高人民法院关于对诉前停止侵犯专利权行为适用法律问题的若干规定》第 13 条以及同时颁布的《最高人民法院关于诉前停止侵犯注册商标专用权行为和保全证据适用法律问题的解释》第 13 条的规定,申请人不起诉或者申请错误造成被申请人损失的,应该进行赔偿。知识产权人对滥用知识产权警告行为承担的赔偿范围包括直接损失和间接损失。

三、知识产权滥用之法律规制

防止知识产权滥用,是一系列法律的共同任务。知识产权滥用要受到知识产权法自身规范的限制,但同时也会受到诸多法律部门的制约。为了加强对知识产权滥用的规范,2007 年《最高人民法院关于全面加强知识产权审判工作为建设创新型国家提供司法保障的意见》第 16 条对知识产权滥用进行了集中规定。该条规定:"禁止知识产权权利滥用。准确界定知识产权权利人和社会公众的权利界限,依法审查和支持当事人的在先权、先用权、公知技术、禁止反悔、合理使用、正当实施等抗辩事由;制止非法垄断技术、妨碍技术进步的行为,依法认定限制研发、强制回授、阻碍实施、搭售、限购和禁止有效性质疑等技术合同无效事由,维护技术市场的公平竞争;防止权利人滥用侵权警告和滥用诉权,完善确认不侵权诉讼和滥诉反赔制度"。

（一）民法上知识产权滥用的构成要件

民法规范针对的是知识产权滥用中的越权行为,而不是制止知识产权人没有越界但损害正当竞争的行为。在认定是否构成权利滥用以及责任的承担方面,均比照适用侵权行为的规定。知识产权滥用的构成要件如下:

第一,行为人享有知识产权。知识产权滥用的前提是行为人享有知识产权。没有获得授权的人行使知识产权,无论其行为是否正当均不构成知识产权滥用,而适用一般的侵权法原理。

第二,知识产权人有过错,即行为人行使知识产权的方式失当。行为人(知识产权人)行使权利,非以正当方式,反而采取非正当方式,为滥用其权利。"权利滥用"的实质在于通过不正当方式,不适当地扩张了其所享有的权利或者把权利的行使作为致害他人的手段。知识产权权利滥用中的越权行为,一般表现为以故意损害他人的方式行使权利、行使权利缺乏正当利益而致人损害、选择有害的方式行使权利、行使权利对他人的损害大于自己获得的收益、违反权利存在的目的而行使、违反侵权法的一般原则而行使权利等6个方面。

第三,知识产权人实施特定行为。知识产权滥用包括作为和不作为,但对于越权行为而言,仅指作为,不包括不作为。知识产权人必须在客观上采取了积极的行为,如实施权利超过界限等。

第四,有损害发生。知识产权人的行为,侵害了他人权益或者社会利益。损害并不限于个人的财产损失,包括社会的、国家的、集体的或其他公民的一切合法的自由和权利。

第五,直接因果关系。知识产权人行使知识产权与他人权益或者社会利益的损害有直接因果关系。

（二）具体的民商法规范

第一,《民法通则》。我国民商事立法较为丰富。《民法通则》是调整民事关系的基本法,当然适用于知识产权的行使,尤其是其确立的基本原则。我国民法的基本原则是指体现着民法的本质和内容的基本规则。我国民法的诚实信用原则和禁止权利滥用原则是禁止知识产权滥用的基本原则。我国《民法通则》第4条规定了诚实信用原则:"民事活动应当遵循公平、诚实信用的原则。第6条规定了民事权利不得滥用的原则:"民事活动应当尊重社会公德,不得损害社会公共利益,破坏国家计划,扰乱社会经济秩序。"无论诚实信用原则还是禁止权利滥用原则都是权利人行使权利的基本原则,知识产权人行使知识产权,必须遵从这些原则。

第二,合同法。我国现行《合同法》就技术合同进行了专章规定。该法第329条规定:"非法垄断技术、妨碍技术进步或者侵害他人技术成果的技术合同无效"。根据该法第334条的规定,技术转让合同不得限制技术竞争和技术发展。同时,该法第355条规定其他法律和行政法规对技术进出口合同或者专利、专利申请合同另有规定的,依照其规定。按照此规定,《技术进出口管理条例》规定的技术进口合同不得含有限制性条款的规定也适用。该条例第29条规定,技术进口合同中,不得含有下列限制性条款:(1)要求受让人接受并非技术进口必不可少的附带条件,包括购买非必需的技术、原材料、产品、设备或者服务;(2)要求受让人为专利权有效期限届满或者专利权被宣布无效的技术支付实施费或者承担相关义务;(3)限制受让人改进让与人提供的技术或者限制受让人实施所改进的技术;(4)限制受让人从其他来源获得与让与人提供的技术类似的技术或者与其竞争的技术;(5)不合理地限制受让人购买原材料、零部件、产品或者设备的渠道或者来源;(6)不合理地限制受让人产品的生产数量、品种或者销售价格;(7)不合理地限制受让人利用进口的技术生产产品的出口渠道。2001年7月修订的《中外合资经营企业法实施条例》也属于可以适用的行政法规。该条例第43条规定,合资企业订立的技术转让协议必须符合下列规定:(1)技术实施费应当公平合理;(2)除双方另有协议外,技术输出方不得限制技术输入方出口其产品的地区、数量和价格;(3)技术转让协议的期限一般不超过10年;(4)技术转让协议期满后,技术输入方有权继续实施该项技术;(5)订立技术转让协议双方,相互交换改进技术的条件应当对等;(6)技术输入方有权按自己认为合适的来源购买需要的机器设备、零部件和原材料;(7)不得含有为中国的法律、法规所禁止的不合理的限制性条款。

第三,对外贸易法。2004年修订并实施的《对外贸易法》第六章为"与对外贸易有关的知识产权保护"。这一章既强调了知识产权保护,还特别规定了禁止知识产权滥用的内容,是较为成功的立法例。该章第30条规定:"知识产权权利人有阻止被许可人对许可合同中的知识产权的有效性提出质疑、进行强制性一揽子许可、在许可合同中规定排他性返授条件等行为之一,并危害对外贸易公平竞争秩序的,国务院对外贸易主管部门可以采取必要的措施消除危害。"该法第32条、第33条还分别对滥用知识产权而构成不正当竞争和垄断的行为进行了禁止性规定。

(三)竞争法上知识产权滥用的构成要件

我国《反垄断法》规范的垄断行为为权利人滥用其市场支配地位而为的垄断行为。民商法规范的是越权行为,主要是知识产权人实施的一种积极行为,而反垄断法规制的行为则不仅包括积极行为(作为),而且还包括消极行为(不作为)。反垄断法规制的知识产权权利人滥用市场支配地位的垄断行为,必须符合以下要件：

第一，知识产权权利人须为经营者。根据我国《反垄断法》第 12 条第 1 款的规定，经营者是指"从事商品生产、经营或者提供服务的自然人、法人和其他组织"。以此规定，不从事商品生产、经营或者提供服务的自然人或单位，如我国《科学技术进步法》上所称的"科学技术研究开发机构"不属于"经营者"。

第二，知识产权权利人在相关市场具有市场支配地位。根据我国《反垄断法》第 12 条第 2 款的规定，相关市场是指"经营者在一定时期内就特定商品或者服务（以下统称商品）进行竞争的商品范围和地域范围"。我国《反垄断法》第 18 条规定，认定经营者具有市场支配地位，应当依据下列因素：（1）该经营者在相关市场的市场份额，以及相关市场的竞争状况；（2）该经营者控制销售市场或者原材料采购市场的能力；（3）该经营者的财力和技术条件；（4）其他经营者对该经营者在交易上的依赖程度；（5）其他经营者进入相关市场的难易程度；（6）与认定该经营者市场支配地位有关的其他因素。

第三，知识产权权利人滥用其市场支配地位。根据我国《反垄断法》第 17 条的规定，市场支配地位，是指经营者在相关市场内具有能够控制商品价格、数量或者其他交易条件，或者能够阻碍、影响其他经营者进入相关市场能力的市场地位。具有市场支配地位的知识产权人（经营者）的下列滥用市场支配地位的行为为知识产权滥用行为：

（1）以不公平的高价销售商品或者以不公平的低价购买商品；

（2）没有正当理由，以低于成本的价格销售商品；

（3）没有正当理由，拒绝与交易相对人进行交易；

（4）没有正当理由，限定交易相对人只能与其进行交易或者只能与其指定的经营者进行交易；

（5）没有正当理由搭售商品，或者在交易时附加其他不合理的交易条件；

（6）没有正当理由，对条件相同的交易相对人在交易价格等交易条件上实行差别待遇；

（7）国务院反垄断执法机构认定的其他滥用市场支配地位的行为。

知识产权人实施的行为，符合上述三个要件才构成反垄断法上的知识产权滥用行为，即垄断行为。

（四）具体的竞争法规范

竞争法规范主要是针对知识产权人没有越权行使权利，但是却利用垄断地位损害市场竞争的情况。无论知识产权人是否越界行使权利，只要涉及不正当竞争和垄断的知识产权滥用，都可以适用竞争法进行规制。竞争法包括我国 1993 年颁布的《反不正当竞争法》和 2008 年颁布的《反垄断法》。

（1）反不正当竞争法。我国 1993 年制定实施的《反不正当竞争法》和知识财产关系密切。一方面,反不正当竞争法是知识产权法的"兜底条款",对知识产权起到附加保护的作用。正如郑成思先生所言,"实际上,单行的知识产权法与反不正当竞争法之间并不存在一个谁挤占了谁的位置的'关系'问题。而是后者(或后者的一部分内容)对前者如何给与补充的问题。"①但另一方面,知识产权的实施可能危及正当的市场竞争,因此,反不正当竞争法又是禁止知识产权滥用的法律。

(2)反垄断法。知识产权并不必然产生垄断,知识产权滥用则会产生垄断。《反垄断法》的核心是在保护知识产权的基础上,禁止知识产权滥用行为,维护公平竞争。《反垄断法》针对的知识产权滥用行为是权利人在行使知识产权的过程中不正当地限制了竞争的行为。我国《反垄断法》第55条规定:"经营者依照有关知识产权的法律、行政法规规定行使知识产权的行为,不适用本法;但是,经营者滥用知识产权,排除、限制竞争的行为,适用本法。"

---

① 郑成思:《知识产权论》(第3版),法律出版社2003年版,第264页。

第十章　知识产权请求权

要点提示

重点概念:(1) 知识产权请求权;(2) 返还请求权;(3) 停止侵害请求权;
(4) 排除妨碍请求权;(5) 消除危险请求权。

本章知识结构图

```
                        ┌ 基础权利为知识产权
          知识产权请求权的特征 ┤ 已经受到侵害或者将要受到侵害
                        │ 请求的权利内容特定
                        └ 目的在于对权利侵害的阻止
                        ┌ 返还请求权
          知识产权请求权的内容 ┤ 停止侵害请求权
                        │ 排除妨碍请求权
                        └ 消除危险请求权
```

第一节　知识产权请求权的概念与发生

一、知识产权请求权的概念和特征

　　知识产权请求权是指知识产权已经受到侵害或者有受到侵害的危险时,知识产权人为保障其权利的圆满状态和充分行使,而享有的要求侵害人为一定行为或者不为一定行为的权利。知识产权请求权,也被称为知识产权的妨害排除效力。参照我国《民法通则》等法律的有关规定,知识产权的妨害排除效力包括要求停止侵害、排除妨碍和消除危险等。知识产权的妨害排除效力,从权利形式上看构成知识产权请求权的一部分。除此之外,排除妨碍的效力,由政治国家以强制力保障其实现。侵害知识产权的行为构成侵权行为,适用侵权法规范,承担侵权法上的各种责任。知识产权请求权这个概念有以下特征:

　　第一,基础权利为知识产权。没有知识产权,则不可能产生知识产权请求权。

　　第二,知识产权已经受到侵害或者将要受到侵害,是知识产权请求权的产生依据。知识产权请求权的产生,既可以针对正在进行的侵权行为,也可以针对已经实施的侵权预备行为,还可以针对即将发生的潜在侵权行为———一种危险状态。当上述情形发生,知识产权人可以行使知识产权请求权。

第三,请求的权利内容特定。知识产权请求权以要求他人停止侵权、停止侵权的预备行为或者消除侵权危险等为内容。如制止正在进行的商标假冒行为、盗版行为或者侵犯专利权的行为等;销毁、封存为生产侵犯权利人专利权的专门工具等;禁止制造为生产侵犯权利人专利权的专门工具等。

第四,知识产权请求权的目的旨在阻止现实的或潜在的侵权行为的进行或发生,而不是获得赔偿。①

二、知识产权请求权发生的理论基础

请求权系由基础权利而发生。② 以权利发生的因果关系为标准,可以将请求权划分为原权请求权和派生请求权。原权请求权,是一项独立的权利,是指以请求为一定行为或者不为一定行为为内容的权利,如债权。派生请求权,是指基于他人侵害原权的事实而发生的对原权进行救济的权利。派生请求权是私权救济的制度常态,任何一项私权如果缺乏请求权制度加以保护,那么该权利的保护则是不周延的。非但如此,请求权制度的确立还是构建完善的私权体系的需要。派生请求权可以分为绝对权请求权和相对权请求权。相对权请求权以相对权的存在为基础,是基于相对权存在并受到侵害两个要件而产生的权利。知识产权请求权为派生请求权中的绝对权请求权,系由侵害知识产权而发生。绝对权请求权以绝对权为基础权利,是基于绝对权存在并受到侵害而产生的权利。在大陆法系,物权、人格权、知识产权均为绝对权,均有与之相应的请求权制度,物权请求权、人格权请求权、知识产权请求权,其中物权请求权最为人们所熟悉。在学理上,以上三种请求权统称绝对权请求权。"只要绝对权受到侵害,不管行为人有无过失,不论该行为是否构成侵权行为,绝对权人就当然有权行使这些绝对权请求权,完全不受侵权行为法的种种严格的要求,从而使绝对权能够自行或通过诉讼机制使自己保持或者恢复其圆满状态……一言以蔽之,民法立法,必须给绝对权配置绝对权请求权。"③

知识产权请求权只有在发生绝对权侵害的情形下才产生。对知识产权的侵害,同时在实体法上产生两项救济方式:一项为知识产权请求权,一项为债权。根据侵权之债的一般原理,对知识产权的侵害产生一个债,债权人根据该债享有

---

① 知识产权受到侵害后,获得赔偿的请求为债权的内容,即产生的侵权之债的内容,不是知识产权请求权。

② 王泽鉴:《民法总则》,中国政法大学出版社 2001 年版,第 92 页。

③ 崔建远:《绝对权请求权亦或侵权责任方式》,载《法学》2002 年第 11 期。

债权(请注意,不是债权请求权,而是债权本身)。所以,当知识产权受到侵害后,理论上,知识产权人可根据知识产权请求权和债权主张救济。如果侵害人未能满足知识产权人的债权主张,则基于该事实而发生知识产权人的债权请求权。值得注意的是,债权请求权适用诉讼时效。在对知识产权的侵害导致知识财产灭失的情况下,则只发生债权,而不能发生知识产权请求权。知识产权请求权旨在回复到知识产权被侵害前的状态,而不是获得赔偿;获得赔偿是债权的功能。如果根据债权并没有获得赔偿,则知识产权人可行使债权请求权。

拓 展 贴 士

　　乙偷窃甲的画稿原稿一幅,从知识产权法律的角度看,根据该法律事实,甲可主张实体法上的两种救济方式:第一种是知识产权请求权,甲可以藉此请求乙"归还知识财产";第二种是债权,甲可以藉由侵权之债请求乙履行债的内容,即赔偿知识财产造成的损失。在乙既不能满足甲的知识产权请求权(甲已将该画稿原稿出售,第三人不知去向),又不能满足甲的债权的情形下,则债权请求权产生。根据债权请求权,甲可以向乙主张给付知识财产所值价款,并支付对债权不履行造成的其他损失。当然,在该案中,甲同时还享有物权请求权,即针对画稿原稿的侵害而产生的请求权。

三、知识产权请求权的立法考察

（一）大陆法系的知识产权请求权制度

（1）日本法上的"差止请求权"。日本法建立的知识产权请求权制度最为完备。日本法学界根据知识产权与物权同为绝对权的属性,以及侵权行为的违法性,普遍主张建立知识产权请求权制度,并将知识产权请求权称为"差止请求权"。日本法建立了完备的知识产权请求权制度,在专利法、商标法、著作权法等知识产权特别法以及反不正当竞争法等法律中都加以明确规定。《日本专利法》第100条第1款规定,专利权人或者实施权人享有请求停止或预防侵害的请求权。《日本商标法》第36条规定,商标权人或者专有实施权人享有停止或预防侵害请求权,权利内容包括要求废弃侵犯行为的形成物、拆除为侵犯行为所提供的设备以及其他预防侵犯的必要行为。《日本著作权法》第112条和117条都规定了知识产权请求权制度,根据该法第112条的规定,著作权人(包括邻接权人)享有请求停止侵害或预防侵害的请求权,权利内容包括要求废弃构成侵权行为的形成物、侵权产生的物、仅供实施侵权行为的机械或器具等。此外，《日本反不正当竞争法》第 3 条、《日本实用新型法》第 27 条和《日本外观设计法》第 37 条都规定了知识产权请求权制度。

（2）德国和我国台湾地区的类推适用。在德国，无论是立法（包括民法和知识产权法）还是学界都没有明确提出知识产权请求权这一概念。但是，这并不等于在司法上的制度缺失，相反，德国法通过类推适用的方法来确立知识产权请求权制度。将物权请求权制度类推适用于知识产权的方法，不仅在司法领域确立了知识产权请求权制度，而且还明确赋予了知识产权与物权相同的保护方法和保护水平。德国学者卡尔·拉伦茨认为："因为物权法为一切财产法的基础，故上述规则并不妨碍依据物权法原理对知识产权的拥有和行使的解释，也不妨碍物权保护方法在保护知识产权法中的运用"。德国学者沃尔夫认为："其他的绝对权利也可以通过不作为及排除妨害请求权得到保护，从德国的民法典和单行法律当中可以得出德国先进法律的一个基本原则，即每一个绝对权都与《德国民法典》第 1004 条的适用相应，通过不作为请求权和排除妨碍请求权而得到保护"。① 根据德国《商法》第 37 条的规定，排除妨害和消除危险的物权效力类推适用于商号权。此外，德国法还规定著作权、专利权等类推适用民法典关于物权请求权的规定。值得注意的是，《德国专利法》第 129 条确立了专利权人的停止侵害请求权，这属于对类推适用方法的突破，直接对知识产权请求权加以规定。

（3）我国台湾地区的知识产权请求权制度。我国台湾民事立法也确立了知识产权请求权制度。我国台湾地区"著作权法"第 84 条第 1 款规定："著作权人或制版权人对于侵害其权利者，得请求排除之，有侵害之虞者，得请求防止之。"我国台湾地区"商标法"第 61 条和"专利法"第 81 条分别就商标权和专利权确立了停止侵害请求权。

（二）英美法系国家的"禁令"制度

英、美知识产权法律都接纳了衡平法建立的禁令制度。英美法系的禁令制度起源于衡平法院的特殊救济，属于衡平法制度。但是，从英美法系的权利救济来看，衡平法制度和普通法制度并不是截然分开的，禁令制度也是如此，它既可以用于保护衡平法上权利又可以用于保护普通法上的权利。从产生之初看，禁令制度仅适用于财产权利而并不适用于人身权利。依禁令效力发生的时间，禁令可以分为永久性禁令（a permanent or perpetual injunction）和临时性禁令（a temporary in injunction）。英美法系国家为了加强对知识产权的保护，普遍建立了知识产权禁令制度，禁令和损失赔偿是英美法系知识产权保护的主要民事诉

---

① 崔建远：《绝对权请求权或侵权责任方式》，载《法学》2002 年第 11 期。

讼救济措施。

（三）TRIPS 协议的规定

作为规范知识财产贸易的主要国际协议，TRIPS 协议即规定了大陆法系的知识产权请求权的内容，也规定了英美法系的禁令制度。TRIPS 协议主要是从各国行政机关保护知识产权的角度间接规定了知识产权请求权。该协议第 46条规定："为了对侵权活动造成有效威胁，司法当局有权在不进行任何补偿的情况下，将一经发现的正处于侵权状态的商品排除础商业渠道，排出程度以避免对权利持有人造成任何损害为限。或者，只要不违背现行宪法的要求，应有权责令销毁该商品。司法当局还应有权在不进行任何补偿的情况下，责令将主要用于制作侵权商品的原料与工具排除出商业渠道，排除程度以尽可能减少进一步侵权的危险为限。"这虽然是关于司法的规定，但是却为当事人行使废弃请求权铺平了道路。同样，该协议还通过相同方式规定了信息请求权。TRIPS 协议第 47条规定："成员可规定，只要并非与侵权的严重程度不协调，司法当局均应有权责令侵权人将卷入制造和销售侵权商品或提供侵权服务的第三方的身份及其销售渠道等信息提供给权利持有人。"

TRIPS 协议对临时禁令作了明确规定。该协议第 44 条规定："司法部门应有权责令一方当事人停止侵权行为，包括在海关批准进口之后，立即禁止侵犯一项知识产权的进口商品在其管辖范围内进入商业渠道"。第 50 条规定："司法部门应有权采取及时和有效的临时性措施，以便防止发生对任何知识产权的侵权行为。"这种临时措施包括了临时禁令制度。

（四）我国知识产权法上的临时禁令制度

我国知识产权法并没有明确确立知识产权请求权制度，而是选择了英美法系的临时禁令制度。我国知识产权法规定的"诉前临时措施"曾引起了学界和司法部门的广泛关注，它突破了我国民事诉讼中有关保全对象的局限，率先建立了临时禁令制度。我国知识产权领域建立的临时禁令制度是指人民法院为了避免权利人或利害关系人损失的发生或扩大，根据权利人的申请，裁定被告或侵权人为一定行为或禁止为一定行为的强制措施。该制度的建立对保护申请人的权益，及时制止侵害知识产权的行为具有重要意义。

拓展贴士

然而，我国建立的临时禁令制度与国外的临时禁令制度相比，仍存在者较为明显的不足，比如制度设计比较原则、抽象，不易具体操作和把握，并有许多地方需要进一步完善。在适用范围方面，首先应扩大临时禁令制度的适用范围，并将临时禁令制度适用于所有的知识产权侵权诉讼,这也是对美国、日本和德国等国家先进立法经验的借鉴。并且应放宽审查条件,在申请人提供担保的前提下,不仅适用于避免造成难以弥补的损失,而且适用于避免造成损失或者使损失扩大的情形。[①]

四、确立知识产权请求权制度的意义

确立知识产权请求权有以下重大意义:

(一)完善知识产权权利体系

从物权请求权的历史来看,它的产生是健全物权法体系的需要,是使物权保护不必完全依赖于诉讼法的需要,同样,这个理由对于确立知识产权请求权同样适用。只有建立了完整的知识产权请求权理论,才得以在知识产权法内部对权利进行救济,才能形成完善的知识产权权利体系。

(二)恢复知识产权权利的圆满状态

根据知识产权请求权理论,他人对知识产权的侵害,将可能导致两类权利产生:一类是债权,侵害知识产权之债中的债权;一类是知识产权请求权。在保护目的上,二者有着明显的差别,侵害知识产权之债中的债权可以获得赔偿,而知识产权请求权的目的则直接指向知识产权圆满权利状态的恢复。

(三)正确适用诉讼时效制度

对他人造成知识产权的侵害而产生的债权,权利人依据该债权可获得赔偿,如果侵权人并未按照侵权之债履行,则权利人可以行使依据侵权之债的债权请求权(派生请求权,而非债权)而要求侵权人赔偿损失、赔偿因债务不履行造成的其他损失等,但该债权请求权受诉讼时效的限制。超过诉讼时效,则法律不予保护;而知识产权请求权旨在恢复知识产权的圆满状态,为绝对权请求权,不受诉讼时效的限制,只要在知识产权的有效期间内,即可获得法律的保护。

第二节　知识产权请求权的内容

针对不同的妨害方式,会产生不同的知识产权请求权。知识产权请求权为绝对权请求权不受诉讼时效的限制。知识产权请求权的内容可以做以下划分:

一、返还请求权

返还请求权,是指当非权利人控制知识财产而妨害权利人行使知识产权时,

---

① 参见陈莹:《临时禁令——知识产权的及时雨》,载《律师世界》2003年第7期。

知识产权人享有请求返还知识财产的权利。在这里需要探讨的是,在确立了物权请求权的返还请求权后,还有无必要在知识产权请求权领域确立返还请求权。

拓 展 贴 士

1. 某甲泼墨成一画,并应某乙的请求,交某乙鉴赏几日。后,某甲欲发表其作品。问:某甲如何行使权利? 某甲对于自己的作品手稿享有物权(所有权),因此,该案中,某甲可行使作品手稿之上的物权请求权。在某甲行使物权请求权的情形下,某乙应返还某甲的作品手稿。故某甲借助物权请求权实现了知识产权的目的(出版)。

2. 某甲泼墨成一画,售于某乙。后某甲欲发表而向某乙索画,造某乙断然拒绝。问:某甲如何行使权利? 该案中,基于某甲将作品手稿出售给某乙的事实,某甲已经丧失了对作品手稿的物权(所有权),当然不再享有物权请求权,因此不能向某乙主张物权请求权上的返还请求权。但是,某甲对作品本身仍享有知识产权(著作权),根据知识产权请求权理论,某甲可以请求某乙返还知识财产,通过行使知识产权请求权保护自己的知识产权。在此种情形下,某乙可以选择向某甲提供手稿,或者提供作品的复印件。若某乙选择提供复印件,则必须满足真实、完整和清晰,并适于出版的条件。由此观之,在物权请求权中确立了返还请求权的背景下,构建知识产权请求权中的返还请求权还是十分必要的。此两种返还请求权最本质的差别是,物权人行使物权请求权上的返还请求权,被请求人应返还原物;而知识产权人行使知识产权请求权上的返还请求权,被请求人可以返还作品手稿,也可以提供符合条件的作品手稿的复印件。

二、停止侵害请求权

停止侵害请求权,是指当他人妨害知识产权的,知识产权人可以请求除去妨害的权利。以商标权为例,针对他人假冒实施自己注册商标的行为,商标权人可以径行向侵害人主张停止侵害。若商标权人的要求不能得到满足,商标权人可以向法院起诉。法院依法做出的停止侵害、排除妨碍的判决,作用类同于英美法系的"永久性侵权禁令"。知识产权人行使停止侵害请求权必须针对的是已经发生的侵害行为。对于将来发生的侵害,知识产权人不得主张停止侵害,只能为消除危险请求。

三、排除妨碍请求权

排除妨碍请求权是指因为知识产权的行使受到他人的妨碍，而形成的以排除这种妨碍为目的的请求权。排除妨碍是物权保护的重要方法①，同时，也适于知识产权的保护。它主要针对妨碍知识产权行使的行为或者事实状态而采取的一种措施。当知识产权的行使受到现实的妨害时，知识产权人可以请求排除妨碍。排除妨碍请求权所针对的是妨害人的"妨害行为"，与后面的"消除危险请求权"针对他人造成的"危险状态"不同。排除妨碍，就是请求法院判决强行排除妨碍人的妨害行为，如扣押专业技术人员导致无法进行专利产品的生产或者实施等。"妨害行为"多为作为，但也可以表现为不作为，如许可人拒绝对排他被许可人提供必要的技术支持等。

四、消除危险请求权

消除危险请求权，即当他人对知识产权人的权利有妨害的危险时，知识产权人可以请求除去妨害的原因和危险从而预防妨害的发生的权利。由于知识产权的特殊性，在知识产权诉讼中，消除危险的要求较为常见。可见，消除危险是知识产权人的基本权利主张之一。消除危险请求权针对的是现实的侵害知识产权的危险，如非专利权人生产、购买实施专利的专门工具。在危险发生的情况下，专利权人有要求对方停止一定实施行为，如销毁、封存为生产侵犯权利人专利权的专门工具，禁止制造为生产侵犯权利人专利权的专门工具等。

假想的危险不能成为行使消除危险请求权的依据。是否构成侵害知识产权的"危险状态"是判断能否行使消除危险请求权的要件。由于消除危险请求权针对的是"危险状态"，而不是现实的侵害行为，因此，判断何为"危险状态"关涉当事人双方的利益。"危险状态"到底不是现实的侵害，对它的防范属于防患未然。应结合主客观两种标准对是否构成"危险状态"加以确认。第一，主观要件。有侵害知识产权的意图，是认定"危险状态"的主观要件。在认定是否具有主观意图时，应采过错推定。如果不能证明自己没有主观意图，应认定为具备主观意图。第二，客观要件。有与侵害知识产权有关的行为或者事实状态发生，是认定"危险状态"的客观要件。有与侵害知识产权有关的行为或者事实状态，包括大量持有侵权产品、已经发布销售清单、购置了专用生产工具等。只要具备了上述两个要件，知识产权人就可以行使消除危险请求权。

根据基础权利的因果关系，可以将知识产权请求权分为完全知识产权请求权、知识产权实施权请求权和知识产权担保权请求权。完全知识产权是指权利

---

① 参见我国《物权法》第35条。

人对自己的知识财产所享有的专有并排除他人干涉的权利,而知识产权实施权请求权是指实施权人所享有的专有并排除他人干涉的权利,知识产权担保权请求权是指担保权人所享有的专有并排除他人干涉的权利。完全知识产权人根据其完全知识产权享有完全知识产权请求权,而另外两种知识产权请求权根据其实施权或者担保权的内容而分别享有不同的请求权。

第十一章　侵权行为与归责原则

((•)) 要点提示

重点概念:(1) 知识产权侵权行为;(2) 知识产权侵权行为的构成要件;(3) 归责原则。

((•)) 本章知识结构图

知识产权侵权行为的构成要件 { 行为人实施了侵害行为 / 侵害了他人知识产权

承担赔偿责任的知识产权行为的构成要件 { 行为人主观过错 / 实施了侵害行为 / 造成了权利人的损害 / 因果关系

知识产权侵权行为的归责原则 { 严格责任为普遍原则 / 过错责任为特别原则

第一节　知识产权侵权行为

一、知识产权侵权行为的概念

知识产权的民事司法保护主要是以侵权行为制度和违约责任制度为主。鉴于违约责任制度在本书知识产权合同一章中已有涉及,本章就侵权行为制度予以阐释。

所谓知识产权侵权行为,是指行为人实施的侵害他人的知识产权依法应承担民事责任的行为。侵权行为只能针对绝对权发生,如物权、人身权、知识产权和信息财产权,而不能发生于债权。知识产权侵权就是侵犯他人知识产权的侵权行为,须承担民事责任。

二、知识产权侵权行为的构成要件

知识产权法是民事特别法,知识产权侵权责任应遵守民事侵权责任的一般原理,同时也可以根据其特点保有并优先适用其特殊规则。我国《民法通则》第

106 条第 1 款规定:"公民、法人由于过错侵害国家、集体的财产,侵害他人财产、人身的,应当承担民事责任"。因此我国有关知识产权侵权行为的构成要件就"合乎逻辑地"遵循了这样一个思路:第一阶段,《民法通则》及我国通行民法理论规定的侵权责任遵循着"四要件"包括"违法行为"、"过错"、"实际损害"以及"违法行为和实际损害之间的因果关系"的一般构成要件。侵权行为的"四要件说"就成为我国知识产权三部主要法律所采用的知识产权侵权的构成要件。这样的侵权行为构成要件给裁判知识产权案件的法官们带来了很大的困扰,权利人也只能"眼睁睁地看着有关活动从准备到生产,直至进入流通领域(即有了'实际损害'),才能'依法'维权。"①于是,司法及执法实践中的无奈促使了人们的思想朝第二个阶段发展,即根据知识产权的特点规定并优先适用其特殊规则,对此,我国法院采取了过错推定原则。然而,过错推定原则仍然不能解决"即发"侵权行为的问题。侵权行为的"四要件说"的弊端逐步在知识产权领域暴露出来。

许多人认为,我国《民法通则》第 106 条,与《法国民法典》和《德国民法典》的相关规定保持了一致,但事实上我国的规定与国外的这两条,不仅不近似,而且有极大差异,可谓天壤之别。《法国民法典》第 1382 条规定:"任何行为使他人受损害时,因自己的过失而致使损害发生之人,对该他人负损害赔偿责任。"而《德国民法典》第 823 条规定:"因故意或者过失不法侵害他人生命、身体、健康、自由、所有权或者其他权利者,对他人因此而产生的损害,负赔偿责任。"无论是《法国民法典》,还是《德国民法典》仅仅针对的是因过错而需要承担赔偿责任的侵权行为,而并不是针对一切侵权行为。而我国《民法通则》第 106 条,恰恰针对的是一般侵权行为,而不限于承担赔偿责任的侵权行为。这使得看起来相似的制度构建,失之毫厘,差之千里。并且,在侵权行为的构成要件这个问题上,两大法系保持了实质性的一致。

从英美法系的制度构建,可以更加清晰地认识我国面临的问题。英美国家使用的法律英语中有两个概念被我们翻译为"侵权"——"infringement"和"tort"。而这两个概念本身有着巨大的不同,其构成要件也泾渭分明。"前者包含一切民事侵权行为,与之相应的民事责任,应当是我国《民法通则》第 134 条赔偿责任的侵害行为,再加上'其他'。后者仅仅或主要包含需要负财产损害赔偿责任的侵害行为,与之相应的民事责任,主要是我国《民法通则》第 134 条中的第(七)项(即'赔偿损失'),至多加上第(四)、(六)两项,因为这两项有时不过是赔偿损失的另一种表现形式。"②"在英美法系法院中,认定 infringement(侵

---

① 郑成思:《知识产权——应用法学与基本理论》,人民出版社 2005 年版,第 207 页。
② 同上书,第 200 页。

权),从来不需要去找'过错'、'实际损失'这类要件,只要有侵权事实即可。"①
"而'Tort',则含有'错误'、'过失'的意思,只有错误或过失存在,'Tort'才可能
产生。"②而 infringement 尤指侵害知识产权,即侵害了专利、商标、版权的排他
权。因此,所谓知识产权领域侵权的构成要件是不需要"过错"和"实际损害"
的。这一"特殊规则"其实并不特殊,它本来就应该是民事侵权责任的一般规则
之一。也就是说,一般知识产权侵权行为的构成要件有两个:第一,行为人实施
了一定的行为;第二,行为实施的行为侵害了他人的知识产权。

而我国《民法通则》却把"损害"及"过错"规定为承担赔偿责任的侵权行
为的构成要件,也就是说,需要承担赔偿责任的知识产权行为的构成要件为:
第一,行为人主观过错;第二,行为人实施了侵害知识产权的行为;第三,行为
人实施的侵害行为造成了权利人的损害;第四,损害和行为人的行为之间有因
果关系。

国家统一司法考试真题

甲公司获得了某医用镊子的实用新型专利,不久后乙公司自行研制出相同
的镊子,并通过丙公司销售给丁医院使用。乙、丙、丁都不知道甲已经获得该专
利。下列哪一选项是正确的? (2007 卷三单选 15 题)

A. 乙的制造行为不构成侵权

B. 丙的销售行为不构成侵权

C. 丁的使用行为不构成侵权

D. 丙和丁能证明其产品的合法来源,不承担赔偿责任

【答案】　D

【考点】　区分承担侵权损害赔偿责任的侵权行为和不承担侵权损害赔偿
责任的侵权行为

【解析】　ABC 三项均不正确。《专利法》第 11 条规定:"发明和实用新型
专利权被授予后,除本法另有规定的以外,任何单位或者个人未经专利权人许
可,都不得实施其专利,即不得为生产经营目的制造、使用、许诺销售、销售、进口
其专利产品,或者使用其专利方法以及使用、许诺销售、销售、进口依照该专利方
法直接获得的产品。"

D 项正确。《专利法》第 70 条规定,为生产经营目的使用、许诺销售或者销
售不知道是未经专利权人许可而制造并售出的专利侵权产品,能证明该产品合
法来源的,不承担赔偿责任。丙和丁能够证明其产品的合法来源,其行为构成不

①　郑成思:《知识产权——应用法学与基本理论》,人民出版社 2005 年版,第 200—201 页。

②　同上书,第 201 页。

承担侵权损害赔偿责任的侵权行为,即不用承担赔偿责任,但需承担如停止侵害
等责任。

第二节　知识产权侵权行为的归责原则

一、归责原则概述

"归责"是指行为人因其行为或物件致他人损害的,应依何种根据使其负
责。归责原则是指判定侵权行为人承担民事责任的基本规则,是侵权行为人应
承担法律责任的根据。此种根据体现了法律的价值判断,即法律应依行为人的
过错还是应以已发生的损害结果为价值判断标准,抑或以公平考虑等作为价值
判断标准,而使行为人承担侵权责任。①

一般而言,归责原则有以下三种:过错责任原则、严格责任原则以及无过错
责任原则。所谓过错责任原则是指行为人是否承担民事责任取决于其是否具有
主观过错的责任承担原则。过错原则适用于一般侵权行为,是承担民事赔偿责
任的归责原则,但凡民事赔偿责任的承担,应以行为人具备过错为要件。我国
《民法通则》106 条第 2 款的规定,问题就出在错误地扩大了过错责任原则的适
用范围,使其从《法国民法典》和《德国民法典》上规定的民事赔偿责任的规则原
则上升到民事责任承担的一般原则。按照过错责任原则,行为人是否应承担民
事赔偿责任,是以行为人主观上是否有过错为判断依据的。行为人主观上有过
错,就应承担民事赔偿责任,行为人主观上无过错,即使其行为造成了相对人的
人身和财产损害也不承担民事赔偿责任。过错推定原则是过错责任原则的一
种,是指行为人无法证明自己没有过错的,推定其存在过错并承担责任的一种归
责原则。

所谓严格责任原则是指行为人是否承担民事责任和其是否具有主观过错无
关的责任承担原则。和过错责任原则一样,严格责任原则适用于一般侵权行为,
是承担民事责任的归责原则,但是承担民事赔偿责任除外。民事赔偿责任之外
的民事责任的承担,不以行为人具备过错为要件。

所谓无过错责任原则是法律直接规定的实施特殊侵权行为的行为人,没有
过错也要承担民事责任的原则。在我国民法学界,严格责任原则往往被认为是
无过错责任原则的另外一个称谓。其实,尽管二者有某些相同之处,但它们是两
种不同的归责原则。从相同之处看,二者都是承担民事责任不需要过错。而二
者的区别表现在适用的行为方面。严格责任原则针对的是一般侵权行为,而无

---

① 　王利明:《侵权行为法归责原则研究》,中国政法大学出版社 1992 年版,第 17 页。

过错责任原则针对的是特殊侵权行为。根据我国《民法通则》的规定,采取无过错责任原则的特殊侵权行为包括职务行为(第121条)、因产品侵权行为(122条)、高度危险作业侵权行为(第123条)、环境污染侵权行为(124)、动物致人损害的侵权行为(127)、监护人承担责任的侵权行为(133条)。而针对一般侵权行为而言,归责原则中并无无过错责任原则。

二、知识产权侵权行为的归责原则

知识产权侵权行为是一般侵权行为,因此从行为属性上就排除了无过错责任原则的适用。而针对一般侵权行为,从行为的角度看,知识产权侵权行为属于一般侵权行为,因此无过错责任原则不适用。而就知识产权侵权行为而言,归责原则体系为:以严格责任为普遍原则,以过错责任为特别原则。严格责任是普遍原则,即只要行为人实施了侵权行为就应当承担民事责任,如停止侵权等。而过错责任为特别原则是指,需要承担损害赔偿责任的知识产权侵权行为适用过错责任原则,只有在行为人有主观过错的条件下,行为人才因实施侵权行为而向权利人承担赔偿责任。为了加强对知识产权的保护,有的国家立法规定侵犯专利权的,就视为有过失,如日本《专利法》第103条的规定,因为专利发明的内容是向社会公开的,从事这个行业生产的人理应先进行检索和了解。在过错责任原则下,权利人不但可以要求行为人停止实施专利,并且可以要求行为人返还实施专利多获得的利益。

从我国知识产权立法来看,也采纳了以严格责任为普遍原则、以过错责任为特殊原则的归责责任体系。我国《专利法》第70条明确规定:"为生产经营目的使用、许诺销售或者销售不知道是未经专利权人许可而制造并售出的专利侵权产品,能证明该产品合法来源的,不承担赔偿责任。"根据该规定,行为人没有过错的,不承担赔偿责任,但是仍应承担停止侵害、消除危险等民事责任。在著作权领域也是如此,国家版权局认为:"我国民法通则和著作权法未规定侵害著作权适用无过错责任原则。因此,出版社应仅在有过错并造成损害后果的情况下,才就出版抄袭制品一事与抄袭者共同承担损害赔偿责任。如果出版社没有过错,应由抄袭者独自承担损害赔偿责任,但出版社应当停止出版发行抄袭作品,并依法返还不当得利。"①在商标权领域,我国《商标法》第56条第3款规定:"销售不知道是侵犯注册商标专用权的商品,能证明该商品是自己合法取得并说明提供者的,不承担赔偿责任。"即学者所谓的"善意侵权"不承担赔偿责任。但是无论是"善意"还是"恶意",并不能改变行为的侵权性质,"善意侵权"仍属侵权。按照此规定,实施恶意侵权的人,即明知而实施侵权行为的人应承担赔偿责

---

① 参见《国家版权局"关于出版社出版抄袭制品应承担何种责任"的答复(权办[1996]73号)》。

任,而"善意侵权"的侵权人因善意而免除赔偿责任,但仍应承担停止侵权、封存、没收、销毁侵权商标标识等民事责任。

建立和完善严格责任和过错责任相配合的民事责任归责原则体系,才能有效制止侵权行为的发生,如对即发侵权的预防和制止;又可以保障权利人的切实利益,使有过错的行为人承担赔偿责任。

国家统一司法考试真题

下列哪一行为构成对知识产权的侵犯?(2009 卷三单选 16 题)

A. 刘某明知是盗版书籍而购买并阅读

B. 李某明知是盗版软件而购买并安装使用

C. 五湖公司明知是假冒注册商标的商品而购买并经营性使用

D. 四海公司明知是侵犯外观设计专利权的商品而购买并经营性使用

【答案】　B

【考点】　一般侵权行为与承担损害赔偿责任的侵权行为的区别。

【解析】　《计算机软件保护条例》第 30 条规定,软件的复制品持有人不知道也没有合理理由应当知道该软件是侵权复制品的,不承担赔偿责任;但是,应当停止使用、销毁该侵权复制品。即构成一般侵权行为,而非承担赔偿责任的侵权行为;因此,B 项正确。对于 ACD 中的情况,相关知识产权法没有规定上述行为构成侵权,所以法无明文规定不认为是侵权。

国家统一司法考试真题

甲是某产品的专利权人,乙于 2008 年 3 月 1 日开始制造和销售该专利产品。甲于 2009 年 3 月 1 日对乙提起侵权之诉。经查,甲和乙销售每件专利产品分别获利为二万元和一万元,甲因乙的侵权行为少销售 100 台,乙共销售侵权产品 300 台。关于乙应对甲赔偿的额度,下列哪一选项是正确的?(2010 卷三单选 18 题)

A. 200 万元　　　　B. 250 万元　　　　C. 300 万元　　　　D. 500 万元

【答案】　A

【考点】　知识产权侵权的赔偿数额

【解析】　A 项正确。《专利法》第 65 条第 1 款规定,侵犯专利权的赔偿数额按照权利人因被侵权所受到的实际损失确定;实际损失难以确定的,可以按照侵权人因侵权所获得的利益确定。权利人的损失或者侵权人获得的利益难以确定的,参照该专利许可使用费的倍数合理确定。赔偿数额还应当包括权利人为制止侵权行为所支付的合理开支。本题中甲因乙的侵权行为受到的实际损失可以确定,即 2 万 × 100 台 = 200 万。

专利代理人考试真题

某项发明专利申请公布后,甲公司从 2001 年 6 月 6 日开始使用该发明技术进行生产,专利申请人钱某于 2001 年 8 月 10 日得知后向甲公司发函要求其支付一定的费用。甲公司不予理会,但于 2002 年 8 月 24 日停止使用该技术,2002 年 9 月 1 日,该专利申请被授权。根据上述事实,判断钱某要求甲公司支付使用费的诉讼时效从何时起算?(2004 年卷一第 62 题)

A. 2001 年 6 月 6 日　　　　　B. 2001 年 8 月 10 日

C. 2002 年 8 月 24 日　　　　　D. 2002 年 9 月 1 日

【答案】　D

【考点】　诉讼时效

【解析】　关于知识产权侵权行为适用民法诉讼时效的一般规定,根据特别法优于一般法的原则,知识产权法有特别规定的从其规定。《专利法》第 68 条规定:"侵犯专利权的诉讼时效为 2 年,自专利权人或者利害关系人得知或者应当得知侵权行为之日起计算。发明专利申请公布后至专利权授予前使用该发明未支付适当使用费的,专利权人要求支付使用费的诉讼时效为 2 年,自专利权人得知或者应当得知他人使用其发明之日起计算,但是,专利权人于专利权授予之日前即已得知或者应当得知的,自专利权授予之日起计算。"钱某的专利在 2002 年 9 月 1 日被授权,所以正确选项为 D。

扩 展 读 物

1. 齐爱民:《知识产权法总论》,北京大学出版社 2010 年版。

2. 陶鑫良、袁真富:《知识产权法总论》,知识产权出版社 2005 年版。

3. 冯晓青:《知识产权法利益平衡理论》,中国政法大学出版社 2006 年版。

4. 马俊驹、余延满:《民法原论》,法律出版社 2010 年第 4 版。

5. 王利明:《物权法论》,中国政法大学出版社 2008 年修订版。

6. 郑成思:《知识产权论》,法律出版社 2003 年版。

7. 〔澳〕彼得·德霍斯:《知识财产法哲学》,周林译,商务印书馆 2008 年版。

8. 日本国会制定:《日本专利法》,杜颖译,经济科学出版社 2009 年第 2 版。

9. 施启扬:《民法总则》,台湾三民书局 2001 年版。

10. 〔美〕Jay Dratler, Jr.:《知识产权许可》,王春燕等译,清华大学出版社 2003 年版。

11. 刘春霖:《知识产权资本化》,法律出版社 2010 年版。

12. 余延满:《合同法原论》,武汉大学出版社 1999 年版。

13. 王利明:《违约责任论》,中国政法大学出版社 2003 年版。

14. 徐杰:《技术合同法教程》,知识产权出版社 2004 年版。

15. 侯海军:《民事诉讼中权利滥用行为研究》,人民法院出版社 2011 年版。

16. 杨明:《知识产权请求权研究——兼以反不正当竞争为考察对象》,北京大学出版社 2005 年第 1 版。

17. 王利明:《侵权行为法》,法律出版社 2005 年版。